이용후생의 인문도시
당진학

이용후생의 인문도시
당진학

안외순 안덕임 김영수 박학래 김문식 장수덕 김남석 유진월 남광현 박현옥

한서대학교 동양고전연구소 기획

당진(唐津)은 오늘날 환황해권의 관문도시, 교류도시, 무역도시, 어업도시의 성격은 물론 단위면적당 국내 최고의 생산량을 자랑하는 농업도시적 면모도 갖추고 있다. 이러한 당진의 도시적 성격은 '당진(唐津)', '한진(漢津)' 등의 지명에서 보듯이 중국 대륙과의 최단거리 해상로를 보유하고 있으면서도 동시에 한반도 중부권 내륙과 바로 연결되는 점, 또 소들강문의 합덕, 면천 일대의 내륙평야에서 오는 내륙 농업도시의 안정성도 지니고 있는 지리적 혹은 지정학적 조건에 기인한다.

그런데 당진은 1945년 해방 이후 오히려 당진 고유의 도시 성격을 상실한 채 반세기를 보내야 했다. 동서(東西) 냉전(冷戰)으로 인해 당진을 비롯한 서해안의 도시들은 해로(海路)를 보유한 데서 오는 여러 기능들을 상실하고 벽지 아닌 벽지 신세가 되었던 것이다. 이 기간 동안 당진을 비롯한 서해안 지역들은 공산주의 국가들과 바다를 맞대고 있는 점 때문에 중국 대륙과 세계로 진출하는 바닷길이 끊긴 채 사실상 '얼어붙은 바다', 곧 '빙해(氷海)'였기 때문이다. 자연 당진지역의 경제와 산업도 위축될 수밖에 없었다.

다행히도 1989년 이후 동구 사회주의권이 붕괴되어 이들 국가들과 교역이 트이고, 1992년 중국과도 수교가 이루어지면서 당진의 산업과 경제환경은 크게 바뀌었다. 국제적인 평화 공존 분위기는 당진으로 하여금 바닷길을 되찾도록 했다. 해로의 회복으로 당진에는 국제당진평택항이 들어섰고, 각종 대규모 산업단지가 들어섰다. 한동안 2년마다 5만 명씩 증가할 정도로 인구가 급팽창했다. 대학도 찾아왔다. 당진에 활기가 넘치고 돈도 넘치기 시작했다. 과거의 역동성을 다시 찾기 시작했다. 이 모든 것은 바로 당진 지역의 전통인 물류도시, 관문도시, 무역도시 기능의 회복 가능성 때문이었다. 시장(市場)은 평화(平和)와 함께 왔다.

이 지점에서 한반도의 운명도 마찬가지이지만, 당진의 번영은 관문도시, 교역도시의 정체성과 함께하며, 동북아세계의 평화 및 번영과 함께하는 것임을 다시 한번 상기하고 싶다. 서해안의 평화, 해양로의 확보는 당진의 사회경제 구조를 좌우한다. 당진평택항과 산업단지가 그 명백한 증거이다. 그리고 바로 이 점이 '이용후생의 인문도시 당진'과 짝하는 또 하나의 브랜드가 '신북학파의 인문나루'인 이유이다. 지속가능한 이용후생의 미래 당진이 지향해야 할 바이다.

〈이용후생의 인문도시 당진〉 프로젝트는 이러한 맥락에서 시작되었다. 다시 활력과 과거의 명성을 되찾는 도정에 함께 하고자, 당진시의 역사문화적·인문역사적 정체성을 회복하고 정립하는 도정에 함께 하고자 한서대학교 인문도시사업단이 당진시와 손잡았다. 당진의 인문자산에 대한 수개월의 사전 조사 끝에 2018년 인문학진흥법에 의거하여 진행되고 있는 교육부·한국연구재단의 '인문도시지원사업'에 지원했고 선정이 되었다. 그해 10월 당진시청에서 '이용후생의 인문도시 당진' 현판식과 선포식을 시작으로 참으로 바쁘게 달려왔다.

당진의 이용후생적 역사전통을 계승·발전시키고 보편 인문학의 대중화 및 생활화를 목표로, 성숙한 인문학적 도시문화 조성, 인문학적 보편 가치에 대한 지역민의 가치 제고, 유네스코 학습도시 당진에 걸맞는 글로컬 당진시민 육성을 목표로 1차년도(2018.07-2019.06) 98회, 2차년도(2019.07-

2020.06) 116회, 3차년도(2020.07-2021.06) 130여 회 인문강좌, 인문체험, 인문축제를 진행하였다. 그런데 예기치 못한 복병이 찾아왔다. 2차년도 중반 세계적 COVID-19 팬데믹이 닥쳐서 3차년 내내 걸쳐서 처음에는 프로그램 진행에 애를 먹었다. 주지하다시피 다행히 이러한 위기에 대처하는 한국민의 적응은 빨랐다. 당진시민의 대응과 적응은 더 빨랐다. 발빠르게 온라인 강의로 선회하고 수강신청 시민 한 분 한 분에 대해 온라인 학습법을 도와드렸다. 오히려 온라인 강좌로 방식을 변경하니 물리적 구속력에서 해방되어 오히려 오프라인 수업보다 수강률과 출석률이 더 높아진 면도 있었다. 또 눈과 귀에서 가까이 진행되는 강의전달력 덕분에 강의실 강의보다 학습만족도도 더 높아진 면도 있다. 게다가 온라인 강의로 진행하다 보니 개별 행사 경비가 절약되는 측면도 사실이어서 더 다양하고 많은 강의 진행이 가능하기도 했다.

이 책은 3년간의 〈이용후생의 인문도시 당진, 신북학파의 인문나루〉 프로젝트를 마무리하면서 그간 진행했던 인문강좌 강의 가운데 일부를 골라서 원고화한 것이다. 당진의 역사문화적 성격을 이해하는 데 하나의 지침이 되었으면 좋겠다.

감사할 분들이 너무 많다. 인문도시 프로젝트를 먼저 제안하셨고, 감동적일 만큼 적극적으로 인문도시 프로그램에 관심과 지원을 아끼지 않으셨던 김홍장 당진 시장님께 가장 먼저 그리고 가슴 깊이 감사 말씀을 올린다. 더불어 시청의 평생교육과 관계자 선생님들께도 심심한 감사를 드린다. 인문도시사업이 당진 시민께 선물이 되었다면 그것은 전적으로 당진시청 덕분이다.

언제나 한결같이 큰 나무처럼 지원하고 후원해 주시는 한서대학교 함기

선 총장님께도 고마운 마음을 올린다. 물론 본 사업을 함께 이끌어준 공동 연구원 선생님들과 참여 강사진께도 감사의 말씀 빼놓을 수 없다.

사실 많은 당진시민분들이 〈이용후생의 인문도시 당진〉에 함께 하셨다. 젊은 학부모도, 어르신도, 학교 선생님도, 주민자치협의회 분들도, 당진 지역의 지도자들도 계셨다. 쉽지만은 않은 내용, 편안하지만은 않은 여건 속에서도 인문학과 학이시습의 자세를 놓지 않은 당진 시민분들의 형설지공에 가장 크게 감사를 드린다. 시민분들의 열정적인 참여에 부응하고자 열심히 준비했지만 코로나19 사태로 인문체험의 기회를 많이 제공해 드리지 못한 부분이 못내 아쉽다.

당진과의 인연을 맺어주고 프로젝트가 잘 진행될 수 있도록 재정적·행정적 지원을 해준 한국연구재단 관계자분들께도 감사드린다. 또 시민으로서 인문강좌에 참여했다가 현장시민간사라는 직책을 맡아 훌륭하게 수행해준 박경아 간사께도 이 자리를 빌어 감사드린다. 아울러 연구실 식구들에게도 고맙다는 말을 전한다. 끝으로 도서출판 모시는사람들 편집진께도 감사드린다.

당진 시민께 이 책을 바친다.

2021년 6월
한서대 동양고전연구소 소장(인문도시사업단 단장) 안외순
필진을 대표해서 쓰다

이용후생의 인문도시 당진학

머리말 —— 4

총론: 왜 이용후생의 인문도시 당진인가 — 안외순 —————————— 11
  1. 이용후생과 당진 ————————————————————— 13
  2. 책의 구성과 소개 ————————————————————— 19
  3. 맺음말 ————————————————————————— 27

■제1부■ **전통시대 인문도시 당진의 이용후생의 역사**

당진의 선사 문화 — 안덕임 —————————————————— 33
  1. 머리말 ————————————————————————— 35
  2. 구석기시대 ——————————————————————— 36
  3. 신석기시대 ——————————————————————— 38
  4. 청동기시대 ——————————————————————— 45
  5. 초기철기시대 —————————————————————— 54
  6. 맺음말 ————————————————————————— 57

고려의 건국과 치국, 그리고 당진 — 김영수 ——————————— 61
  1. 서론 —————————————————————————— 63
  2. 복지겸(卜智謙)의 정치 활동 ———————————————— 66
  3. 박술희(朴述希)의 정치 활동 ———————————————— 74
  4. 결론 —————————————————————————— 87

당진의 유학 전통과 구봉 송익필 — 박학래 ——————————— 91
  1. 들어가는 말 —————————————————————— 93

2. 당진 지역 유학 전통의 수립과 전개 ——————95
3. 구봉 송익필의 학문과 이용후생의 전통 ——————102
4. 맺음말 ——————117

면천 군수 박지원의 목민 활동 — 김문식 ——————121
1. 박지원의 면천 군수 부임 ——————123
2. 이방익 표류기의 저술 ——————124
3. 천주교인에 대한 설득 ——————128
4. 면천군의 환경 정비와 정리곡 관리 ——————133
5. 목민서 「칠사고」의 편찬 ——————137
6. 『과농소초』 「한민명전의」의 저술 ——————140

■ 제2부 ■　근대 저항과 계몽의 이용후생 인문도시 당진

성(聖) 김대건 신부와 당진의 천주교, 그리고 이용후생 — 안외순 ——151
1. 서론 ——————153
2. 당진 솔뫼와 한국 천주교의 못자리, 그리고 김대건 가문 ——————156
3. 성 김대건 신부가 되기까지의 삶,
　　그리고 이용(利用)과 후생(厚生)의 마음 ——————162
4. 맺음말 ——————176

당진 지역의 동학농민전쟁 — 장수덕 ——————179
1. 머리말 ——————181
2. 합덕민란의 발발과 동학의 확산 ——————182
3. 동학농민전쟁사에 빛나는 승전곡전투 ——————187
4. 내포 동학농민군 최고의 수접주 이창구 ——————192
5. 맺음말 ——————200

당진의 3 · 1운동 — 김남석 ——————203
1. 머리말 ——————205

2. 당진의 지역적 배경 ───────────────── 207

3. 3·1운동의 전개 ───────────────── 212

4. 당진 3·1운동의 성격 ───────────────── 232

5. 맺음말 ───────────────── 235

심훈의 저항과 계몽, 이용후생의 한 방식 — 유진월 ───────────── 239

1. 서론 ───────────────── 241

2. 일제강점기와 저항 의식 ───────────────── 245

3. 저항과 계몽의 이용후생 ───────────────── 252

4. 결론 ───────────────── 259

■ 제3부 ■ 빙해(冰海)에서 평화의 관문도시 당진으로

당진의 문화유산 현황과 활용 정책 — 남광현 ───────────── 265

1. 당진의 역사적 정체성과 문화유산 현황 ───────────── 267

2. 문화유산 진흥정책과 도시 이미지 개선 필요성 ───────── 268

3. 문화유산 정책의 기본 방향 ───────────────── 269

4. 스타문화재 육성과 지속 가능한 문화유산 체계 마련 ────── 270

5. 맺음말 ───────────────── 297

인문도시 당진의 도시재생 — 박현옥 ───────────── 301

1. 서론 ───────────────── 303

2. 인문도시 당진 2018~2020 ───────────────── 306

3. 국내외 도시재생사업과 사례 ───────────────── 308

4. 당진시의 도시재생 관련 사업 ───────────────── 314

5. 결론 및 제언 ───────────────── 323

찾아보기 ── 328

총론

■ ◆ ■

왜
이용후생의 인문도시
당진인가

안외순

—

한서대학교 글로벌언어협력학과 교수,
인문도시사업단 단장

1. 이용후생과 당진

이 책에 실린 글들은 2018년부터 3년 동안 한서대학교 인문도시사업단과 당진시가 손잡고 진행한 '인문도시 당진 프로젝트'의 핵심 강좌 강의들 가운데 본서의 취지와 방향을 고려하여 선별, 원고화한 결과물들이다.

인문도시지원사업이란 2014년부터 교육부와 한국연구재단에서 추진하고 있는 인문학 대중화 사업의 일환으로서, 한편으로는 기초 지자체 도시가 지닌 역사문화적 자원을 토대로 도시의 인문브랜드화를 도모하고, 다른 한편으로는 대학의 인문학적 연구성과를 지역사회와 시민의 눈높이로 공유/확산하는 취지의 일환으로 시작되었다.[1]

예나 지금이나 당진은 한반도의 중서부에 위치하면서 깊숙한 내륙 수로를 낀 덕분에 비옥한 곡창지대를 가지고 있고, 그뿐만 아니라 당진(唐津)·한진(漢津)이라는 명칭에서 보듯이 중국 대륙과의 접근이 용이한 해양 항로를 지니고 있으며, 아울러 한반도 허리인 중부권에 위치함으로써 내륙으로의 전달자 역할을 하는 점 등 지정학적으로 정치적, 경제적, 군사적, 문화적으로 중요한 위상을 지니고 있다. 게다가 내륙쪽으로는 소들평야를 중심으로 유구한 수리(水利) 역사를 지닌 합덕제(合德堤)·조운·조창, 간척 유적 및

---

1   〈2018년 한국연구재단 인문도시지원사업 신청 설명서 및 요강〉 참조.

면천읍성·당진읍성·몽산성·성산산성·당진포 진성·대진포 만호부·난지도 유수부·봉수 유적 등 다양한 내륙·해양의 산성·읍성 등의 관방유적도 산재하고 있다. 아울러 솔뫼, 신리성지 등의 천주교 성지들과 승전곡으로 상징되는 동학농민전쟁유적지, 소난지도의 의병항쟁, 대호지·정미·면천 지역의 3·1만세운동과 4·4만세운동 등 민족·민중의 안녕과 염원을 실현하고자 저항하고 투쟁했던 유적지들도 즐비하다. 뿐만 아니라 기지시줄다리기, 안섬풍어제, 면천두견주 등 무형문화재 혹은 민속 전통이 여전히 시민들의 큰 사랑을 받으면서 전승되고 있다. 그리고 복지겸, 박술희, 송익필, 남이흥, 박지원, 김대건, 심훈 등 이러한 유적지들과 얽힌 주체들의 서사들이 있다. 당진은 말 그대로 인문도시가 되고도 남는 인문자산들을 보유하고 있다.

그런데 '아무리 좋은 구슬도 꿰어야 보배다. 당진이 가진 역사문화적 원석들에 대해 인문학적 관점에서 체계적으로 이해하고 설명하는 노력이 더해진다면, 그리하여 소위 인문브랜드까지 보유하게 된다면 그 가치가 몇 갑절로 빛날 것이다. 더 나아가 시민들 스스로 자신들이 살아가는 지역의 역사문화적 유산과 자취들을 일상적으로 고품스러운 인문학 가치 차원에서 접근하고 향유할 수 있다면 이른바 인문도시로서 손색이 없게 된다. 인문도시 당진 프로젝트는 이렇게 시작되었다. 그리고 그것은 흩어진 구슬을 하나로 모으고 하나의 실로 꿰는 작업으로부터 시작되었다.

김홍장 당진 시장님의 적극적인 제안을 받은 본 한서대 인문도시사업단은 당진이 보유한 인문자산들을 검토한 후 그 공통점으로 '이용후생(利用厚生)'이라는 키워드와 '이용후생(利用厚生)의 인문도시 당진, 신북학파의 인문나루'라는 과제명을 도출하였다.

2017년 10월 멕시코에서 열린 국제관개배수위원회(ICID) 집행위원회에서 '세계 관개시설물 유산'으로 등재된 합덕제(合德堤)는 당진 이용후생의 대표 상징유적의 하나이다. 합덕방죽, 합덕연지, 연호·연지·하호·연제 등으로도 불리는 소들강문[牛坪江門, 예당평야]의 관개저수지 합덕제는 평지에 축조된 거대한 제방으로 높이가 7~8m, 길이가 1,771m이고 저수 면적이 102ha나 되며 곡선 제방의 특징을 지니면서, 당진만이 아니라 한국 상고시대의 대표 치수시설의 상징이기 때문이다. 지금은 논으로 되어 있지만 수리시설의 혜택을 받는 면적이 720ha의 관개용 저수지 터이고 빠르게는 삼한시대 늦게 잡아도 후백제 시대 축조되었다는 평가를 받고 있다.[2]

이용후생이란 인간이 도구든 산업이든 제약을 극복하고 인간의 삶을 풍요롭게 하는 것을 말한다. 세계 인류문명사에서 이용후생의 시작은 치수(治水)이다. 상고시대 홍수와 가뭄 등의 자연적 제약을 극복·처리하고 사실상 인간에게 정착생활이 가능하도록 했던 우(禹)가 제(帝) 순(舜)에게 진언함으로써 이용후생이라는 용어의 탄생이 기원하는 까닭이기도 하다.

> "오! 임금께서는 명심하소서. 임금의 덕(德)은 오직 선정(善政)에 있고, 선정은 양민에 있음을. 그리고 그것은 수화목금토곡(水火金木土穀)이 다스려지고, 정덕(正德), 이용(利用), 후생(厚生)이 조화될 때만이 가능합니다."[3]

아무튼 즐비한 당진의 조운, 조창 등의 수리(水利) 사업의 역사, 각종 관방 성읍과 유적들, 나아가 천주교, 동학, 3·1운동, 『상록수』 저술의 터 필경사 등이 이용후생의 궤적이라는 점이다.

2　『한국민족대백과사전』, 〈당진합덕제(唐津合德堤)〉. 한국학중앙연구원.
3　『書經』, 「大禹謨」, "禹曰 於 帝念哉. 德惟善政 政在養民 水火金木土穀惟修 正德利用厚生惟和."

여기에 결정타는 이용후생학파의 대표사상가 연암 박지원(朴趾源, 1737~1805)과 당진의 인연을 간단하게라도 언급하지 않을 수 없다. 그는 당진 관내 면천 지역의 군수를 3년간 재임하였으며, 뿐만 아니라 그 재임 기간 동안 자신의 평소 이론이었던 이용후생 사상을 실제 행정에 실천하였고, 스스로가 이용후생을 이론적으로 적용한 서적의 정수『과농소초(課農小抄)』를 저술하였으며, 대토지 겸병을 비판하고 제한하는 정책을 제안하기도 하였다. 우리에게 익숙한 '이용후생' 개념은 박지원을 비롯한 조선 후기 실학파의 것으로, '기술 및 상업 등 생활 방식을 편리하게 하여 인민의 삶을 윤택하게 한다'는 의미이다. 특히 박지원은 상공업의 효용성을 간과한 조선 주자학자들의 폐단으로 조선의 경제와 문화의 정체가 유관하다고 보고 '고전의 고전'의 권위를 빌려 유교 본래의 정신을 환기시켰다.

그런데 그는 이 대목을 환기시키면서도 동시에 도덕도 이용과 후생이 갖추어진 뒤 가능하다는 점도 환기시켰다.

탁자 위에 벌여 놓은 술잔이 한 냥으로부터 열 냥까지 제각기 그 그릇이 다르다. … 넉 냥 술을 청하면 넉 냥들이 잔으로 부어준다. 술을 사는 이는 그 많고 적음을 계교할 필요가 없다. 대체적인 간편함이 이와 같다. … 심지어 소 외양간이나 돼지우리까지 모두 법규에 맞게 제곳에 놓였으며 … 아아, 이런 후에야 비로소 이용(利用)이라 이를 수 있겠다. 이용(利用)이 있은 후에야 후생(厚生)이 될 것이고, 후생이 된 후에야 정덕(正德)이 될 것이다. 무릇 이용이 되지 않고서는 후생 할 수 있는 이는 드물고, 생활이 이미 제각기 넉넉하지 못하다면 어찌 그 마음을 바로 지닐 수 있으리오.[4] (강조 필자)

---

4 『熱河日記』〈渡江錄〉.

유교는 처음부터 '이용·후생·정덕' 순으로 말했다. 유교의 창시자 공자(孔子)는 분명히 '족식(足食), 족병(足兵), 민신(民信)' 그리고 '부민(富民) 이후 교민(敎民)'이라고 했고, 맹자(孟子)도 '양민(養民) 이후 교민(敎民)' 및 '항산(恒産) 이후 항심(恒心)'이라고 그 순서를 강조하여 말했다. 이는 모두 '이용후생 이후 정덕'임을 말하는 것이다.

하지만 조선 후기의 지배적인 사유가 유교 중에서도 특히 주자학(朱子學), 그중에서도 성리학이 지배적이었던 시기로서 균형을 잡지 못하고 정덕·이용·후생 순으로 도덕 우선주의에 치우쳤었는데, 박지원은 이러한 풍조에 경종을 울리고 초기 유교정신의 회복을 부르짖었던 것이다. 유교에서 말하는 정치의 효능 순서로는 '이용·후생·정덕' 순이지만 정치가의 자질 측면에서 논한다면 공자를 비롯 모든 유학자들이 '정덕· 이용· 후생'의 순서로 설명하였고, 박지원도 예외가 아니라는 점이다. 정치가가 아무리 이용과 후생의 능력을 지녔다고 하더라도 비도덕적이면 자신의 부귀영달만 도모하게 되어 심지어 나라도 팔아먹는 예를 우리는 역사 속에서 경험하였다. '수기(修己)와 치인(治人)'은 여전히 진리이다. 그리고 유교에서 말하는 정치인의 수기(修己)는 곧 치인(양민, 부민, 교민)의 효과로 나타나는 것을 전제로 한 개념이다(이것이 『서』에서의 정덕·이용·후생 순이었던 이유이다).

아무튼 젊을 때부터 주장하던 연암의 이용후생론은 60세에 부임한 면천군수 직을 수행할 때도 한결같았다. 북학론적 이용후생론은 면천군수 시절 저술한 『면양잡록(沔陽雜錄)』에서도 "백성들의 이용과 후생에 도움이 된다면 오랑캐에게도 배우고 받아들여다 한다"[5]라고 하여 일관되이 고수되고 있음을 볼 수 있다. "(정조가) 이용후생(利用厚生)의 도리로 깨우친 것은 민천(民

---

5   박지원, 단국대 동양학연구소 역, 『면양잡록』〈한전론〉, 당진문화원, 2013 참조.

天: 곡식)이 중요함을 생각한 소산"[6]이라고 칭찬하면서 『서』·『시』의 찬양 내용은 사실 수리(水利)와 토질의 적합성, 농기구 등의 개선 등의 중요성에 달린 것이라고 논하고 있으며, 또 다음과 같이 조선의 군주들 역시 개물성무(開物成務), 이용후생(利用厚生)에 정성을 보였음을 들거나, 세종의 업적도 이용후생의 소산이라고 그 중요성을 역설하는 것도 그 예이다.

위대한 우리 조선은 성스럽고 신이한 군주들이 탄생하여 인간의 문명이 비로소 열리고 만물이 각 개물성무(開物成務)의 공적이 두루 미치지 않은 부분이 없고 이용후생(利用厚生)의 방법이 정비되지 않은 것이 없습니다.[7]

세종(世宗) 때 모든 도의 마을에 각각의 토질에 적합한 나무와 약재를 심으라고 명하여 지금까지도 이용후생(利用厚生)의 바탕으로 삼고 있다. 수령이 된 자는 관대전(官垈田)에 나무를 심고 관아의 동산에 좋은 과실수를 심는 것이 더욱 마땅하다. 비록 다스리는 동안 그 효험을 보지 못하더라도 한 고을에 은혜를 크게 베푸는 것이다.[8]

이러한 이유로 본 사업단은 '이용후생의 인문도시 당진'을 인문 브랜드로 설정하고, 1차년도에는 〈전통시대 당진의 이용후생의 역사〉를 중심으로, 2차년도에는 〈근대 당진, 계몽과 저항의 이용후생〉, 3차년도에는 〈미래 당진, 지속 가능한 이용후생의 메카〉라는 주제로 일종의 '당진의 인문학'을 강좌,

6 박지원, 『면양잡록』 3권 〈『과농소초(課農小抄)』를 올리는 글〉, 2017, 95쪽 참조.
7 박지원, 『면양잡록』 3권 〈『과농소초(課農小抄)』를 올리는 글〉, 2017, 95쪽 참조.
8 박지원, 『면양잡록』 7권 〈수령칠사(守令七事)에 대한 고찰〉, '백성을 다스림(治民)', 2013, 274쪽.

체험, 축제 형태로 당진 시민들과 함께했다. 1차년도 98회, 2차년도 116회, 3차년도 130여 회 강연과 행사를 진행하였다. 이를 통해 종국적으로는 '이용후생의 인문도시 당진'이라는 인문 브랜드를 확보·정착시키고자 노력했다.

2. 책의 구성과 소개

여기에 수록된 개별 논문들은 모두 이러한 이용후생 개념을 직·간접적으로 적용하고 있다. 안덕임, 박학래, 안외순, 유진월 교수의 논문은 직접적으로 이용후생의 관점에서 당진의 관련 주제를 접근한 반면 다른 논문들은 간접적인 접근법을 취하고 있다. 예를 들어 당진 인문도시 브랜드 '이용후생' 도출에 가장 크게 영향을 미친 연암 박지원과 당진의 관계를 다루는 김문식 교수의 논문의 경우, 이용후생이라는 단어가 본문 속에서 1회 나올 뿐 적극적으로 등장하지 않는다. 하지만 이 논문에서 다루는 내용은 지방관의 공문서 관리 방법과 재정 감독, 환곡(還穀)과 군정(軍丁) 등의 수취 문제, 농사에 있어서 수리(水利) 발전을 위한 서양 수차(水車) 제도 도입의 제안, 『과농소초』에 대한 설명, 특히 당시 면천군의 크기, 인구, 토지 보유 현황, 세금 내역 및 제도 개선에 대해서, 나아가 대토지 소유자들의 겸병에 대한 비판 등을 다루는 등 당시 이용후생론의 대표 인식과 주장을 담고 있는 것이다. 이와 같이 직접적으로 이용후생적 시각에서 다루었건, 그렇지 않고 이용후생적 이해는 독자의 몫으로 남겨 놓았건 간에, 전체적으로 이러한 시각에서 독해 가능한 논문들이다.

아래에서는 독자들의 편의를 돕기 위해, 각 논문에서 다루는 주제가 지니는 내용과 관련하여 이용후생적 함의에 대해 필자의 견해를 간단히 제시한다.

〈당진의 선사문화〉(안덕임 한서대 교수)는 당진에 사람이 처음 살기 시작한 구석기시대부터 철기시대까지의 이른바 '당진의 고고학'을 서술했다. 초기 인류는 주로 강이나 해안을 끼고 살았다. 생산에 의해서가 아니라 어획, 수렵, 채집을 통해 의식주를 해결한 생존 방식 때문이다. 이 점에서 바다와 하천을 동시에 가진 당진 지역은 사람이 살기 좋은 자연환경을 갖추고 있었다. 더욱이 정착생활 이후에는 서해안에 위치하여 중국 대륙으로부터 외부 문화를 쉽게 유입하면서도, 한반도 중부에 위치하여 내륙으로 문화를 전달하는 통로인 측면, 아울러 내륙 쪽으로는 하천을 낀 평야를 가지고 있는 이 점들 덕분에 초기 공동체 삶이 발전된 곳이다. 이런 점들 덕분에 당진에는 구석기 시대부터 시작된 서해안식 주거지가 유행하였다. 신석기 시대에는 인근 해안지역과의 교류했던 흔적을 보여주고 있고, 청동기 시대에는 역삼동식 문화가 발달 되어 차령산맥 동쪽의 충청 내륙지방과 다른 문화적 특성을 보이다가 점차 송국리 문화 단계로 이행하는 모습을 볼 수 있다. 특히 당진은 중국으로부터 철기문화를 유입하여 한반도에 확산시키는 데 매우 중요한 역할을 하였다. 오늘날 당진 석문에 제철산업단지가 들어선 것도 우연은 아닌 듯하다. 이렇게 선사시대 시기별로 당진에서 살았던 초기 인류의 자연 이용 능력과 양상 및 생존을 위한 삶의 방식과 문화를 보여주고 있다는 점에서 당진의 이용후생성을 고찰하는데 있어서 좋은 출발점을 제공한다.

〈고려의 건국과 치국, 그리고 당진: 복지겸과 박술희를 중심으로〉(김영수 영남대 교수)는 고려(高麗)의 건국(建國)과 치국(治國)에 크게 기여한 현 당진 출신 복지겸(卜智謙, ?-?)과 박술희(朴述熙, ?-945)의 역할을 살펴봄으로써 간접적으로 고려의 건국과 치국 문제와 당진과의 관계를 고찰하였다. 복지겸은 궁예(弓裔)가 민심을 잃고 폐정을 거듭하자 태봉의 마군장군(馬軍將軍: 기병대장) 신분으로서 결단을 내려 918년 왕건(王建)을 추대하고 고려를 개국하는 데 일등공신이었을 뿐만 아니라, 두 차례의 큰 모반도 모두 평정하였던 이른바 '건국의 일등공신'이다. 박술희는 건국 후 흔히 있는 후계자 혼란 상황에서 슬기롭게 대처하여 태자 계승의 전범을 확립하였으며, 나아가 일종의 헌법에 해당하는 태조의 〈훈요십조(訓要十條)〉를 전함으로써 후대에 고려왕조의 정치 원칙과 기본을 뿌리내리게 하는 데 큰 공을 세움으로써 명실공히 '치국의 일등공신'이라 할 만하다. 이용후생의 가장 큰 범주는 국가생활의 안정이다. 기술 발전이나 복지도 국가의 기반이 흔들리면 애초에 기대하기 어렵다. 이런 점에서 보자면 고려를 건국하고 치국하는 데 주역이었던 당진 출신 복지겸과 박술희를 '이용후생의 당진 역사'를 다룸에 있어 간과할 수 없음은 당연하다.

〈당진(唐津)의 유학 전통과 구봉 송익필: 이용후생의 전통에 유의하여〉(박학래 군산대 교수)는 삼국시대에 시작되어 1천여 년이 넘는 당진 지역의 유학 역사 속에서 주목되는 이용후생적 유학의 전통을 특히 송익필(宋翼弼, 1534~1599)을 중심으로 고찰하였다. 서얼(庶孽)이라는 신분적 한계와 동서분당(東西分黨) 이후 서인의 배후로 지목되어 정치적 핍박을 받고 유배를 당하는 등의 굴곡진 삶에도 불구하고, 율곡 이이와 더불어 기호 유학의 쌍벽으로 불리는 그는 말년에 당진에서 살면서 직접 이 지역의 제자들에게 자신의 기호 예학(禮學)의 선구적인 업적, 이기심성(理氣心性)론과 더불어 특히 민생안정과 부국강병을 중심으로 한 경세론(經世論)을 양성, 직전(直傳)함으로써 이 지역의 이용후생의 기반을 닦았다. 이러한 기반이 후일 18세기 이후 연암 박지원의 면천군수 재임 시절, 그리고 고구마의 재배와 보급을 주도한 강필리(姜必履, 1713~1767) 등의 실천으로 이어지며 당진유학의 이용후생 전통이 만개하는 연원이 되었다.

〈면천 군수 박지원의 목민 활동〉(김문식 단국대 교수)은 조선 후기의 대표적인 문장가이자 실학자인 연암(燕巖) 박지원(朴趾源 1737~1805)의 면천(沔川: 당진 관내)군수 시절(1797~1800) 실제 행정과 정책론을 소개하였다. 박지원은 면천군수로 재직하는 동안 군내의 하천을 정비함으로써 농업 환경을 개선하였고, 국가 재정의 원천인 정리곡(整理穀)을 철저히 관리하는 체제를 마련하였으며, 천주교도에 대해서도 직접적인 압박이 아니라 설득하는 방식의 정책을 취하였다.[9] 아울러 당대를 대표하는 학자이자 문장가이기도 그는 이곳에서『면양잡록』[10]을 저술하였는데, 이 안에「칠사고(七事考)」, 농업서인『과농소초(課農小抄)』,「한민명전의(限民名田議)」등이 있다.[11]「칠사고」는 목민관이 이용후생의 대상인 인민을 다스리는 방법을 기술한 지방관행정서이고,『과농소초』는 이용후생 해야 하는 이유, 치수, 농기구 개선 등을 비롯한 직접적인 이용후생의 농업 개선 서적이며,「한민명전의」는 대토지소유자들의 토지 겸병을 비판하고 제한하는 토지소유정책안이다. 그는 사실 조선 후기 상공주의적 '이용후생학파'라는 호칭이 연원하게 된 주역으로서, 면천군수 직에 재임하는 동안 이와 같이 자신의 이론과 사상을 직접 실천하고 있는 점이 매우 값지다고 할 수 있다. 또 젊은 시절부터 사용해 온 '이용후생'이라는 용어를, 이미 언급했듯이『면양잡록』에서도 직접 사용하고 있는

---

9   이 부분은 박지원만의 입장이 아니라 정조의 대응 방식이기도 하다. 정조와 그를 지지하는 연암을 포함한 실학자들의 공통된 시각이었다. 주지하다시피 조선에서 직접적인 박해가 일어난 것은 정조 사후 상대적으로 진보파였던 시파에 대해 보수적인 벽파가 정권을 잡으면서 물리적인 천주교 억압으로 돌아서면서부터다.

10 김문식 교수는 이미 앞에서 말한『면양잡록(沔陽雜錄)』의 번역 프로젝트 연구책임자였다.

11 김문식,「연암 박지원의 목민서,『七事考』」,『東洋學』48, 2010; 김문식,「박지원의「한민명전의」수정과정」,『문헌과 해석』69, 2014 참조.

점이 매우 의미있다고 하겠다.

〈성(聖) 김대건 신부와 당진의 천주교, 그리고 이용후생〉(안외순 한서대 교수)은 당진 솔뫼 출신 김대건 신부의 생애와 행적을 이용후생의 시각으로 살펴보았다. 물론 그것은 18세기의 조선 실학에서의 이용후생론만이 아니라 인류 문명의 진보를 추동해 온 인간의 이성적·정서적인 노력으로서의 보편적이고 본질적인 특성인 문명·기술을 개발하여 쓸모 있게 활용하고 이를 통해 인간의 삶을 좀 더 윤택하게 한다는 개념에서 신학생 시기, 부제 시기, 신부 시기에 걸친 성 김대건 신부의 생애와 행적 속에서 '이용(利用)의 마음'과 '후생(厚生)의 마음'을 각각 살펴보았다. 조선인 최초로 라틴어·프랑스어·몽골어를 배우고, 아울러 중국어·한어를 익히고 활용하는 데서, 마카오·필리핀·난징·상하이·라오뚱 등지를 여행하면서, 영국과 불평등 근대조약인 난징조약(南京條約)을 맺는 현장을 프랑스 함장에게 통역하는 역할을 하면서, 조선지도·세계지도 등을 전사하고 각국의 국경을 넘는 과정에서 익힌 '이용의 마음'들이 오직 육체적으로도 가난과 질병에 시달리고 정신적으로도 신분과 영혼의 질곡에 시달리는 조선 인민을 구원하겠다는 그 일념이 곧 '후생의 마음'이었다. 아울러 이것은 동시에 천주교를 금하는 조선을 비롯한 국제적 정황의 금압에 저항하는 것이자 민중의 존엄성과 인권을 각성시키는 계몽적 성격을 띠기도 하여 '근대 당진의 저항과 계몽의 이용후생 정신' 맥락의 선두라고 할 수 있겠다.

〈당진지역의 동학농민전쟁〉(장수덕 호서중 교사)은 '합덕기의'와 '승전곡전투' 그리고 '이창구의 활동'을 중심으로 동학농민전쟁사에서 매우 중요한 의미를 지니는 당진의 사례를 조명하였다. 조선 정부의 철병 요구도 무시하고 출병 및 주둔을 고집하다가 6월 21일(음력) 경복궁을 불법 점령한 상태에서 청군(淸軍)에게 도발하고, 그나마 믿었던 청군마저 결국은 패전하여 철수한 상황에서 동학 조직이 기의(起義)하였던 것이다. 또 정부마저 일본의 강압 아래 그 손아귀에 들어가 전주화약(全州和約)의 약속도 저버린 채 동학농민 군과는 적이 되어 있었다.[12] 이 상황에서 당진동학농민군들은 합덕(10월 16일)은 물론 승전곡(10월 24일) 전투에서 아카마츠[赤松國封] 소위가 이끄는 일본군 1개 소대와 치열한 전투를 벌여 승전하였다. 그러나 근대 무기 앞에서 당진동학농민군은 그렇게 국가와 민족을 위해 1인까지 투쟁하다가 최후를 맞았고, 이후 이는 이 지역 의병과 독립운동의 정신적 토대가 되었다.[13] 이 과정에서 제기된 동학의 슬로건과 수운 최제우가 창도한 동학사상 혹은 동학은 민중의 가난과 질곡, 그리고 질병 앞에서의 구원을 강조하였다는 점에서 충분히 '후생의 마음'이며, 국가의 주권을 회복하고자 하는 정신에서 비록 죽창과 스나이더총의 어림없는 대결이기는 했지만 충분히 '이용의 마음'이기도 이기도 했다. 아울러 〈내수도문〉 등에서 보이는 여성과 어린이에 대한 생활계몽적 주장은 '전형적인 근대 계몽과 저항의 이용후생의 역사'였다.

〈당진의 3·1운동〉(김남석 호서고 교사)은 일제강점기 전국적인 민중 독립만세운동이었던 1919년 3·1운동에 대한 당진의 상황을 소개하였다. 이 글에 의하면 당진에서는 동년 3월 10일 면천공립보통학교 독립만세운동이 있었고, 또 4월 4일 대호지·천의장터에서 독립만세운동 등이 크게 있어서 4·4 독립만세운동이라 하기도 한다. 당진의 만세운동은 첫째, 중앙의 지시나 연

---

12 안외순, 「동학농민혁명과 전쟁 사이, 집강소(執綱所)의 관민(官民) 협치(協治)」, 『동학학보』 51호, 2019 참조.
13 3.1운동 당시 33인의 민족지도자 중의 일인이자 인쇄를 담당했던 이종일은 동학과 같은 민중시위를 일으켜야 한다고 누차 의견을 피력한다. 아울러 그는 이것을 실학-동학-천도교-3.1운동의 연속성으로 인식하고 있다. 이에 대해서는 안외순, 「묵암 이종일과 동학, 천도교, 그리고 3.1독립만세운동의 연속성」, 『동학학보』 57호, 2020 참조.

계로 일어난 것이 아니라 고종의 인산(因山)에 직접 참례하고 귀향한 자들이 주축이 되어 일어난 자발적 운동이라는 점, 둘째, 곧장 경찰주재소 등을 시위 대상 목적지로 하였고, 산상에서 봉화를 올리거나 횃불시위를 전개하는 내포지역 시위 양상 방식을 공유하고 있다는 점, 셋째, 대호지·천의장터에서 있었던 4.4만세운동은 199명의 주민이 일제경찰에 피체될 만큼 대규모의, 그리고 격렬한 시위였다고 한다. 이용후생의 가장 기본적인 토대는 국가의 안정이다. 대부분의 피식민지 국가들과 마찬가지로, 식민지 상태에서는 피식민지국민들의 기본적인 생명권, 행복추구권 등이 확보되기 어렵기 때문에 독립운동을 하는 것이다. 요컨대 식민지 상황이라고 하는 것은 이용과 후생이 보장 안 되는 것은 물론 기본권조차도 인정되지 않는 사례가 흔하다. 그렇기 때문에 당진의 3·1만세운동 혹은 4·4만세운동을 '저항과 계몽의 이용후생 노력'이라는 시각에서 고찰하는 것은 지극히 유의미하다.

〈심훈의 저항과 계몽, 이용후생의 한 방식〉(유진월 한서대 교수)은 일제강점기 대표 지식인이자 예술인 심훈(沈熏, 1901~1936)의 삶과 활동을 조명하되, 당대 최고의 시대적 과제가 저항과 계몽이라는 가치와도 직결된다는 시각에서 고찰하였다. 기자이자 작가이고 시인이자 영화인이었던 그는 누구보다 치열하게 살던 근대인의 상징 '도시의 모던 보이'였지만, 낙후된 고향 농촌 당진으로 내려와서 궁핍한 식민지 농촌생활을 체험하며 동고동락한 그의 삶은 농촌계몽운동을 통한 경제부흥의 요구나 당위성과 연결되고 그 실천에의 의지를 강화했다. 이곳에서 그는 '붓으로 밭을 가는' '필경(筆耕)' 작업을 통해 '향토인'의 근대화, 곧 당대 농민과 민중의 삶을 진실하게 표현하며 새로운 길을 열어 간 작가 생활 또한 이용후생의 실천이라 하겠다. 〈그날이 오면〉으로 대표되는 강렬한 조국 독립에의 의지, 그럼에도 불구하고 당장 더욱 열악한 식민지 조선 농민적 삶은 생존 자체가 관건이기도 했기에 고향 당진에서 소위 '농촌계몽소설' 〈상록수〉를 집필한 것은 단순한 농촌계몽소설이 아니라 조국의 민중이 이 기간의 질곡에서 살아남는 것을 도와주는, 말 그대로 이용후생의 실천이자 독립을 위한 저항과 계몽의 이중주였던 것이다.

〈당진의 문화유산 현황과 활용정책〉(남광현 당진시청 문화재팀장)은 20여 년간 당진 관내 문화재(文化財, cultural properties) 업무를 담당해 온 행정공무원의 시각에서 유무형의 당진 문화재를 소개하고 그 활용 방향을 제시하였다. 문화재의 가치란 역사적 혹은 예술적 가치가 높은 것들을 지칭하는 만큼 항구적인 것은 아니고 시대와 인식에 따라 달라질 수 있다. 즉 좀 더 인류 보편의 가치를 관통하면서도 당진의 고유한 특성을 잘 보여줄 수 있는 문화재는 그 자체도 중요하지만 이를 가치 있게 여기는 전문가나 구성원들의 인식 수준 및 문화재를 발굴, 보존, 활용하는 노력도 크게 작용을 한다. 현대 당진의 문화재보존 정책은 비교적 잘 추진되고 있는 편이다. 한국은 물론 세계문화유산들과 어깨를 겨루는 문화재들, 일명 '스타문화재'를 발굴하고 지원하는 선택과 집중 전략을 통해 면천권(면천읍성, 두견주), 우강·합덕권(가톨릭성지, 합덕제), 송악권(필경사, 기지시줄다리기), 석문·대호지·정미권(4·4독립만세운동, 소난지도 의병항쟁)으로 분류하여 권역별로 선택과 집중의 관리 노력을 기울이고 있다. 필자는 여기서 한 발자국 더 나아가 누구보다 시민들이 당진의 문화유산을 좀 더 적극적으로 즐기고 향유할 수 있도록 유도하는 정책을 펼쳤으면 한다. 구성원들이 즐기고 활용하는 문화재야말로 이용후생의 문화재 관리의 실천이라고 확신한다.

〈인문도시 당진의 도시재생〉(박현옥 청운대 교수)은 지금까지 진행된 당진시청의 각종 공모사업 수주 현황을 중심으로 당진의 도시재생 정책 방향에 대해 진단하고 앞으로의 방향성을 제안하였다. 그 중에서도 특히 평생학습도시, 아동·여성친화도시, 인문도시를 추구하는 당진의 특성과 특히 2017년 이후 도시활력증진사업을 시작으로 2018년과 2019년 도시재생뉴딜사업 및 2020년 도시재생인정사업으로 진행된 수주 중심의 도시재생사업 현황을 소개하였다. 그리고 결과로서 현재까지는 재정의 80~90%가 건물 조성 등 물리적 환경 개선에 투입되고 있어서 향후 장기적 관점에서 주민역량강화교육, 커뮤니티공간 및 개개인의 주거환경개선과 지속적 관리에 대한 요구는 아직 해결책을 찾아야 하는 상황이라고 진단하였다. 이를 개선하기 위한 일환으로 해외 사례로 공식·비공식 교육과 유아교육 등에 사업비의 50% 이상이 투자하는 이스라엘의 사례를 통해 하드웨어는 반드시 콘텐츠 및 교육과정과 함께 가야 하는 사안이라는 점, 그리고 지역재생과 지역대학이 연대하는 일본 사례를 들면서 당진시와 한서대가 손잡고 인문도시사업을 진행한 점에 대해 높이 평가하였다. 결론으로서 앞으로 지자체·산업체·대학이 함께 공조체제를 통해 당진의 도시재생사업을 진행하되 그 방향은 인간적 공동체성, 과거와 미래의 연결성, 가치와 조형의 조화성, 인간과 자연의 공존성의 복원일 것을 주문하였다. 이러한 당진의 도시재생 방향이 명실공히 '지속 가능한 이용후생의 인문도시 당진'을 기대하는 밑거름이 될 수 있을 것이다.

3. 맺음말

'산업이나 기계 등을 편리하게 하여 인간의 삶을 풍요롭게 한다'는 '이용후생(利用厚生)'은 애초에 유교적 용어이다. 유교는 특정 사상이나 종교가 아니라 2천년 넘게 동아시아의 정신세계를 이끌어 온 동아시아 세계의 보편 문명의 사상이자 이념이었다. 그리고 '인문'이란 '인간의 인위적인 노력에 의한 사람다운 상태 그리고 빛나는 상태'를 말한다. 말 그대로 '야만'과 가장 반대의 대척점에 있는 상태이다. '이용후생의 인문도시 당진'은 이러한 정신을 역사적으로 추구해 왔고 앞으로도 그러할 것이다. 즉 '지속가능한 이용후생의 미래 당진'을 추구한다.

오늘날 당진만이 아니라 지구 인류 앞에는 크나큰 도전과 과제들이 놓여 있다. 당장 눈앞의 이익만 추구해온 행위로 인해 인간과 지구 전체 생존의 위협을 받는 곤경에 처했다. 지금처럼 자본에 무릎을 꿇고 사람과 자연, 지구환경을 파괴하는 '산업 문명'을 추구한다면 그것은 결코 '이용'과 '후생'이 아니다. '인문도시'는 더더욱 아니다.

우리 '이용후생의 인문도시 당진'은 우리 선조들이 물려준 이러한 자랑스러운 당진의 인문자산들을 충분히 향유함으로써 진정한 이용후생의 의미와 가치를 새기고, 앞으로도 이러한 인문 전통을 대대손손 전수하기 위해서 제대로 된 세계관과 정의감의 '정덕'을 보유하고서 '자본 중심'으로 돌아가는 '가짜 산업과 문명'을 감시하고 통제할 것이다. 그것은 박지원이 '가짜 도덕'을 팔아 이용후생을 외면했던 조선 후기 지식인들에 대해 경종을 울리면서 '이용·후생·정덕'이라고 했듯이, 이제는 '가짜 이용·후생'을 파는 자본과 물질만능주의에 대항하여 다시 '정덕·이용·후생'을 되새길 때이다. 어느 때건 길은 하나다.

"사람이 도를 실천하는 것이지 도가 사람을 도와줄 수는 없다.(人能弘道 非道弘人)"[14]

---

14 이에 대해서는 『論語』〈衛靈公〉.

『論語』
『孟子』
『書經』
『熱河日記』
『燕巖集』
박지원, 동양학연구소 역, 『면양잡록』, 당진문화원, 2017.

강일천, 「朴趾源 '利用厚生' 實學의 深層 內包와 그 現代的 指向」, 『한국실학연구』 1/1,
    1999.
김문식, 「연암 박지원의 목민서, 『七事考』」, 『東洋學』 48, 2010.
김문식, 「박지원의 「한민명전의」 수정과정」, 『문헌과 해석』 69, 2014.
노관범, 「조선시대 '利用厚生'의 용법과 어휘 추세 : 한국문집총간 정집을 중심으로」, 『한국
    실학연구』 40, 2020.
안외순, 「동학농민혁명과 전쟁 사이, 집강소(執綱所)의 관민(官民) 협치(協治)」, 『동학학
    보』 51호, 2019.
안외순, 「묵암 이종일과 동학, 천도교, 그리고 3.1독립만세운동의 연속성」, 『동학학보』 57
    호, 2020.
왕정요·박종혁, 「18C 朝鮮 '利用厚生' 學說과 淸代 中國 : 『熱河日記』 硏究,(其1)」, 『한국
    실학연구』 1/1, 1999.
이경구, 「조선 후기 '주자주의'의 동향과 이용후생 개념의 부상」, 『개념과 소통』 10호, 2012.

『한국민족대백과사전』, 한국학중앙연구원.
〈2018년 한국연구재단 인문도시지원사업 신청 설명서 및 요강〉

제1부

전통시대 인문도시
당진의
이용후생의 역사

당진의 선사 문화

안덕임

한서대학교 문화재보존학과 교수

1. 머리말

충남 서북부에 위치한 당진시는 동으로 아산시, 서로 서산시, 남으로 예산군, 북으로 평택시와 접해 있다. 당진의 지형을 살펴보면 전반적으로 해발 400m 이하의 낮은 구릉성 산지 지형을 이루고 있는데, 비교적 높은 지대인 중앙부를 제외하면 해발 100m 내외 의 낮은 구릉과 넓은 평야가 발달되어 있다. 동쪽에는 삽교천 유역의 우강면과 합덕읍 일원에 넓은 충적평야가 발달되어 있고, 서해와 맞닿아 있는 북부 해안 일대에는 역천을 따라 채운평야가 펼쳐져 있다. 넓은 조간대가 발달된 북쪽의 리아스식 해안은 어패류 서식과 제염에 좋은 환경을 제공해 주었다. 그러나 현재는 동쪽의 삽교천방조제, 북쪽의 석문방조제, 서쪽의 대호방조제 건설로 인해 넓은 갯벌과 리아스식 해안의 상당 부분이 사라졌다. 역사적으로 볼 때 당진은 해안가에 위치한 지리적 입지 여건으로 인해 해로를 통해 외부의 문물을 수용하는 창구 역할을 하였다. 특히 당진이라는 지명이 말해 주듯이 대중국 교류의 교두보로서 중요한 역할을 하였다.

당진 지역은 이와 같이 자연환경이 양호하고 자원이 풍부하여 예로부터 사람들이 살기에 좋은 환경을 제공해 주었다. 당진 지역에 터전을 잡았던 선사시대 사람들의 생활과 문화는 2천 년대 들어서면서 산업단지 조성, 공동주택 개발, 도로 건설 등과 같은 개발이 활발히 진행되면서 본격적으로 알려지기 시작하였다. 이러한 개발과 함께 진행된 고고학적인 조사를 통해 당진 지역의 선사시대 사람들이 남겨 놓은 유적이 발견되면서 당진 지역에 구석기시대부터 사람들이 거주하면서 많은 유적이 남겨진 것이 밝혀지게 되었다. 본고에서는 현재까지 발견된 이러한 고고학적인 자료를 바탕으로 당진 지역의 선사시대 문화의 일면을 살펴보기로 한다.

2. 구석기시대

구석기시대는 고인류가 처음 등장한 때부터 지금과 비슷한 환경으로 바뀌는 약 10,000년 전까지를 말한다. 이 시대에는 돌을 떼서 만든 타제석기 (뗀석기)가 특징적이다.

당진 지역에서 구석기시대 사람들이 남긴 유적이 발견될 가능성은 1994년에 송악읍 고대리에서 구석기시대의 고토양층이 처음 발견되면서 예견되었다. 구석기시대의 고토양층에서는 대개 암갈색 점토층 내에서 토양쐐기 구조가 관찰된다〈그림 1〉. 이 구조는 춥고 건조한 기후로 인해 토양이 수축되면서 토양에 수직으로 생긴 틈에 황색 계열의 니질물이 쐐기 형상으로 채워지면서 발생하게 된다. 고대리의 고토양층에서 타제석기는 발견되지 않았으나 이 토층이 확인됨으로써 향후 석기가 발견될 가능성이 엿보인 것이다. 고대리의 고토양층 연대는 28,100±2,300년 전으로 후기구석기시대에 해당한다.

현재까지 당진 지역에서 구석기시대의 타제석기가 발견된 유적은 많지 않다. 당진의 구석기시대 유적으로는 석문면 교로리·초락도리 유적, 우강면 송산리 유적, 송악읍 고대리·한진리 유적 등이 알려졌을 뿐이다. 이 가운데 교로리 유적과 초락도리 유적은 지표조사에서 발견되어 상세한 것은 알

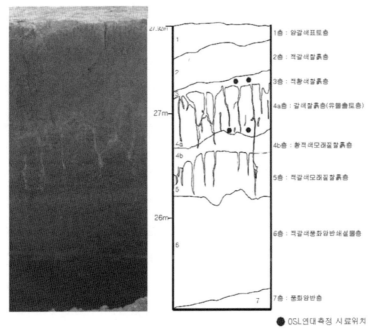

〈그림1〉 송산리 유적 토층도(기준토층1)(충청문화재연구원, 2011)

수 없다. 교로리 유적에서는 신석기시대 패총 하부에서 구석기시대의 고토
양층과 타제석기가 발견되었으며, 초락도리 유적에서는 석영제 타제석기가
발견되었다. 이 밖에 석문면 삼봉리에서 수습된 여러면석기가 석문중학교
향토유물실에 전시되어 있다.

당진 지역에서 처음으로 발굴 조사된 송산리 유적은 합덕~우강면 사이의
도로 공사 구간에서 발견되었다. 이 유적의 고토양층에서 석영제 격지석기
1점이 발견되었으며 이와 더불어 주변의 지표상에서 4점의 타제석기가 발
견되었다. 석기가 발견된 송산리 고토양층〈그림 1〉은 OSL 연대 측정 결과
31,500~35,000년 전 사이로 나타나 후기구석기시대에 해당한다.

그런데 최근에 고대리 유적과 한진리 유적에서 중기구석기시대까지 올려볼 수 있는 석기가 발견되어 주목된다. 고대리 유적에서는 석영암계 원석으로 제작한 양날찍개, 여러면석기, 긁개, 격지 등이 출토되었다〈그림 2〉. 인접한 한진리 유적에서도 석영암계 석재로 제작된 여러면석기, 긁개, 몸돌, 격지 등이 발견되었다〈그림 2〉. 고대리 유적과 한진리 유적의 연대는 석기의 제작 기법 및 유물 조합과 유물이 출토된 고토양층의 토층 양상을 바탕으로, 54,000~65,000 B.P.의 절대연대를 보이는 인접한 아산 권곡동·실옥동, 예산 신가리 유적과 비슷한 중기구석기시대 후반으로 추정되고 있다.

이처럼 당진 지역에서 구석기시대 유적의 발견 사례가 점차 증가하고 있고, 당진 주변의 서산·홍성·아산 지역에서도 구석기시대 유적이 확인되는 것으로 보아 이 지역이 구석기시대인의 생활 터전으로 이용되었음을 알 수 있다. 당진 지역 구석기인들의 생활과 문화는 향후 유적의 발견이 증가함에 따라 좀 더 상세히 밝혀질 수 있을 것으로 기대된다.

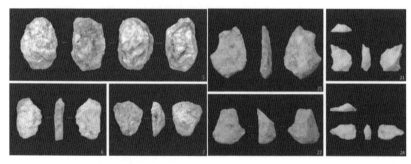

〈그림 2〉 고대리 유적(좌)과 한진리 유적(우) 출토 석기(서해문화재연구원, 2016a·b).

3. 신석기시대

신석기시대는 구석기시대의 타제석기에 이어서 갈아서 만든 마제석기(간석기)가 사용되고, 동물 사육과 식물 재배가 이루어지고, 토기가 발명된 시대를 말한다. 신석기시대의 이러한 변화는 구석기시대의 빙하기가 끝나고 기온이 상승하면서 지금과 비슷하게 변화된 자연환경에 따라 사람들의 생계 방식이 바뀐 결과라고 할 수 있다. 그러나 이러한 신석기시대의 특징적인 각 요소의 출현 시기는 지역마다 다소 다르다. 우리나라의 경우 토기는 신석기시대 초기부터 출현했지만 농경과 마제석기의 보급은 다소 늦은 시기에 이루어졌다.

당진 지역에서는 구석기시대에 이은 신석기시대의 유적이 다수 발견되었다. 당진 지역에 신석기시대에 사람들이 거주한 흔적으로서 남겨진 유적으로는 주거지, 패총, 수혈유구 등이 있다. 우리나라의 신석기시대 주거지는 자연 동굴이나 인공 동굴을 이용한 것도 있지만 지하에 원형이나 방형의 구덩이를 파고 만든 수혈주거지(움집)가 가장 많다. 수혈주거지 바닥 중앙에는 난방과 조리를 위한 노지(화덕자리)가 설치되어 있다. 노지는 구덩이를 약간 파고 만든 구덩식과 가장자리에 돌을 두른 돌두름식이 있다. 이러한 수혈주거지의 형태는 지역과 시기에 따라 특징적인 변화 양상을 보인다. 우리나라에서 신석기시대의 수혈주거지가 등장하는 것은 기원전 6천 년 무렵으로 양양 오산리, 고성 문암리와 같은 유적이 이른 시기에 조성된 대표적인 유적이다.

당진 지역의 신석기시대 주거지는 이보다는 늦은 시기에 출현했다. 주거지 유적으로는 송산면 가곡리·유곡리·동곡리 유적, 시내의 우두리 유적, 송악읍 기지시리·한진리 유적, 합덕읍 소소리 유적, 면천면 율사리 유적 등이 있다〈표 1〉. 당진 지역의 신석기시대 주거지 유적은 유적별로 1~4기의 소규모 주거지로 구성되어 있다. 주거지의 크기는 대개 한 변의 길이가 3~5m 정도이나 유곡리 주거지처럼 7~8m에 이르는 것도 있다. 주거지는 대체로 2단으로 구덩이를 파서 만든 단(선반 시설)을 설치한 것이 특징적이다〈그림

3). 수혈의 형태는 대략적으로 외부는 원형, 내부는 방형을 이룬다. 바닥 가운데에는 구덩이를 파서 만든 수혈식 노지가 있다. 바닥의 네 귀퉁이에 기둥구멍을 배치하였으며, 일부 보조 기둥이 설치된 것도 있다. 소소리·율사리 유적에서는 벽가에 배치된 기둥구멍도 확인되었다. 유곡리·가곡리 유적에서는 밖으로 돌출된 출입 시설이 확인되었다. 해발고도는 92~93m이다.

이처럼 2단으로 굴광된 평면 방형에 가까운 수혈 양상·수혈식 노지·4주식 기둥구멍 등을 특징으로 하는 신석기시대의 주거지는 인천·시흥·안산·화성과 같은 서해안 지역에서 발견되고 있어 서해안식(는들식) 주거지라고 불린다. 당진 지역에서 이러한 서해안식 주거지가 발견되는 것으로 미루어 이 지역의 신석기시대 사람들이 인천·시흥·안산·화성 등 인접한 서해안 지역과 교류했음을 알 수 있다.

한편 최근 조사된 한진리 유적에서도 주거지 3기와 수혈유구 1기가 발견된 바 있다. 한진리 유적의 주거지는 파괴되어 정확한 구조를 파악하기 어려우나 중부 서해안 지역에서 유행한 평면 방형 또는 장방형의 사주식이었을 것으로 추정된다. 1호 주거지 내부에서 발견된 집석 시설 또한 안산 신길동, 인천 운서동, 화성 석교리 등 중부 서해안 지역의 신석기시대 주거지 유적에서 볼 수 있는 것으로 상호 관련성을 엿볼 수 있다.

당진 지역에서 발견된 이와 같은 신석기시대 주거지는 방사성탄소연대와 출토된 빗살무늬토기 등 유물을 바탕으로 대략 기원전 3,500~3,000년 무렵에 축조된 것으로 추정된다. 소소리 유적의 방사성탄소연대는 주거지의 경우 $4,250\pm50$ B.P., $4,380\pm50$ B.P., $4,600\pm70$ B.P.이고 수혈유구는 $4,340\pm50$ B.P.이다.

당진은 서해에 접해 있고 특히 리아스식 해안을 이루며, 바닷물이 빠진 다음 노출되는 넓은 갯벌이 발달되어 해산물이 풍부하고 패류 채집에 최적

〈표 1〉 당진 지역의 신석기시대 주요 주거지 유적 현황(구자진, 2012)

유적	유구 번호	평면 형태	규모(cm)	화덕자리				기둥구멍	출입구	기타
				구조	위치(개수)	평면	규모(cm)			
우두리	73호	방형	440×430	구덩식	중앙(1기)	원형	180	4주식, 보조기둥	·	·
	75호	방형	(170)×300	구덩식	중앙(1개)	원형	80	4주식?	·	·
소소리	1호	(장)방형	(462)×(400)	구덩식	중앙(1기)	타원형	123×72	4주식, 벽가배열	?	바닥만 잔존
기지시리	집자리	방형	340×314	구덩식	중앙(1기)	원형	?	·	·	·
율사리	집자리	방형	?	구덩식	중앙(1기)	방형	95×64	4주식, 벽가배열	?	2단 굴광
유곡리	2-3 1호	방형	552×395	구덩식	중앙(1기)	원형	60	4주식	돌출	2단 굴광
	2-3 2호	방형	841×742	구덩식	중앙(1기)	원형	60	4주식	돌출	2단 굴광
	2-4 1호	방형	460×409	구덩식	중앙(1기)	원형	60	4주식	·	2단 굴광
	2-4 2호	방형	720×668	구덩식	중앙(1기)	원형	84	4주식	돌출	2단 굴광
가곡리	1호	방형	300×(251)	구덩식	중앙(1기)	원형	?	4주식?	·	
	2호	방형	511×502	구덩식	중앙(1기)	원형	?	4주식	·	2단 굴광?
	3호	방형	426×400	구덩식	중앙(1기)	원형	?	4주식? 다수	돌출	2단 굴광
	백1호	원형	320×294	·	·	·	·	·	·	·

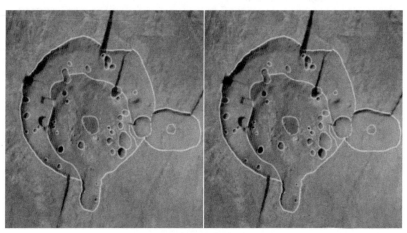

〈그림 3〉 유곡리 유적 신석기시대 주거지(가경고고학연구소, 2013)

화된 입지를 갖추었다. 농경이 아직 발달되지 않았던 신석기시대에는 수렵·어로·채집이 중요한 생계 수단이었다. 이러한 생업 활동을 효율적으로 행할 수 있는 곳이 강이나 바닷가이다. 따라서 신석기시대인들은 강가나 해안가, 도서 지방을 주요한 생활 터전으로 삼아 활동하였고 그 결과 이와 같은 곳에 많은 유적지가 많이 남겨지게 되었다. 특히 조간대에서 쉽게 채집할 수 있는 패류는 신석기시대 사람들에게 안정적으로 확보할 수 있는 중요한 식량 자원이었다. 신석기시대 사람들의 활발한 패류 채집 활동의 결과 해안가와 도서 지방에 다수의 신석기시대 패총 유적이 남게 되었다. 패총 유적은 조개더미 유적이라고도 하는데 사람들이 식량 자원으로 잡아먹고 버린 껍질이 쌓여서 형성된 유적을 말한다. 이러한 패총 유적에는 패각뿐 아니라 일상생활 쓰레기가 같이 폐기되어 당시의 생활과 문화를 연구하는 데 중요한 정보를 제공해 준다.

당진에서 발견된 신석기시대 패총 유적에는 석문면 초락도리·대난지도, 송산면 가곡리 유적이 있다. 이 가운데 초락도리와 대난지도 패총의 경우 지표 조사에서 확인된 유적으로서 상세한 정보를 알 수 없다. 당진 지역에서 알려진 신석기시대의 패총 유적 가운데 가곡리 유적이 유일하게 발굴 조사되었다. 이 유적은 송산산업단지를 조성하면서 발견되어 조사가 이루어졌다. 가곡리 유적에서는 신석기시대 주거지 1기와 패총 2기(A·B)가 발견되었다〈그림 4〉. 패총은 주택 건설과 경작 등으로 이미 상당 부분 훼손된 상태였다. A패총은 구릉 남쪽 사면의 해발 13~16m 높이에 형성되었다. 현재 남아 있는 규모는 45.7×17.8m이고 패각층의 최대 두께는 0.8m 정도이다. B패총은 A패총에서 서쪽으로 약 130m 이격된 구릉 남서쪽 사면의 해발 약 12m 높이에 조성되었다. 잔존 규모는 12.3×3m이고, 잔존 패각층 두께는 0.4m 정도로 큰 편은 아니다. B패총의 패각층 하단에서 주거지 1기가 발견

〈그림 4〉 가곡리 A패총(좌)과 B패총 주거지(우)(백제문화재연구원, 2013)

되었다. 주거지는 평면 원형으로 320×294㎝ 규모이다. 주거지 내부에서 별다른 시설은 발견되지 않았다.

　가곡리 패총은 굴 패각으로 이루어져서 오늘날처럼 신석기시대의 당진 지역 해안에 굴 자원이 풍부하였음을 보여준다. 그러나 굴의 크기를 분석한 결과를 보면 인근의 청동기시대 안면도 고남리 패총을 구성하는 굴보다 현저히 작아 주목된다. 이러한 사실에서 신석기시대에 굴이 집중적으로 채집되었고, 이에 따라 굴의 크기가 감소되었음을 추정할 수 있다. 신석기시대의 강도 높은 채집으로 인한 굴의 크기 감소는 인접한 신석기시대의 고남리 패총이나 서산 대죽리 패총에서도 관찰된다. 이러한 패총의 굴 패각도 가곡리 패총과 유사하게 크기가 작다. 신석기시대에는 농경이 아직 안정화되지 않은 여건이었기 때문에 야생 식량 자원에 의존도가 높을 수밖에 없었다. 해안 지역의 신석기시대 주민들은 조개 식량 자원에 의존도가 그만큼 높았을 것이고, 특히 간조 시 쉽게 채집할 수 있는 굴을 강도 높게 채집하였을 것이다. 그리고 이러한 집중적인 채집 활동은 결국 굴 자원의 전반적인 크기 감소를 가져왔던 것으로 추정된다. 이에 반하여 청동기시대에는 농경의 정착에 따라 신석기시대와 비교하여 야생 식량 자원의 채집 비중과 강도가 낮아지면서 굴 자원의 여건이 개선되었던 것으로 생각된다.

당진 지역의 신석기시대 유적에서는 빗살무늬토기와 다양한 석기 유물이 발견된다. 우리나라의 신석기시대에 유행한 토기 가운데 가장 대표적인 빗살무늬토기는 형태와 문양이 지역에 따라 또 시기에 따라 다르다. 이 가운데 당진 지역이 속한 중서부 지역의 빗살무늬토기는 바닥이 둥글거나 뾰족한 포탄형이다. 신석기시대 전기에는 아가리, 몸통, 바닥에 문양이 전면적으로 시문되다가 점차 바닥부터 문양이 생략되고 문양의 정형성이 줄어드는 양상으로 변했다.

당진 지역의 신석기시대 유적에서 발견되는 빗살무늬토기를 보면 바닥과 동체부 하단의 문양이 생략되고 아가리 쪽에만 문양이 장식된 신석기시대의 비교적 늦은 단계의 특징을 보여준다〈그림 5·6〉. 문양 요소는 단치 또는 다치의 서해안식 횡주어골문이 주를 이루며, 격자문·횡선문·점열문·단사선문 등이 시문되었다. 율사리 유적에서는 쌍청리식 토기편이 1점 출토되어 주목된다〈그림 6(좌) 우상〉. 이 토기는 단치 또는 다치의 시문 도구를 이용하여 압날·압인 등의 방법으로 반복 장식한 능형문이 특징적이며 금강식토기, 능격문토기 등으로도 불린다.

〈그림 5〉 유곡리 주거지 출토 빗살무늬토기(가경고고학연구소, 2013)

〈그림 6〉 율사리 주거지(좌)(가경고고학연구소, 2013)
가곡리 패총 출토 빗살무늬토기(우)(백제문화재연구원, 2013)

4. 청동기시대

청동기시대에는 신석기시대에 유행했던 빗살무늬토기가 사라지고 새로
운 유형의 민무늬토기가 유행했는데 이 민무늬토기의 등장 시점을 청동기
시대의 시작으로 본다. 그리고 용도에 따라 전문화된 다양한 마제석기가 보
편화되고 농경이 정착되었지만 청동기의 보급률은 낮았다. 청동기시대에
는 생업 활동에서 농경이 차지하는 비중이 높아지면서 농경에 유리한 넓은
평야가 발달된 지역의 낮은 구릉지와 선상지에 취락이 조성되었다. 초기에
는 2~4기의 주거지가 취락을 이루다가 점차 규모가 확대되어 수백 기의 주
거지가 취락을 이루게 되었다. 그리고 이러한 취락을 방어하기 위해 취락
경계에 목책이나 환호 시설을 설치하기도 하였다.

청동기시대는 대체로 기원전 1,500년 무렵부터 기원전 300년 무렵까지로
설정한다. 그리고 유행했던 토기를 근거로 조기, 전기, 후기로 세분한다. 조
기에는 돌대문토기와 미사리식 주거지, 전기에는 가락동식 토기 및 주거지와
역삼동식 토기 및 주거지, 후기에는 송국리식 주거지와 토기가 유행하였다.

미사리식 주거지는 평면 장방형 또는 방형의 형태이며 돌을 돌리고 바닥
에 돌을 깔아서 만든 석상위석식 노지가 설치되어 있다. 가락동식 주거지는

위석식 노지가 설치된 장방형의 주거지로 초석 형태의 기둥받침이 발견되기도 한다〈그림 7〉. 역삼동식 주거지는 평면 세장방형의 형태를 하고 구덩이를 파서 만든 다수의 수혈식 노지가 설치되어 있다. 송국리식 주거지는 평면 원형 또는 방형의 형태를 하고 바닥 가운데에 타원형의 구덩이가 설치되는데 이 구덩이 양 끝에 기둥구멍이 배치되는 것이 특징적이다. 특히 평면 방형의 주거지를 휴암리식 주거지라 하는데 원형의 송국리식 주거지보다 선행하는 것으로 알려졌다. 가락동식 토기는 단사선문이 시문된 이중구연의 심발형이 주류를 이룬다. 역삼동식 토기는 구연부에 공렬문이 장식된 심발형토기로 입술 부분에 눈금(각목)을 새긴 것도 있다. 송국리식 토기는 축약된 평평한 바닥, 배가 부른 장란형의 몸통과 외반된 짧은 구연부가 특징적이다.

〈그림 7〉 가락동식 주거지와 토기(대전 용산동 유적) (충남대학교박물관, 2007)

당진 지역에서 발견된 청동기시대 유적으로는 주거지, 수혈유구, 무덤 등이 있다. 주거지 유적을 살펴보면, 당진 지역에서는 청동기시대의 여러 주거지 유형 가운데 아직 조기 단계의 미사리식 주거지가 발견된 바 없다. 전기 단계와 후기 단계의 주거지 유적만 확인된다〈표 2〉. 전기 단계의 주거지의 경우에도 가락동식 주거지와 역삼동식 주거지 가운데 후자만 발견되고

있다. 전기 단계의 주거지 유적은 시내의 우두리·원당리·수청동, 고대면 성
산리, 석문면 통정리, 송악읍 기지시리·오곡리, 신평면 금천리·도성리·신흥
리, 면천면 자개리, 합덕읍 석우리·소소리·대전리 등에서 발견되었다.

이 가운데 석문국가산업단지를 조성하면서 발견되고 발굴 조사된 성산
리·삼화리·통정리 유적, 성산리 유적(3-1 지점), 통정리 유적은 당진 지역에
서 발견된 청동기시대 주거지 유적 가운데 가장 규모가 큰 취락 유적이다.
이들 유적에서는 전형적인 평면 세장방형의 역삼동식 주거지 100여 기와
다수의 수혈유구가 발견되어 전기 단계에 조성되었음을 알 수 있다〈그림
8·9〉. 주거지는 대체로 구릉 상부와 능선을 따라 조성되었다. 주거지에서
는 구멍무늬가 장식된 역삼동식 토기와 반월형석도·마제석부·마제석검·마
제석촉 등 다양한 석기가 출토되었다.

〈표 2〉 당진 지역의 청동기시대 주요 주거지 유적 현황

유적	주거지 형식						기타 유구
	(세)장방형	반송리식	휴암리식	송국리식	기타	합계	
성산리·통정리·삼화리유적	53	-	-	-	-	49	수혈 28
성산리 유적(3-1지점)	38	-	-	-	-	38	수혈 10
통정리 유적	7	-	-	-	-	7	수혈 9
우두리 유적(I)	3	-	-	-	-	3	
우두리 유적(II)	13	-	-	-	-	13	수혈 8
원당리 유적	1	-	-	-	-	1	
기지시리 유적	12	-	3	-	-	15	수혈 6
금천리 유적	1	-	-	-	-	1	
도성리 유적	1	-	-	-	-	1	
자개리유적 I	10	4	27	4	13	58	수혈 12 석관묘 1 미상 3
자개리 유적 II	14	-	3	1	4	22	수혈 4
석우리·소소리 유적	7	-	-	-	-	7	수혈 2
대전리 냉전골 유적	2	13					수혈 6
오곡리 수구지고개 유적	2*	1					수혈 1

유적						
채운동 다리목 유적				1		
신흥리 유적	1					
수청동 유적						수혈 1
수청 무수동골 유적	5		1			수혈 1

* 2기의 주거지 중 1기(1호 주거지)는 잔존 상태가 불량하고 출토 유물도 없어 정확한 성격은 알 수 없음.

　　한편 충남 지역의 청동기시대 전기 단계 주거지 유형의 분포를 보면 흥미롭다. 충남의 중앙에 놓인 차령산맥 서쪽의 당진과 인접한 서산, 예산, 홍성, 보령, 아산 지역에서는 당진과 마찬가지로 역삼동식 주거지가 유행했다. 이에 반하여 차령산맥 동쪽의 대전, 청주, 금산 등 금강 유역권에서는 가락동식 주거지가 유행했다. 이렇게 전기 단계에 유행한 두 주거지 유형이 두 개의 분포권으로 나뉘는 것으로 보아 두 집단 간에 교류가 없었음을 추정할 수 있다. 두 분포권 사이에 놓인 차령산맥이 두 집단의 교류를 저해한 큰 장해 요인이 되었을 것으로 생각된다.

　　당진 지역에서 후기 단계의 송국리식 주거지는 자개리, 기지시리 내기 유적, 채운동 다리목, 수청 무수동골 유적 등에서 발견되었다. 송국리식 주거지는 부여 송국리 유적에서 처음 발견되어 유적의 이름을 따서 명명되었다. 지금까지 송국리식 주거지와 송국리식 문화의 형성에 대해서는 두 가지 주장이 있다. 하나는 전기 단계에 존재했던 재지의 무문토기 문화가 점진적으로 변화, 발전되어 형성되었다는 자생설이다. 다른 하나는 수전농경과 함께 한반도 외부에서 도입되었다고 보는 외래기원설이다.

　　당진 지역의 청동기시대 주거지 유적 가운데 다수의 송국리식 주거지가 발견된 자개리 유적은 대전-당진 간 고속도로를 건설하면서 발굴 조사되었다. 이 유적에서는 모두 80여 기의 청동기시대 주거지가 확인되었는데 이 가운데 후기의 송국리식 주거지가 다수를 차지한다. 그런데 자개리 유적에

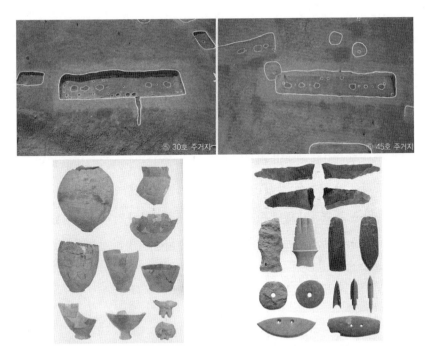

〈그림 8〉 성산리 · 통정리 · 삼화리 유적의 역삼동식주거지와 출토 유물(충청문화재연구원, 2012)

〈그림 9〉 통정리 유적 역삼동식 주거지와 출토 유물(충청남도역사문화연구원, 2013)

서 발견된 청동기시대의 주거지 유적은 전기의 역삼동식에서 반송리식과 휴암리식을 거쳐 송국리식으로 이행해 가는 과정을 잘 보여주고 있어 주목된다〈그림 10·11〉. 자개리 유적에서 발견된 청동기시대 주거지의 변천 과정을 보면 먼저 장방형의 역삼동식 주거지에서 수혈식 노지가 있는 방형 주거지로 변화했다. 이어서 방형의 주거지 바닥 중앙에 기둥을 세우거나 원형의 구덩이를 설치한 이른바 반송리식 주거지가 만들어졌다. 그리고 바닥 중앙의 구덩이 양 끝단에 기둥구멍이 설치되는 평면 방형의 휴암리식 주거지와 마지막으로 주거지 평면 형태가 원형인 송국리식 주거지로 이행했다. 따라서 자개리 유적에서 발견된 주거지 유형의 이행 과정을 통해 송국리식 주

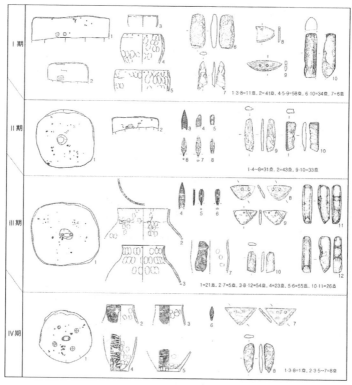

〈그림 10〉 자개리 유적(I)의 청동기시대 주거지와 출토 유물의 변천(충청문화재연구원, 2006)

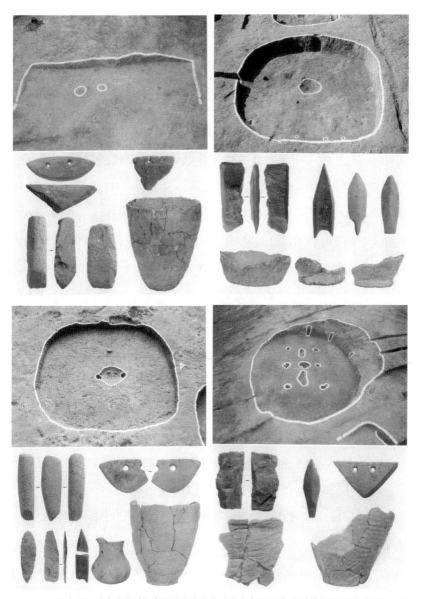

〈그림 11〉 자개리 유적(I)의 청동기시대 주거지와 출토 유물의 변천(충청문화재연구원, 2006)

거지 나아가 송국리 문화가 외부에서 갑자기 유입된 것이 아니고 앞선 역삼동식 주거지의 점진적인 변천 과정을 거쳐서 형성되었음을 알 수 있다.

이와 같은 전기 말 역삼동식 주거지의 변화 양상은 최근 발굴 조사된 대전리 유적에서도 엿볼 수 있다. 대전리 유적에서는 I지역에서 11기, II지역에서 4기 등 모두 15기의 주거지가 발견되었다. I지역과 II지역은 약 300~400m 이격되어 있는데, 주거지는 대부분 구릉 상부에 조성되었다. 대전리 유적에서 발견된 주거지는 (장)방형의 평면 형태를 보인다. 15기의 주거지 가운데 내부에 수혈식 노지가 설치된 것은 II지역 3, 4호 주거지뿐이며, 이들 주거지에서만 역삼동식 주거지의 특징적인 공렬문토기가 출토되었고 나머지 주거지에서는 출토되지 않았다. 역삼동식 주거지인 3, 4호 주거지를 제외한 나머지 주거지는 모두 반송리식 주거지로서 송국리식 주거지로 이행해 가는 과도기적 단계라 할 수 있다. 따라서 대전리 유적은 자개리 유적과 마찬가지로 전기의 역삼동식 주거지에서 후기의 송국리식 주거지 단계로 이행해 가는 양상을 이해하는 데 중요한 유적이라고 할 수 있다. 대전리 주거지의 방사성탄소연대는 2,700±40 B.P., 2,680±60 B.P., 2,430±70 B.P.로 중심 연대는 B.C. 8~7세기경에 해당한다.

오곡리 수구지고개 유적에서도 주거지 바닥에 노지가 없는 평면 방형의 선송국리 단계의 반송리식 주거지가 1기 확인되었다.

한편 송국리식 주거지가 발견된 송악읍 기지시리 내기 유적은 송악지구 내에 위치해서 발굴 조사되었다. 이 유적에서는 전기 단계의 역삼동식 주거지 12기와 후기 단계의 송국리식(휴암리식) 주거지 3기 등 모두 15기의 주거지가 발견되었다. 채운동 다리목 유적에서도 송국리식 주거지 1기가 발견되었다.

다음으로 당진 지역의 청동기시대 무덤 유적에 대하여 살펴보기로 한다.

우리나라의 청동기시대에 유행하였던 무덤에는 지석묘(고인돌), 석관묘(돌널무덤), 옹관묘(독널무덤) 등이 있다. 이러한 무덤 유형 가운데 당진 지역에서는 지석묘 1기와 석관묘 1기가 발견되었을 뿐이다.

당진 지역에서 발견된 지석묘는 송산면 동곡리의 송산 제2산업단지 조성 부지에서 발견된 것이 유일하다〈그림 12〉. 이 지석묘는 구릉의 남사면에 위치하며 해발 17m의 풍화암반토상에 조성되었다. 지상에 뚜껑돌인 개석이 놓이고 지하에 매장 시설이 조성된 개석식이다. 개석의 크기는 길이 260cm, 너비 192cm, 두께 40~60cm 정도이다. 지하에 석관형의 매장 시설이 등고선과 평행하게 조성되어 있고, 그 주위에 작은 할석재를 쌓아 놓았다. 출토 유물은 없다.

당진 지역에서 발견된 석관묘는 면천 자개리에서 발견된 것이 유일하다〈그림 12〉. 석관묘는 지하에 장방형의 구덩이를 파고 그 안에 돌을 이용하

〈그림 12〉 동곡리 지석묘 개석과 하부구조(좌)(가경고고학연구소, 2012)
자개리 석관묘(우)(충청문화재연구원, 2006)

여 상자 모양으로 관을 만든 무덤을 말한다. 자개리에서 발견된 석관묘는 구릉의 남동쪽 사면의 해발 77m 지점에 1기만 단독으로 조성되었다. 등고선과 직교하여 장방형의 구덩이를 파고 납작한 판석을 세워서 만들었는데, 바닥에는 납작한 돌을 깔았다. 파괴되어 본래의 크기는 알 수 없으며, 남아 있는 크기는 길이 156㎝, 폭 40㎝ 정도이다. 출토 유물은 없다.

5. 초기철기시대

우리나라의 초기철기시대에는 중국 연나라의 영향으로 주조 철기가 보급되었지만 아직 철기 생산이 본격적으로 이루어지지 않은 시기를 말한다. 대략 기원전 300년 전후부터 기원전 100년 사이에 해당한다. 이 시대에는 아직 철기의 대량 생산과 보급이 이루어지지 못한 채 오히려 청동기의 제작 기술이 최고조에 달했다. 앞선 청동기시대에 유행하였던 비파형동검이 변화한 세형동검과 더불어 다뉴경, 투겁창, 꺽창, 방울류, 이형청동기 등 고도의 제작 기술을 바탕으로 한 청동기가 유행했다. 또한 이 시대에는 지석묘가 소멸하고 토광묘와 적석목관묘(위석식목관묘) 등의 무덤이 유행했다. 적석목관묘(위석식목관묘)는 구덩이 안에 목관(나무널)을 넣고 구덩이와 목관 사이에 돌을 채우거나 목관 위에 돌을 얹어 놓는 방식으로 축조된다.

초기철기시대의 무덤에서는 세형동검을 비롯한 다양한 청동기, 주조철부, 점토대토기, 흑도장경호 등이 출토되고 있다. 세형동검을 비롯한 다량의 청동기가 부장된 이 시대의 대표적인 무덤은 서해안의 아산만과 삽교천, 금강, 만경강 유역의 아산 남성리, 예산 동서리, 대전 괴정동, 부여 연화리·합송리, 완주 갈동·신풍 유적 등지에서 발견된다. 이러한 지역은 서해안 교통로의 요충지로서 당시 선진 문화 지역인 요동 지역과 해상을 통한 연안 교류에 매우 유리한 곳이다.

충남 서해안과 요동 지역의 교류는 심양 정가와자 유적에서 출토된 각종 청동기와 점토대토기, 흑도장경호가 충남 서해안 지역에서 출토되는 것에서 추정할 수 있다. 특히 이러한 교류에 중요한 역할을 한 집단이 중국의 연 나라와 고조선 사이의 충돌을 피해 남하한 고조선 유이민 집단이었고, 이들에 의해 철기문화가 도입된 것으로 추정되고 있다. 이 유이민 집단은 또한 이 시대에 새로이 등장하는 방어에 유리한 높은 산지 지형에 입지한 고지성 취락을 축조한 것으로 여겨진다. 이러한 고지성 취락에서 요동 지역과 관련성이 있는 점토대토기와 흑도장경호가 출토되기 때문이다. 유입 초기에 이들이 고지성 취락을 택한 것은 이미 세력권을 형성하고 있던 재지의 토착 송국리 문화 집단과의 마찰을 피하기 위한 하나의 방안이었을 것이다. 이와 같은 고지성 취락으로는 서해안에 인접한 보령 교성리, 안성 반제리, 화성 동학산 유적 등이 대표적이어서 역시 서해안 지역을 이용한 외래문화의 유입을 잘 보여주고 있다.

당진 지역에서 발견된 초기철기시대 유적으로는 합덕읍 소소리, 신평면 도성리 유적 등이 있을 뿐이다. 소소리 유적은 밭 개간으로 인해 유적이 훼손되어 유적의 정확한 성격과 구조를 알 수 없다. 그러나 초기철기시대 무덤에서 출토되는 부장 유물의 조합을 보여주고 있어 무덤이었을 것으로 추정된다. 유적에서는 세형동검, 청동꺽창, 다뉴세문경 등의 청동기와 함께 주조철부·철착 등의 철기, 흑도장경호편, 유리관옥, 숫돌, 마제석촉 등이 출토되었다〈그림 13〉. 특히 도끼와 끌 등 철기 유물이 출토되고 있어 당시로서는 당진 지역이 선진 문물을 일찍 받아들인 지역이었음을 말해 준다. 현재 당진 지역이 우리나라의 제철 산업을 선도하고 있는데 이러한 역사가 초기철기시대부터 시작되었음을 소소리 유적을 통해 엿볼 수 있다. 소소리 유적은 그 당시 희소했던 청동기나 철기, 유리 제품이 부장된 것으로 미루어 상당한 세력을 지녔던 이 지역의 지배자 무덤이었을 것으로 추정된다. 인접한 예산 동서리, 아산 남성리, 대전 괴정동 등에서도 다양한 위세품(威勢品)이 부장된 무덤 유적이 발견되어 이 무렵 상당한 권력을 소지한 유력자에 의해 통솔되는 권역이 존재하였을 가능성이 제기되기도 한다.

〈그림 13〉 소소리 유적 출토 유물
(국립중앙박물관 등, 1992)

소소리 유적에서 출토된 유리관옥은 성분 분석 결과 중국의 전국시대 말에서 전한시대에 유행한 납-바륨 유리로 밝혀졌다. 따라서 중국과의 교류를 통해 유리 제작 기술이 확산된 것을 알 수 있다. 이러한 관옥은 부여 합송리, 공주 봉안리, 장수 남양리 유적 등 금강 유역의 초기철기시대 유적을 중심으로 발견되고 있다. 그러나 유리관옥이 우리나라에서 자체 생산한 것인지 수입품인지는 아직 확실하게 밝혀지지 않았다. 다만 유리관옥은 중국에서는 유행하지 않은 형태로 청동기시대에 유행한 벽옥제 관옥의 형태를 취하고 있기 때문에 자체적으로 생산되었을 가능성도 제기되고 있다.

도성리 유적에서는 용도를 알 수 없는 초기철기시대의 수혈유구 5기가 발견되었다. 수혈은 평면 방형 또는 (타)원형의 형태로 길이 110~260cm의 규모이다. 수혈 내에서 별다른 시설은 확인되지 않았으며 점토대토기, 조합우각형파수(쇠뿔손잡이), 방추차, 석기류 등의 유물이 출토되었다〈그림 14〉.

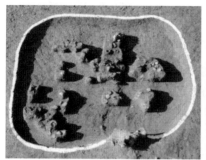

〈그림 14〉 도성리 유적의 수혈유구 및 출토 유물(충청남도역사문화연구원, 2011)

6. 맺음말

이상에서 당진 지역에서 발견된 고고학적 자료를 토대로 당진 지역의 선사시대 문화에 대하여 살펴보았다. 선사시대에는 문헌 자료가 없기 때문에 선사시대의 문화는 유물, 유구, 유적 등의 고고학적 자료를 바탕으로 다루어질 수밖에 없다. 당진 지역에 터전을 잡았던 선사시대 사람들이 남긴 고고학적 자료는 2천 년대 들어서서 활발히 진행된 개발에 따른 고고학적 발굴 조사를 통해 본격적으로 알려지기 시작하였다.

당진 지역은 예로부터 사람들이 거주하기 좋은 자연환경 여건을 갖추고 있다. 또한 해안 지역에 위치하여 해로를 통한 외부 문화의 유입과 그러한 문화적 요소를 전달해 주는 통로의 역할을 하였다. 이러한 자연 입지 환경을 무대로 당진 지역에는 구석기시대부터 사람들이 살기 시작하였다. 신석기시대에는 서해안식 주거지가 유행하여 서해안을 통한 인근 해안 지역과의 교류를 보여주었다. 청동기시대에는 전기의 역삼동식 문화가 발달되어 차령산맥 동쪽의 충청 내륙 지방과 다른 문화적 특성을 전개하였고 점진적으로 송국리 문화 단계로 이행하여 갔다. 초기철기시대에는 당진 지역이 철기 문화의 유입과 확산에 중요한 역할을 하였음을 보여주고 있다.

이와 같이 당진 지역은 선사시대인들의 생활과 문화를 연구하는 데 중요한 지역이라 할 수 있다. 그러나 현재까지 당진 지역에서 발견된 선사시대 유적의 조사 사례는 많지 않은 편이다. 이러한 부족한 자료를 근거로 당진 지역의 선사 문화를 상세히 살펴보는 것은 한계가 있을 수밖에 없다. 그러나 선사시대인들의 생활과 문화를 알려 주는 고고학적인 자료가 계속 축적되고 있으므로 당진 지역의 선사 문화는 향후 더욱 상세하게 밝혀질 수 있을 것으로 기대된다.

가경고고학연구소,『당진 동곡리 동곡 · 유곡리 벌후 유적』, 2012.
가경고고학연구소,『당진 동곡리 뱃말 · 유곡리 아랫말 · 유곡리 대창말 유적』, 2013.
가경고고학연구소,『당진 율사리유적』, 2013.
가경고고학연구소,『당진 신흥리유적』, 2017.
가경고고학연구소,『당진 수청 무수동골유적』, 2020.
국립중앙박물관 · 국립광주박물관,『한국의 청동기문화』, 1992.
국립청주박물관,『한국의 청동기문화』, 2020.
동방문화재연구원,『당진 오곡리 수구지고개 유적』, 2016.
동방문화재연구원,『당진 채운동 다리목 유적』, 2017.
백제문화재연구원,『당진 가곡리 패총유적』, 2013.
서해문화재연구원,『당진 고대리유적』, 2016a.
서해문화재연구원,『당진 한진리유적』, 2016b.
이창호,「내포의 선사문화」,『내포의 역사와 문화』, 충청남도역사문화연구원, 2015.
충남대학교박물관,『호서지역의 청동기문화』, 2007.
충청남도역사문화연구원,『대중 GOLF CLUB 조성부지내 당진 도성리유적』, 2011.
충청남도역사문화연구원,『당진의 역사 재조명』, 2012.
충청남도역사문화연구원,「당진의 선사 문화」,『당진 통정리유적』, 2013.
충청문화재연구원,『당진 자개리 유적(I)』, 2006.
충청문화재연구원,『당진 소소리 무기대골 · 송산리 유적(1 · 2지점)』, 2011.
충청문화재연구원,『당진 성산리 · 통정리 · 삼화리 유적』, 2012.
한국고고학회,『한국고고학강의』, 2010.
한국고고환경연구소,『당진 대전리 냉전골유적』, 2015.
한얼문화유산연구원,『당진 수청동유적』, 2019.

구자진,「아산만지역 신석기시대 집자리의 시공적 위치」,『문화재』42(3), 2009.
구자진,「당진지역 선사문화의 특징과 전개양상-구석기와 신석기시대를 중심으로-」,
　　　『고고자료를 통해 본 당진의 역사적 성격』, 2012.
나건주,「당진지역 청동기문화의 성격」,『고고자료를 통해 본 당진의 역사적 성격』, 2012.

고려의 건국과 치국, 그리고 당진

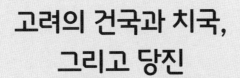

— 복지겸(卜智謙), 박술희(朴述希)의
정치 활동을 중심으로

김영수

—

영남대학교 정치외교학과 교수

1. 서론

이 글의 목적은 나말여초 서해 해상 세력 중 당진[1] 출신 복지겸[2]과 박술희
가 고려의 건국과 치국에 어떻게 기여했는지 살펴보려는 것이다.[3]

9~10세기에 걸쳐 한반도의 서해안과 동남해안 일대에는 독립적인 해상
세력이 성장해 호족화되었다. 왕건도 서해 해상 세력의 일원이었다. 서해
중부의 당진 일대는 역사적으로 중국과 한반도를 잇는 교통로로서 해상 세
력의 성장에 적합했다.

---

1 지금의 당진 지역인 면천은 "동쪽으로는 홍주(洪州) 경계까지 17리고, 남쪽으로는 덕산
   현(德山縣) 경계까지 12리이고, 서쪽으로는 당진현 경계까지 13리이고, 북쪽으로는 같
   은 현 경계까지 15리이고, 서울과의 거리는 3백 75리이다. 【건치연혁】 본래 백제의 혜
   군(槥郡)이었는데, 신라 경덕왕이 혜성군(槥城郡)으로 고쳤다. 고려 현종이 운주(運州)
   에 붙였다가, 뒤에 감무를 두었다. 충렬왕 16년, 고을 사람 복규(卜奎)가 합단(哈丹)의
   군병을 방어한 공로가 있어 지면주사(知沔州事)로 승격시켰다. 본조 태종 13년 지금의
   이름으로 고쳐 군(郡)으로 한 것이다."(『新增東國輿地勝覽』 卷19 忠淸道 沔川郡)
2 복지겸을 다룬 학술논문은 1편뿐이다: 이인화, 「면천 복지겸 전설의 민속지리학적 재
   검토」, 『한국사진지리학회지』 17권 3호, 2007. 이것도 전승을 다룬 연구이다. 『고려
   사』의 복지겸 사료 중 유의미한 것은 2개뿐이다.
3 두 사람 외에도 면천 일대의 한씨 성을 가진 인물이 있다: "정해현(貞海縣)은 전해 오
   는 속설에, '고려 태조 때 몽웅역(夢熊驛)의 아전 한(韓)가가 큰 공이 있어서, 대광(大匡)
   의 작호를 내리고, 고구현(高丘縣) 땅을 떼어 정해현으로 하고, 그의 관향(貫鄕)으로 삼
   았다."(『世宗實錄』 卷149,「地理志」忠淸道 洪州牧 海美縣) 한씨는 해미현의 토성이다
   (『新增東國輿地勝覽』 卷19, 忠淸道 沔川郡).

혜성은 아산만의 남쪽 연안 지역으로 조선 시대에는 면천군으로 불려진 곳이다. 혜성에는 신라 시대에 수군창(水軍倉)·곡창(穀倉)이 설치되어 있었고, 당 사신·상인이 머무르는 숙소가 있었으며, 신라의 조공을 실어 보내는 대진(大津)이라는 항구가 있었다. 이같이 혜성은 신라 시대에 대당 교통과 해상무역의 중심지로 번창한 곳이었다. 따라서 혜성에 해상 세력이 존재했을 것은 당연한 일이다.[4]

당진 일대 해상 세력의 정치적 향방은 후삼국 통일 전쟁기에 매우 중요했다. 이 지역은 고려와 후삼국의 접경 지역인 데다, 지정학상 충남 일대를 제압할 수 있고 유사시 해상으로 개성을 공격할 수 있는 군사적 요충지였기 때문이다. 또한 한국 5대 평야의 하나인 내포평야와 대규모 수리 시설인 합덕제가 있었다.

이 지역은 처음에 독자적 세력으로서 존재했지만, 궁예 세력이 동진하자 그에 귀부했다. 그러나 뒷날 당진 출신 복지겸은 왕건을 중심으로 궁정 쿠데타를 일으켜 궁예 세력을 축출했다. 또한 잇단 반왕건 쿠데타를 진압하는 데 결정적 공을 세워 개국공신이 되었다. 하지만 궁예가 축출되자 당진에 인접한 충청도 북부 이남 지역의 호족들은 후백제 편에 섰다.

일찍이 매곡성(지금의 충북 보은군 회북면)의 호족인 공직이 견훤의 심복이 되었다든가, 웅주(熊州, 현 公州)·운주(運州, 현 洪城) 등 10여 주현이 왕건의

---

4 鄭淸柱,「해상세력 출신의 호족」,『한국사(11):신라의 쇠퇴와 후삼국』, 86쪽, 국사편찬위원회. 2003.

고려 건국 직후에 후백제에 귀부한 것을 보면 알 수 있다.[5]

웅주는 원래 궁예 말년에 마군대장군(馬軍大將軍) 이흔암(伊昕巖)이 공격해 탈취한 곳이다. 그런데 궁예가 축출된 뒤 그가 왕명 없이 상경하자 다시 후백제 판도가 되었다.[6] 견훤은 이곳에 둔전을 두고 대군을 주둔시켰다. 934년 9월, 왕건과 견훤이 운주를 둘러싸고 직접 격돌했다. 견훤군이 이 전투에서 궤멸하자, 웅진 이북 30여 성이 고려에 스스로 항복했다.[7] 이듬해 3월, 신검은 궁정 쿠데타를 일으켜 69세의 부왕 견훤을 축출했다. 그리고 견훤이 고려에 투항함으로써 후백제는 멸망에 접어들었다.

당진 출신 박술희는 후백제와의 전쟁에서 활약했으며, 왕건의 부촉에 따라 왕무를 태자로 추대했다. 왕건은 임종 시 그에게 군대와 국가, 태자를 부탁했다. 고려왕조의 국시인 〈훈요십조〉도 전했다. 왕조의 운명을 박술희에게 맡긴 것이다.

복지겸과 박술희는 왕건의 휘하에서 동시대에 활동했다. 동향인 두 사람은 당연히 조우했을 것이다. 그러나 이를 확인할 사료는 없다. 다만 왕건에 대한 충성, 그리고 고려 건국에 대한 절대적 기여라는 점에서 두 사람은 동일한 정치적 지향을 가지고 있었다. 이는 후삼국 시대 당진 일대의 정치적 지향을 보여주는 증좌라고 생각된다.

---

5   신호철, 「호족세력의 성장과 후삼국의 정립」, 『신라말 고려초의 정치사회변동』, 165쪽, 신서원, 1999.
6   『高麗史節要』太祖神聖大王 戊寅 元年 6月.
7   『高麗史』「世家」太祖 17年 9月.

2. 복지겸(卜智謙)의 정치 활동

1) 복지겸 가문과 나말여초 서해 해상 세력의 호족화

복지겸은 면천인이다. 그의 조상은 중국에서 귀화하여 서해 중부 해상 세력으로 자리 잡은 것으로 보인다.

> 신라 말엽에 복학사(卜學士)라 일컫는 자가 당나라로부터 본군으로 와서 살면서 바다 도적을 물리쳐 죽이고, 머물러 남은 백성들을 모아 보전한 적이 있었다. 복지겸은 그의 후손이다. 처음 이름은 사괴(砂瑰)이며, 배현경과 더불어 태조를 추대, 개국공신이 되어 본주의 토지 3백 경(頃)을 하사받아 자손이 대대로 이를 먹고살았다. 시호는 무공(武恭)이다.[8]

당진은 중국 산둥반도에서 바로 바다를 건너 한반도에 이르는 '황해 중부 횡단 항로'의 거점이었다.[9] 당말의 혼란을 피해 산둥반도 일대의 중국 주민

---

8 『新增東國輿地勝覽』 卷19, 忠淸道 沔川郡.
9 중국과 한반도를 잇는 서해 항로는 고대부터 개척되었다. 처음에는 산둥반도, 요동반도의 해안선을 따라 압록강에 이르고, 서해안의 연안을 따라 한반도 각지에 이르는 '황해북부 연안항로'가 이용되었다. 그러나 5-6세기에 고구려의 남하정책에 따라 삼국간 전쟁이 치열해지면서, 고구려의 위협 때문에 이 항로는 무력화되었다. 이에 백제와 신라는 황해도 장구진 일대에서 바로 산둥반도에 이르는 '황해중부 횡단항로'를 개척했다.(권덕영, 「황해 개척과 진출」, 『신라의 바다 황해』, 일조각, 2012, 83쪽) 660년 당군이 백제를 공격할 때도 이 항로를 이용해 황해를 건넜다. 이 항로는 고려와 조선시대에도 한중간을 잇는 주요 해상 교통로였다.(장일규, 「신라 말 서해 항로와 최치원의 지방관 활동」, 『韓國古代史探究』 第19卷, 2015, 240-242쪽) 후삼국시대 서해항로에 대해서는 윤명철, 「신라하대의 해양활동 연구」와 「장보고 시대의 동아지중해의 해양활동과 국제항로」, 『해양활동과 국제항로의 이해』, 학연문화사, 2012 참고.

이 한반도에 이주하는 것이 가능했는데, 당대(唐代)에 한반도에서 중국으로 이주한 경우는 더 많았다.

> 당시 수도인 장안을 비롯하여 등주(登州) 모평현(牟平縣) 유산포(乳山浦), 문등현(文登縣) 적산포(赤山浦) 일대와 대운하 회수 유역의 내륙 지방 곳곳에는 백제·고구려계 후예와 신라의 유학생·사신·무역 상인의 잦은 내왕으로 신라인의 생활 기반이 개척되어 유이민이나 무역상의 활동에는 그리 낯설지는 않은 곳이었다. 예컨대 초주(楚州)·연수(漣水)·양주(揚州)·적산(赤山) 등지에 설치된 신라방·신라관·신라소·신라원 등을 보아 알 수 있다.[10]

이 시기에 한반도 서해를 중심으로 중국과 일본을 아우르는 해상 교역 시스템을 완성한 것은 9세기 전기 장보고의 해상 활동(828-841)을 통해서였다.[11]

복학사가 면천에 정착해 해적을 토벌하고 백성을 보호할 정도의 세력을 지녔다면 일가가 집단 이주했을 것이다. 그리고 그 세력을 활용해 고려와 중국을 잇는 해상 교역에 종사했을 것이다. 9세기 말 왕건 일족도 서해 중부, 구체적으로는 예성강 유역의 해상 세력으로서 해상무역으로 부를 축적해 호족으로 부상했다.

---

10 崔根泳,「장보고와 청해진」.『신편한국사(11): 신라의 쇠퇴와 후삼국』, 국사편찬위원회, 2003, 91쪽.
11 장보고는 산동반도 등주, 일본 하카다, 신라 청해진을 연결했다.(李永澤,「張保皐海上勢力에 관한 考察」,『韓國海洋大學論文集』14, 1979, 24쪽) 장보고는 미천한 신분의 완도 출신으로서, 당에 들어가 군인으로 출세했다. 그의 초기 활동 거점도 산동반도였다.(崔根泳,「해상세력 출신의 호족」)『신편한국사(11권): 신라의 쇠퇴와 후삼국』, 국사편찬위원회, 2003, 83쪽)

해상 세력 출신의 호족 중에서 그 대표적인 존재는 송악 지방의 왕건 가문이다. 왕건의 선대 중에 … 작제건이 상선, 즉 무역선을 타고 서해를 항해하였다는 것은 그가 해상무역에 종사한 해상 세력이라는 것을 말하여 준다. … 왕건의 부친 용건은 송악으로부터 예성강 하구에 있는 영안성까지를 왕래하였다. 이는 용건이 작제건을 계승하여 여전히 예성강 하구에서 해상무역에 종사하는 해상 세력으로 존재하였다는 것을 시사하여 준다. 용건은 송악군의 사찬이었는데, '군(郡)을 들어 궁예에게 귀부하였다'는 사실로 미루어 송악군을 지배하던 호족이었다는 것을 알 수 있다.[12]

왕건의 세력 기반은 강화 일대였다.[13] 이 지역의 다른 해상 세력으로는 막대한 부를 자랑하는 정주(貞州, 현 豊德)의 유천궁(柳天弓)이 있었다. 그의 딸이 왕건의 제1왕비인 신혜왕후(神惠王后) 유씨이다.[14] 서해 남부의 나주에는 왕건의 제2왕후인 장화왕후 오씨의 아버지 오다련군(吳多憐君)이 있었다.[15] 이들 해상 세력은 통일신라 말 해상의 지배권을 둘러싸고 대립 또는 제휴하였다.

궁예 집단은 892년 북원(北原, 원주)에서 출발해, 894년 명주(溟州, 강릉)를

---

12 崔根泳,「해상세력 출신의 호족」, 84쪽.
13 강화도는 "해륙 및 수륙교통의 요지이다. 신라말기의 왕건 등 집안은 개주, 정주, 염주, 백주의 4개주와 강화, 교동, 하음 등 3개현을 토대로 성장한 해상토호이다. 즉 황해도 남부와 경기도 서부, 강화도가 만나고, 황해와 한강하류와 예성강이 합쳐지는 이 소지중해 같은 곳에서 성장하였다. 그리고 신라가 설치한 패강진, 장구진, 혈구진 일대인 이곳은 후에 왕건의 세력권 하에 들어갔다."(윤명철,「신라하대의 해양활동연구」, 202쪽).
14 『高麗史』「列傳」后妃, 太祖 神惠王后 柳氏. 그는 왕건의 군대를 풍성하게 먹일 정도로 큰 부자로서, 장자(長者)로 불렸다. 914년 왕건은 정주 포구로 가서 전함 70척을 수리하고 병사 2000인을 싣고 출전했다. 유천궁의 조력이 컸음을 알 수 있다(『高麗史』「世家」太祖 總序).
15 『高麗史』「列傳」后妃, 太祖 莊和王后 吳氏.

점령했다. 이후 한강 이북 대동강 유역으로 진출했고, 896년(진성여왕 10) 철원에 도읍했다. 이때 왕건의 아버지 왕릉을 비롯한 서해 해상 세력이 궁예에 귀부했다. 복지겸과 박술희 등도 이 무렵 귀부했을 것이다. 918년 왕건을 추대하여 궁중 쿠데타를 일으킬 때 복지겸은 수도에 주둔하는 기병사령관(騎將)이었다. 박술희는 18세에 궁예를 경호하는 위사(衛士)가 되었다. 원래 복지겸과 박술희는 모두 궁예의 심복이었다.

2) 왕건의 추대와 반왕건 쿠데타의 진압

궁예는 897년 송악(松岳, 개성)으로 수도를 옮기고, 901년 고려를 개국했다. 그는 "지난날 신라가 당나라에 군사를 청하여 고구려를 깨뜨렸다. 그런 까닭에 평양 옛 도읍은 무성한 잡초로 꽉 차 있다. 내 반드시 그 원수를 갚겠다."[16]라고 선언했다. 고구려의 후계자를 자임해 그 유민의 인심을 얻으려 한 것이다. 왕건 등 서해 해상 세력의 조력을 받아 궁예는 양길을 격퇴하고 일거에 신라, 후백제와 더불어 전국을 삼분하는 세력으로 부상했다. 궁예는 905년 철원으로 다시 천도했다. 그 전인 904년 청주 민호 1천 호를 철원으로 이주시켜, 새로운 중심 세력으로 삼았다.

궁예는 원래 겸손한 성품의 소유자로서 공정한 일 처리로 군민의 마음을 얻었다. 봉기 초에 그는 "사졸과 더불어 즐거움과 괴로움, 어려움과 편안함을 함께하였고, 상벌에 있어서 공정히 하고 사사로움이 없었다. 이로써 뭇 사람들이 마음으로 두려워하고 사랑하여 추대하여 장군으로 삼았다."[17] 그

---

16 『三國史記』「列傳」第10, 弓裔.
17 『三國史記』「列傳」第10, 弓裔.

러나 국가의 틀이 정비된 904년 무렵부터 매우 난폭해졌다. 먼저 왕권에 대한 위협에 민감해져, 다수의 측근들을 처형했다.

> 이때 궁예가 반역죄를 터무니없이 얽어 하루에도 100여 명을 죽이니 장수나 재상 가운데 해를 입는 자가 열에 8, 9였다. 늘 스스로 말하기를, "나는 미륵관심법을 체득하여 부녀자들이 몰래 간통을 한 것도 알 수 있다. 만일 나의 관심법에 걸리는 자가 있으면 곧 엄벌에 처하리라."고 하였다. 드디어 쇠를 두드려 3척의 쇠절구공이를 만들어, 죽이고 싶은 사람이 있으면 번번이 그것을 불에 달구어 음부에 찔러 넣어 입과 코로 연기를 뿜으며 죽게 하니, 이로 말미암아 아녀자들이 무서워 벌벌 떨었으며 원망과 분노가 날로 심하였다.[18]

미륵불을 자처한 그의 설법을 법상종 고승 석총(釋聰)이 비판하자 철퇴로 때려 죽였다. 왕비 강씨(康氏)가 그를 비판하자, 궁예는 그녀에게 간통죄를 뒤집어씌워 "뜨거운 불로 쇠절구공이를 달구어 음부를 찔러 죽였고, 그 두 아이들도 죽였다." 이후 "의심이 많아지고, 화를 급하게 내어 모든 관료, 장수, 아전들과 아래로 평민에 이르기까지 죄 없이 죽임을 당하는 경우가 매우 자주 있었다."[19]

왕건에 대해 경계감도 드러냈다. 왕건의 전공은 눈부셨다. 특히 서해의 제해권을 완전히 장악했을 뿐 아니라, 나주 지역을 점령하여 후백제의 배후에 군사적 거점을 확보했다. 그 공로로 913년 왕건은 4등급 파진찬 시중에

18 『高麗史』「世家」太祖 總序.
19 『三國史記』「列傳」第10, 弓裔.

임명되었다. 그러나 914년, 궁예는 왕건의 반역 음모를 추궁했다.

> 궁예가 성난 눈으로 태조를 노려보며 말하기를, "경이 어젯밤 사람들을 불러 모아 반역을 꾀한 것은 어찌 된 일인가?"라고 하였다. 태조가 얼굴빛을 변하지 않고 몸을 돌려 웃으며 말하기를, "어찌 그럴 리가 있습니까?"라고 하자, 궁예가 말하기를, "경은 나를 속이지 말라. 나는 관심법을 할 수 있으므로 알 수 있다. 내가 이제 입정(入定)하여 살핀 후에 그 일을 밝히겠다."라고 말하고, 곧 눈을 감고 뒷짐을 지더니 한참 동안 하늘을 우러러보았다.[20]

왕건은 궁예의 덫에 걸렸다. 장주 최응이 왕건에게 비밀리 "복종하지 않으면 위태롭다."고 충고했다. 왕건이 반역을 시인하자 궁예는 오히려 의심을 풀었다.

공포정치가 일상화되었다. "왕이 흉악하고 잔학하여 자기 멋대로 하니 신료들이 두렵고 떨려서 어찌할 바를 몰랐다."고 한다. 918년 6월, 기병 대장 홍유·배현경·신숭겸·복지겸이 궁예를 제거하고 왕건을 추대하기 위해 궁정 쿠데타를 추진했다.

> 네 사람이 몰래 모의하고 밤에 태조의 사저에 와서 말하였다. "지금 임금이 부당한 형벌을 마음대로 집행하여 처자를 살육하고 신료를 죽이며, 백성은 도탄에 빠져 스스로 삶을 편안히 할 수 없습니다. 예로부터 어리석은 임금을 폐위시키고 지혜가 밝은 임금을 세우는 것은 천하의 큰 의리입니다.

---

20 『高麗史』「世家」太祖 總序.

청컨대 공께서는 탕왕과 무왕의 일을 행하십시오." 태조는 불쾌한 얼굴빛으로 그를 거절하면서 말하였다. "나는 충직하다고 자부하여 왔는데, 지금 비록 포악하고 난폭하다고 하여 감히 두 마음을 가질 수 없다. 대저 신하로서 임금을 교체하는 것은 이를 혁명이라고 하는데, 나는 실로 덕이 없으니 감히 은나라·주나라의 일을 본받을 수기 있겠는가?"[21]

왕건은 쿠데타 제의를 거절했다. 궁예의 함정일 수도 있었다. 그러나 장군들은 "때는 두 번 오지 않으니 만나기는 어렵고, 잃기는 쉽습니다. 하늘이 주는 데도 취하지 않으면 도리어 그 재앙을 받습니다."라고 강권했다. 끝까지 거부하면, 왕건도 죽일 수밖에 없다는 협박이었다. 부인 유씨의 권유에 따라 왕건이 마침내 결심하자, 궁문 앞에는 이미 1만의 병력이 기다리고 있었다. 그 무렵 궁예의 정치는 완전히 실패했던 것이다.

복지겸은 왕건을 추대하는 데 핵심적 역할을 담당했다. 918년 6월 15일 왕건이 왕위에 올랐다. 그러나 그의 권력 기반은 매우 취약하여, 즉위 이후부터 1년간 쿠데타가 6번이나 잇달았다. 복지겸은 쿠데타를 진압하는 데도 크게 기여했다. 왕건은 장군 환선길을 신뢰하여 자신의 경호부대를 맡겼지만, 즉위 5일 만에 환선길이 역모를 일으켰다. 복지겸은 사전에 이를 탐지하고 왕건에게 알렸다. 하지만 왕건은 믿지 않고 사태를 방치했다가 절체절명의 위기에 직면했다.[22]

환선길은 그 동생 환향식과 함께 태조를 갖추어 섬겨 임금으로 추대하는

---

21 『高麗史』「世家」太祖 總序.
22 『高麗史』「列傳」卷40, 叛逆 桓宣吉.

공을 세웠다. 태조는 환선길을 마군장군에 제배하여 심복으로 삼은 다음 항상 정예군을 거느리고 숙위하게 하였다. 그 처가 일러 말하길, "당신은 재주와 용력이 남보다 뛰어나 사졸들이 복종하며 큰 공도 또한 세웠는데, 권력은 다른 사람에 있으니, 어찌 분하지 않을 수 있습니까?"라고 하였다. 환선길도 마음으로 그렇다고 여기고, 드디어 병사들을 몰래 집결해 두었다가 틈을 엿보아 변란을 일으키려 하였다. 마군장군 복지겸이 이를 알고 은밀히 보고하였으나 태조는 증거가 아직 나타나지 않았다며 받아들이지 않았다.[23]

6월 28일에는 웅주(熊州, 현 공주)의 마군대장군 이흔암이 역모죄로 처형되었다. 수의형대령(守義刑臺令) 염장(閻長)이 이 역모를 사전에 알렸다. 이번에도 왕건은 반역의 형적이 없다고 처벌에 반대했다.[24]

청주인의 쿠데타도 수차 발생했다. 원래 청주는 궁예의 가장 강력한 근거지였다. 병권을 관장하는 청주인 순군리(徇軍吏) 임춘길(林春吉)[25]이 9월 15일 반란죄로 처형되었다. 이 모의 역시 "복지겸이 이 사실을 알리니, 태조가 그들을 체포해 국문케 하였다."

이처럼 복지겸은 왕건의 즉위 초 매우 취약한 왕권 수호에 결정적 공을 세웠다. 이후 복지겸에 대한 기록은 보이지 않는다. 그런데 복지겸이 전투에 참가한 기록은 전혀 없다. 그의 특장은 전투보다 정보에 있었던 것으로 보인다. 아마 후삼국 통일 전쟁기의 정보 업무에 종사했을 것이다. 전쟁의

---

23 『高麗史』「列傳」卷40, 叛逆 桓宣吉.
24 『高麗史』「列傳」卷40, 叛逆 伊昕巖.
25 『高麗史』「列傳」卷5, 諸臣 洪儒 裵玄慶.

시대에 정보는 전투만큼 중요하다.

　왕건은 복지겸의 공로에 보답하였다. 918년 8월, 그는 홍유·배현경·신숭 겸과 더불어 1등 공신에 책봉되었다. 1등 공신은 단 4명뿐이다. 2등 공신은 7명, 3등 공신은 2천여 명에 이른다.[26] 복지겸은 성종 대에 배현경, 홍유, 신 숭겸, 유금필과 함께 태조 왕건의 묘정에 배향되었다.[27] 지하에서도 왕건을 영원히 지키는 신하가 된 것이다.

3. 박술희(朴述希)의 정치 활동

1) 후삼국 통일 전쟁기의 군사적 활동

　박술희(?-945)는 고려 건국기의 대표적 무장 중 한 사람으로서, 천성이 매 우 용감하였다. 그 역시 복지겸처럼 서해 중부 해상 세력의 일원이었던 것 으로 추측된다.

　박술희는 장화왕후(莊和王后) 오씨 소생의 무(武, 惠宗)를 후견한 인물로서 왕건·나주 오씨와 긴밀하게 연결되어 있었다. 이것은 그가 두 가문과 동일 한 사회 경제적 이해관계에 있었다는 것을 시사하여 준다. 한편 박술희가 거느렸다는 100여 명의 병사는 그의 아버지 대승(大丞) 득의(得宜)가 혜성에 서 거느렸을 사병을 기반으로 하였을 것으로 이해되고 있다. 그렇다면 득 의는 혜성에서 상당한 경제력을 가지고 있었을 것이다. 이러한 사실로 미

---

26 『高麗史』「世家」太祖 1年 8月 11日.
27 『高麗史』「世家」成宗 13年 4月 23日.

루어 박술희 가문은 해상무역에 종사한 해상 세력이었다는 것을 알 수 있
다.[28]

그는 18세에 궁예의 위사로서 공적인 삶을 시작했다. 918년 왕건이 궁정
쿠데타로 즉위하자, 그를 따라 후삼국기의 전쟁에 참전하여 큰 전공을 세우
고 종1품 대광에 올랐다.

936년 박술희는 후삼국 시대 최후의 전투에서 대공을 세웠다. 왕건은 이
에 앞서 태자 왕무와 박술희에게 보병과 기병 1만 명을 주어 천안부로 보냈
다. 그리고 9월에 삼군을 직접 통솔하고 이들과 함께 일선(一善, 현재의 선산)
으로 진격했다. 낙동강 지류 일리천을 사이에 두고 고려군과 후백제군이 대
치했다. 9월 6일, 운명을 건 일전에서 박술희는 좌익의 마군 1만을 지휘했다.

> 일리천을 사이에 두고 진을 친 뒤 왕이 견훤과 더불어 군대를 사열하였
> 다. 견훤과 대상(大相) 견권·박술희·황보금산 및 원윤(元尹) 강유영 등이 마
> 군 10,000명을 거느리게 하고 … 좌강(左綱)으로 삼았다.[29]

이 전투에서 승리함으로써 왕건은 재위 18년 만에 마침내 후삼국 통일의
대업을 완수했다.

---

28 鄭淸柱,「王建의 成長과 勢力 形成」,『全南史學』7, 1993. 박술희가 해상 호족세력의
    일원임을 처음으로 심도있게 다룬 연구로는 姜喜雄,「高麗 惠宗朝 王位繼承戰의 新解
    釋」,『韓國學報』7, 1977 참고. 이에 반해 박술희는 단지 군공을 많이 세운 무장이라는
    견해로는 李種旭,「高麗初 940年代 王位繼承戰과 그 政治的 性格」,『高麗光宗研究』,
    일조각, 1981 참고.
29 『高麗史』「世家」太祖 19年 9月 甲午.

2) 박술희의 〈훈요십조〉 봉대와 혜종의 추대

박술희는 군사 분야보다 정치 분야에서 고려 건국에 더 크게 기여했다. 왕건은 그를 전폭적으로 신임하여 장자 왕무의 후견인으로 삼고, 유언까지 부촉했다. 가장 중요하고 위험한 정치적 임무를 부여한 것이다.[30] 이에 따라 박술희는 왕무를 태자로 추대하고, 외척 왕규와 경쟁자인 왕자들로부터 그를 보호했다.

건국 초 최대의 정치 현안 중 하나는 왕위 계승 문제였다. 고려보다 강력했던 후백제가 갑자기 멸망한 이유도 이 일에 실패했기 때문이다. 견훤이 축출된 후 국론이 분열된 후백제는 1년 만에 망했다.

왕건은 왕위 계승 문제를 깊이 고민했다. 후백제와의 전쟁 과정에서 그는 전국의 호족들과 혼인동맹을 맺었다. 이 때문에 왕권을 둘러싼 외척 호족 간의 각축이 예상되었다. 대립이 격해지면, 건국 초기의 국가는 위험에 빠질 것이다. 이를 막고자, 왕건은 건국 초에 후계자를 확정했다. 왕조의 왕위 계승 원칙은 적장자 승계[擇長]이다. 〈훈요십조〉 제3조가 그것이다.

적자에게 나라를 전하는 것이 비록 상례이기는 하나 단주가 불초하므로 요가 순에게 선양한 것은 참으로 공정한 마음이었다. 만약 맏아들이 불초하거든 그다음 아들에게 주고, 또 불초하면 그 형제 가운데 뭇사람들이 추

---

30 백강녕은 박술희를 호족이나 정치가가 아니라 충성스럽고 군사적 수완이 뛰어난 단순한 무장으로 본다.(白剛寧,「高麗初 惠宗과 定宗의 王位繼承: 朴述希와 王規의 出身 背景과 役割의 再解釋을 中心으로」,『震旦學報』82, 1996, 85-93쪽). 그러나 태조가 임종 직전 박술희를 홀로 불러 국가와 군대, 태자를 부탁하고「훈요십조」를 남긴 것을 볼 때, 그를 단순한 무장으로 보기는 어렵다.

대하는 왕자에게 물려주어 대통을 잇도록 하라.[31]

적장자를 우선하되, 적임자가 아니면 차남을, 그 역시 부적합하면 왕자 중 적임자를 추대(擇賢)하도록 한 것이다. 문제는 정치 세계란 기본적으로 편견(doxa)이 지배한다는 사실이다. 누가 적임자이고, 누가 불초한지 판단할 객관적 기준이 존재할 리 없다. 실제로 혜종부터 경종까지 4대에 걸쳐 유혈이 낭자한 승계 투쟁이 발생했다. 최승로의 증언을 보자.

일찍이 혜종·정종·광종 세 왕께서 서로 계승하셨던 초기를 살펴보건대, 여러 가지 일들이 아직 안정되지 못한 때에 개경과 서경의 문무 관리들의 절반 이상이 죽임을 당하였습니다. 더욱이 광종 말년에는 세상이 어지러워지고 참소가 일어났는데, 형장(刑章)에 연루된 자들은 대부분 죄가 없는 이들이었으며, 역대의 훈신과 노장(宿將)들이 모두 죽임을 면하지 못하여 사라져 갔습니다. 경종께서 왕위를 계승하였을 때에는 옛 조정의 신하로서 남아 있는 자들이 40여 명이었을 뿐입니다.[32]

왕건도 이런 문제를 예상했다. 그는 한미한 가문에서 태어나 온갖 신고를 겪으며 각고의 노력을 기울여 왕업을 이루었다.[33] 이 때문에 경험이 풍부하

---

31 其三曰, 傳國以嫡, 雖曰常禮, 然丹朱不肖, 堯禪於舜, 實爲公心. 若元子不肖, 與其次子, 又不肖, 與其兄弟之衆所推戴者, 俾承大統.(『高麗史』「世家」太祖 26年 4月)

32 『高麗史節要』成宗 元年 6月.

33 「훈요십조」도입부에 나온다: "나도 한미한 가문에서 몸을 일으켜 외람되게 여러 사람의 추대를 받았다. 여름엔 더위를 두려워하지 않고 겨울엔 추위를 피하지 않으면서 몸을 태우고 생각을 수고롭게 한 지 19년 만에 삼한을 통일하고 감히 왕위에 오른 지 25년이나 되었고 몸은 이미 늙었다."(『高麗史節要』成宗 元年 6月).

고 지혜가 남달랐다.

> (태조는) 더욱이 백성들 사이에서 태어나 자라면서 어렵고 험한 일을 두
> 루 겪었기에 뭇사람들의 진정과 거짓을 모두 알지 못함이 없었다. 갖가지
> 위험한 일들 또한 앞서서 내다볼 수 있었다. 그런 까닭으로 상벌은 그 적절
> 한 때를 놓치지 않았고, 삿됨과 바름이 그 길을 같이하지 못하였다. 그 권선
> 징악의 방도를 알고, 제왕의 요체를 체득함이 또한 이러하였다.[34]

　왕건은 건국 초기에 태자를 세워 분쟁의 소지를 처음부터 없애고자 했다.
제1비 신혜왕후는 소생이 없었다. 제2비 장화왕후의 소생이 왕무(王武)이
다. 다행히 그가 7세 무렵 이미 "왕위를 이을 만한 덕이 있음을 알았다."[35] 왕
무는 "도량이 넓고 컸으며, 지혜와 용기가 절륜했다."[36] 또한 자객을 한주먹
에 격살할 만큼 무공이 뛰어났다.[37] 그러나 장화왕후의 가문이 한미하여, 왕
무가 설사 왕위에 올라도 강력한 호족들에게 희생될 위험이 있었다.

　나말여초의 호족은 중앙정부에 독립적이었고 정치적으로 강력했다. 왕
건 자신이 호족으로서 쿠데타를 통해 권력을 장악했다. 하지만 강릉 일대를
지배한 명주장군 왕순식이 불복했다. 순군리 임춘길, 파진찬 진선 등 청주
인도 두 차례나 모반을 일으켰다. 실제로 왕건 사후 외척들은 왕위 계승을

---

34 『高麗史節要』成宗 元年 6月.
35 年七歲, 太祖知有繼統之德 (『高麗史』「列傳」卷1, 后妃 太祖 后妃 莊和王后 吳氏).
36 王 氣度恢弘, 智勇絶倫 (『高麗史』「世家」惠宗 2年 秋9月).
37 "왕규는 (외손) 광주원군(廣州院君)을 〈왕으로〉 세우고자 했다. 일찍이 밤에 왕이 깊
　이 잠든 것을 엿보고 자신의 일당을 침소에 잠입시켜 대역죄를 행하려고 하였다. 혜종
　이 이를 알아차리고 한 주먹으로 쳐 죽인 후 좌우 시종들에게 끌어내게 하고는 다시 따
　져 묻지 않았다."(『高麗史』「列傳」卷40, 叛逆 王規).

둘러싸고 치열한 암투를 벌였다.

혜종·정종 때의 왕위 계승을 볼 때 이는 왕실 세력의 안정 속에서 이루어진 것이 아니라, 각기 호족적 기반을 가진 외척의 영향력을 배경으로 계승된 것이라 할 수 있다. 그러므로 한 사회 세력으로 성장한 호족이 왕권을 조정할 수 있는 세력을 가질 수 있는 상태였다고 할 수 있다.[38]

왕무의 외가는 나주 오씨였다. "그 조상이 중국에서 상인으로 성공한 후에 무역상들을 따라 신라로 건너온 세력으로서, 결국은 교역을 기반으로 성장한 해상 세력이었다."[39] 903년 왕건은 수군을 지휘하여 나주 지역을 점령했고, 견훤이 오월국(吳越國)에 파견한 사신의 선박을 나포했다. 이때 왕건에 내응한 세력이 오씨 가문이었다.

장화왕후 오씨는 나주 사람이다. 조부는 오부돈, 아버지는 오다련군으로, 대대로 나주의 목포에 살아왔다. … 태조가 수군장군으로 나주에 출진하여 목포에 정박하였다. … 왕후가 빨래를 하고 있었는데, 태조가 불러 사랑하였다. … 결국 임신하고 아들을 낳으니, 이가 바로 혜종이다.[40]

나주 진공은 왕건이 역사의 전면에 등장한 최초의 계기였다. 이를 통해 궁예의 인정도 받았다. 오다련군의 딸과 인연을 맺은 것은 그에 대한 보답

38 羅恪淳, 「高麗 鄕吏의 身分變化」, 『國史館論叢』 13, 1990, 112-113쪽.
39 윤명철, 「신라하대의 해양활동 연구」, 『국사관논총』 91, 2000, 202-203쪽 ; 姜喜雄, 「高麗 惠宗朝 王位繼承亂의 新解釋」, 69쪽.
40 『高麗史』 「列傳」 卷1, 后妃 太祖 莊和王后 吳氏.

이자 동맹 정책이었다. 그러나 왕건은 그녀의 소생은 원치 않았다. 오씨의 세력이 약해서 왕위 계승 같은 중대 과업을 담당할 수 없다고 본 것이다. 왕건은 그때 겨우 27세의 청년이었지만, '생각하는 바가 넓고 먼'[41] 심모원려의 소유자였다.

그러나 왕무는 탁월한 왕재를 지녔다. 그래서 왕건은 건국 4년 후인 921년 10세의 왕무를 태자인 정윤(正胤)으로 삼았다. 그러나 왕무의 약점을 보완해야 했다. 왕건의 대책은 강력하고 신뢰할 만한 후견인을 붙여주는 것이었다. 그가 바로 박술희였다.

그 어머니가 미천해 왕위를 물려받지 못할까 걱정하여 짐짓 옷상자에 자황포를 담아 장화왕후에게 하사하였다. 왕후가 대광 박술희에게 보였다. 박술희가 태조의 뜻을 미루어, 왕무를 세워 정윤으로 하자고 요청하였다.[42]

자황포는 황제가 입는 적황색 도포이다. 원 지배기인 1300년(충렬왕 27) 이전에는 고려 국왕도 자황포를 입었다. 권력 승계는 가장 중요하면서도 위험한 정치적 사안이다. 왕건이 박술희를 절대 신임했음을 알 수 있다.

왕무는 왕자 중 유일하게 통일 전쟁에서 혁혁한 전공을 세웠다. 왕건의 깊은 배려 덕분이었다. 936년 후백제와의 마지막 결전에서 왕건은 왕무와 함께 일거에 후백제군을 무너뜨리고 마침내 후삼국 통일에 성공했다.[43] 왕무는 "후백제를 칠 때 종군하여 용맹을 떨치며 선봉에 섰으므로 공이 제1로

---

41 王規模宏遠(『高麗史』「世家」卷第二, 太祖 26年 5月).
42 『高麗史』「列傳」卷1, 后妃 太祖 莊和王后 吳氏.
43 『三國遺事』紀異」2 後百濟 甄萱.

되었다."[44] 이로써 왕무의 정치적 정통성이 확고해지고, 박술희와의 정치적 유대도 깊어졌을 것이다.

943년 태조 왕건은 죽음에 앞서 박술희를 불렀다.

죽음에 임박해 군사와 국가의 일을 부탁하면서, "경은 태자를 옹립했으니 잘 보좌해 주시오."라고 하니, 박술희는 한결같이 유언을 받들었다.[45]

왕건은 또한 임종 한 달여 전에 유훈인 〈훈요십조〉를 받들게 했다.

26년(943) 여름 4월 왕이 내전에 나아가 대광 박술희를 불러 친히 〈훈요〉를 내렸다.[46]

왕건은 군대와 국가, 후계는 물론 왕조의 앞날까지 박술희에게 부촉한 것이다. 그 직후인 5월 1일(음력), 왕건은 불치의 중병에 걸렸다. 943년 5월 20일, 재상 염상·왕규·박수문 등에게 왕건은 "내가 병든 지 이미 20일이 지났지만, 죽는 것을 돌아가는 것과 같이 보니 어찌 근심하겠는가."라고 말했다. 그리고 "안팎의 중요한 일 중 오랫동안 결정하지 못한 것은 그대들이 태자 왕무와 함께 결재한 뒤에 알리도록 하라."라고 지시하였다. 왕무가 후계자임을 재차 확인하는 조치였다. 그리고 임종한 5월 29일 "내외의 모든 관료가

---

44 從討百濟, 奮勇先登, 功爲第一(『高麗史』「世家」卷2 惠宗 總序).
45 太祖臨薨, 托以軍國事曰, "卿扶立太子, 善輔佐." 述熙一如遺命(『高麗史』「列傳」卷5, 諸臣 朴述希).
46 『高麗史』「世家」太祖 26年 4月.

모두 태자의 처분을 듣도록 하라."[47]라는 마지막 유명을 내렸다. 그야말로 철저한 안배였다.

3) 혜종 대의 정치 활동: 혜종의 보호와 유배, 죽음

943년 5월 29일(음), 왕건이 훙서하자 "백관을 내의성(內議省) 문 밖에 차례에 따라 나열한 후에 왕의 유명을 선포하였다." 혜종이 즉위하여 신하들을 이끌고 거애(擧哀)하였다. 혜종에 대한 군신의 기대는 컸다. 최승로의 논평을 보자.

> 혜종께서는 오랫동안 태자로 계시면서 여러 차례 나라를 다스리고 군대를 위무하는 일을 처리하셨고, 스승을 존경하여 예우하고, 빈객과 관료들을 잘 대우하셨습니다. 이런 까닭으로 명성이 조야에 알려져, 처음 즉위하셨을 때는 여러 사람들이 모두 기뻐하였습니다.[48]

혜종의 첫 출발은 순조로웠다. 왕건은 극히 치밀하게 혜종의 앞길을 닦아 놓았다. 박술희도 왕건의 유명을 충실히 따랐다. 그러나 결과적으로 혜종은 성공하지 못했다. 가장 큰 장애는 외척 왕규였다.

왕규가 처음부터 혜종을 위협한 것은 아닌 듯하다. 광주(廣州)의 호족 출신인 그는 왕건을 보좌해 종1품 대광에 올랐다. 중국 후당(後唐)[49]과 후진(後

---

47 遺命內外庶僚, 並聽東宮處分(『高麗史』「世家」太祖 26年 5月).
48 『高麗史』「列傳」卷6, 諸臣 崔承老.
49 『新五代史』30,「高麗傳」(白剛寧,「高麗初 惠宗과 定宗의 王位繼承」, 1996, 95쪽에서 재인용).

쯤)에 사신으로 파견될 정도로 외교적 역량도 뛰어났다.[50] 단순한 호족을 넘어 문신적 소양이 뛰어났음을 알 수 있다. 그는 왕건이 죽음에 앞서 국정과 태자를 부촉한 재상 중 한 사람이었다.[51] 왕건의 사후 "내외 신료는 모두 태자의 처분을 들으라."라는 유명을 공식 선포한 것도 왕규였다.[52] 이를 보면 왕건은 왕규를 신임했으며, 혜종을 보호해 주리라 기대했던 것으로 보인다.[53] 왕건의 제15, 16왕비는 왕규의 딸이었다. 혜종의 제2부인 후광주원부인도 왕규의 딸이었다.[54] 그녀는 혜종의 소생을 낳지 못했다. 그래서 왕규의 야심은 태조의 제16왕비 소생 광주원군을 왕으로 만드는 것이었다.

광주원군의 잠재적 라이벌은 왕요, 왕소 형제였다. 둘은 충주의 강력한 호족 유긍달의 딸인 신명순성왕태후 유씨 소생이었다. 왕요는 태조의 차남으로서, "왕위에 오르기 전부터 훌륭한 명성이 있었다."[55] 이를 꺼린 왕규는 혜종에게 왕요, 왕소 형제의 음모를 고변했다.

> 그 당시 어떤 사람이 정종 형제를 참소하여 반역의 뜻을 가졌다고 말하였습니다. 혜종은 듣고도 대답하지 않으셨으며, 또한 묻지도 않으시고, 은혜로 대우함이 더욱 풍성하여 그 대함이 처음과 같으셨습니다.[56]

---

50 『高麗史』「世家」太祖 20年 5月.
51 『高麗史』「世家」太祖 26年 5月.
52 『高麗史節要』太祖 26年 5月.
53 백강녕은 박술희가 아니라 왕규가 혜종의 즉위 시기에 결정적 역할을 했다고 본다(백강녕, 「고려초 혜종과 정종의 왕위계승」, 95쪽).
54 『高麗史』「列傳」卷1 后妃 惠宗 後廣州院夫人 王氏.
55 『高麗史』「列傳」卷6, 諸臣 崔承老.
56 『高麗史』「列傳」卷6, 諸臣 崔承老. 오히려 혜종은 "딸을 왕소에게 시집보내 그 세력을 강하게 하였다."(『高麗史』「列傳」卷1, 后妃, 光宗 慶和宮夫人 林氏. 혜종의 딸은 광종비 경화궁부인이며, 왕소는 뒤의 광종이다.

이처럼 혜종은 왕규의 고변에 대답조차 하지 않았다. 오히려 왕요 형제를 더 융숭히 대접했을 뿐 아니라, 맏딸을 왕소와 결혼시켰다.[57] 왕요 형제와의 제휴를 선언한 것이다.

이로부터 혜종과 왕규의 협조 관계가 깨졌다. 이후 왕규는 거의 공공연히 두 차례나 혜종의 암살을 시도했다.[58] 첫 자객은 혜종이 몸소 격살했다. 두 번째는 술사(術士) 최지몽의 경고에 따라 혜종이 잠자리를 옮겨 모면했다.[59] 하지만 암살의 공포에 사로잡힌 혜종은 정신적으로 취약해져, 재위 2년 만에 요절했다.

> 왕이 중광전에서 홍서했다. 재위 2년이고 나이는 34세였다. 왕은 도량이 넓고 지혜와 용기가 뛰어났으나, 왕규가 반역을 꾀한 뒤로 의심하고 꺼리는 것이 많아져 늘 갑사들로 자신을 지키게 하였다. 희로를 절제하지 못하여 여러 소인이 아울러 벼슬에 나아갔으며, 장사에게 상을 내리는 것에는 절제함이 없어서 안팎에서 탄식하고 원망하였다.[60]

그런데 혜종과 박술희는 왕규를 단호하게 제거하지 못했다.[61] 왕규가 제

---

57 『高麗史』「列傳」 卷40, 叛逆 王規.
58 백강녕은 왕규의 역모가 정종 세력에 의해 조작된 것으로 본다. 그것이 사실이라면 최승로의 「시무28조」, 이제현의 고려사 찬(贊)에서 그 사실이 지적되었을 것이다. 최승로는 광종조차 비판했고, 이제현은 고려사에 정통했다.
59 "하루는 혜종이 몸이 불편하여 신덕전에 있었는데 최지몽이 또 아뢰기를, '곧 장차 변란이 있을 것이니, 때를 보아 거처를 옮기는 것이 마땅합니다.'라고 하였다. 혜종이 몰래 중광전으로 거처를 옮겼는데, 왕규가 밤에 그 일당을 이끌고 벽을 뚫고 들어갔으나 침실이 이미 비어 있었다."(『高麗史』「列傳」 卷40, 叛逆 王規).
60 『高麗史』「世家」 惠宗 2年 9月.
61 이제현의 평가를 보자: "혜종은 그 죄를 다스리지 않고 도리어 좌우에 있게 두었으니,

거될 때 휘하 300여 명이 함께 처형된 것을 보면, 그의 세력은 매우 막강했다. 박술희도 암살 위협을 느껴 호위병 100명을 거느리고 다녔다. 결국 혜종은 즉위 1년 만에 불치의 병에 걸렸다.

혜종이 병상에 눕고 왕위 계승을 결정해야 하는 상태에서, 박술희가 아무 조치도 취하지 않은 것은 납득하기 어렵다. 이후의 사태를 보면, 박술희는 왕요·왕소 형제와 제휴해야 했다. 하지만 혜종은 왕요에게 왕위를 계승시킬 의사가 전혀 없었던 것으로 보인다. 그에게는 궁인 애이주 소생의 태자 왕제(王濟), 제1부인 의화왕후 임씨 소생의 홍화궁군이 있었다.

> 혜종께서는 2년 동안 병으로 누워 계시다가 돌아가셨는데, 홍화낭군이란 아들을 두고 있었으나 나이가 어렸고, 또한 여러 아우들에게 뒷일을 충분히 부탁하실 수 없었습니다.[62]

하지만 혜종에게는 힘이 없었다. 한편 혜종이 갑자기 죽을 경우 왕위 계승을 둘러싼 유혈 사태는 피할 수 없었다. 최악의 사태를 피할 방법은 자질이 뛰어나고 외척 또한 막강한 왕요에게 왕위를 계승케 하는 것이었다. 그러나 혜종은 그렇게 하지 않고 죽었다.

이 위기 상황에서 왕요는 스스로를 지키고 왕위를 차지하고자 행동에 나섰다. 왕건의 사촌 동생이자 평양 주둔군을 장악하고 있던 장군 왕식렴의 지지가 관건이었다. 왕요는 그를 포섭했다.

소매 속에 칼을 감추고 벽에 숨은 사람의 꾀함을 면한 것이 다행이라 이를 만하다. … 그럼에도 그를 유배 보내거나 죽이지 않은 것은 어째서인가? 아아! 소인을 멀리하기 어려움이 이와 같으니 경계하지 않을 수 있겠는가?"(『高麗史』「世家」卷2, 이제현의 찬).
62 『高麗史』「列傳」卷6, 諸臣 崔承老.

처음에 혜종의 병이 위중해지자 정종은 왕규가 다른 뜻이 있음을 알아
차리고 은밀히 서경의 대광 왕식렴과 모의하여 변란에 대비하였다. 왕규가
장차 변란을 일으키려 하자 왕식렴은 병사를 거느리고 들어가 숙위하니 왕
규가 감히 움직이지 못하였다.[63]

결국 정종은 "스스로 여러 신하들로부터 추대를 받아 왕위에 올랐다."[64]
그리고 그 과정에서 박술희는 목숨을 잃었다.

정종은 박술희가 반역의 뜻을 가졌다고 의심하여 갑곶(甲串, 강화도)으로
유배하니, 왕규가 왕명을 사칭하여 그를 죽였다.[65]

정종은 즉위 즉시 박술희를 반역죄로 유배시켰다. 왕건의 유촉에 충실하
자면, 박술희로서는 태자를 즉위시키려는 혜종의 뜻에 충실해야 했다.[66] 혜
종은 왕요 형제를 믿었는지 모른다. 그러나 왕요 형제가 설사 혜종의 뜻에
따르고자 했어도, 문제는 왕규가 권력을 장악할 경우이다. 그러면 그들은
모두 살해될 것이다. 결국 왕요는 왕식렴의 무력을 동원해 스스로 왕권을
탈취했다. 이런 상황에서 박술희가 취해야 할 대책은 왕규는 물론 왕요 형
제도 제거하는 것이었다. 이 때문에 왕요는 즉위하자마자 가장 먼저 박술희
를 제거했다. 그리고 왕규가 박술희를 죽이는 것을 방관했다. 정종은 왕규

63 『高麗史』「列傳」卷40, 叛逆 王規.
64 『高麗史』「列傳」卷6, 諸臣 崔承老.
65 『高麗史』「列傳」卷5 諸臣 朴述希.
66 김명진, 「고려 혜종의 생애와 박술희」, 『嶺南學』 65호, 2018, 177쪽.

역시 그해 9월 처형했다.[67]

박술희는 용맹한 장군이자 왕건의 유명을 충직하게 따른 충신이었다. 그러나 혜종을 지키고 그 아들을 즉위시킴으로써 왕조를 안정시키는 데는 실패했다. 혜종의 판단 착오 때문이었다. 그 결과 박술희는 물론이고, 경종 대까지 "개경과 서경의 문무 관리들의 절반 이상이 죽임을 당하였다."[68] 광종 대에는 혜종과 정종의 아들조차 죽음을 당했다.

4. 결론

나말여초 복지겸과 박술희는 모두 당진인으로서, 서해 중부 해상 세력의 일원이었다. 서해 해상 세력은 828~841년에 걸쳐 장보고에 의해 형성되었다. 9세기 말 당과 신라의 정치가 불안정해지면서, 서해 해상 세력은 독자적인 호족 세력으로 성장했다. 강화 유역의 왕건 가문과 정주의 유천궁, 나주의 오다련군은 그런 세력의 일원이었다. 복지겸과 박술희도 그렇다. 견훤 또한 서해 하부와 남해 해상 세력의 일원으로 성장했다.

한편 궁예 세력은 북부 내륙 지역을 기반으로 성장했다. 그 후 서진을 개시해 대동강 유역으로 진출했고, 서해 해상 세력을 복속시켰다. 왕건의 아버지 왕륭도 송악 일대를 들어 궁예에게 귀부하였다. 이들의 조력 덕분에 궁예는 중부 내륙의 경쟁자인 양길 세력을 격파했다. 그 결과 궁예 세력은 일약 신라, 후백제와 함께 전국을 삼분하는 정치 세력으로 부상했다.

---

67 "〈왕규를〉 갑곶(甲串)으로 귀양 보내고 사람을 보내어 참수하였으며, 그 일당 3백여 명도 처형하였다."(『高麗史』「列傳」卷40, 叛逆 王規)
68 『高麗史』「列傳」卷6, 諸臣 崔承老.

그러나 궁예는 서해 해상 세력을 대표하는 왕건에 의해 제거되었다. 복지 겸은 반궁예 궁정 쿠데타의 주역이었다. 그는 무장이지만 통일 전쟁기의 전투에 참전한 기록은 없다. 그는 전투보다 정보 분야에 종사한 것으로 추측된다. 특히 고려 건국 초에 빈발한 반왕건 쿠데타 정보를 사전에 탐지했다. 복지겸은 왕건의 즉위 5일 만에 발생한 환선길, 환향식의 궁정 쿠데타를 사전에 왕건에게 보고했다. 3개월 뒤 발생한 청주인 순군리 임춘길 등의 반역 모의도 사전에 알렸다. 이를 통해 복지겸은 고려 건국 초기의 정치적 불안을 수습하는 데 크게 기여했다. 그 공으로 복지겸은 1등 개국공신에 올랐고, 사후에 태조의 묘정에 배향되었다.

박술희는 후삼국 통일 전쟁에서 크게 활약했다. 특히 936년 후삼국 시대를 종식시킨 최후의 전투에 참전하여, 좌익 마군 1만 명을 지휘했다. 그러나 박술희의 진정한 업적은 정치적인 것이다. 그는 왕건의 부촉에 따라 장자 왕무를 태자로 천거했다. 또한 태조의 유훈〈훈요십조〉를 봉대하고, 왕무를 2대 왕 혜종에 즉위시켰다. 그 후 호족 외척의 정치적 위협으로부터 혜종을 보호하는 데 진력했다. 그러나 최대 위협 세력인 외척 왕규를 제거하지 못했다. 그 결과 암살 위협에 시달린 혜종이 즉위 2년 만에 병사했다. 박술희도 혜종의 뒤를 이은 3대 정종에 의해 제거되었다. 그는 왕위 계승 문제를 원만히 해결하여 건국 초 왕조의 안정을 확립하는 데 실패했다. 그로 인해 다수의 왕족과 공신들이 살해되었다. 그러나 박술희는 그 업적이 인정되어 사후에 혜종의 묘정에 배향되었다. 당진 출신인 두 사람이 고려의 건국과 치국에 크게 기여했음을 알 수 있다.

『高麗史節要』

『高麗史』

『三國史記』

『三國遺事』

『世宗實錄』「地理志」

『新增東國輿地勝覽』

권덕영, 「황해 개척과 진출」, 『신라의 바다 황해』, 일조각, 2012.

신호철, 「호족세력의 성장과 후삼국의 정립」, 『신라말 고려초의 정치사회변동』, 신서원, 1999.

윤명철, 「장보고 시대의 동아지중해의 해양활동과 국제항로」, 『해양활동과 국제항로의 이해』, 학연문화사, 2012.

李種旭, 「高麗初 940年代 王位繼承戰과 그 政治的 性格」, 『高麗光宗研究』, 일조각, 1981.

鄭淸柱, 「해상세력 출신의 호족」, 『신편한국사(11권): 신라의 쇠퇴와 후삼국』, 국사편찬위원회, 2003.

崔根泳, 「장보고와 청해진」, 『신편한국사(11권): 신라의 쇠퇴와 후삼국』, 국사편찬위원회, 2003.

姜喜雄, 「高麗 惠宗朝 王位繼承亂의 新解釋」, 『韓國學報』 7, 1977.

김명진, 「고려 혜종의 생애와 박술희」, 『嶺南學』 65호, 2018.

金庠基, 「羅末 地方群雄의 對中通交」, 『黃義敦先生古稀紀念 史學論叢』, 동국대학교, 1960.

羅恪淳, 「高麗 鄕吏의 身分變化」, 『國史館論叢』 第13輯, 1990.

白剛寧, 「高麗初 惠宗과 定宗의 王位繼承: 朴述希와 王規의 出身背景과 役割의 再解釋을 中心으로」, 『震旦學報』 82, 1996.

윤명철, 「신라하대의 해양활동 연구」, 『국사관논총』 91집, 2000.

李永澤, 「張保皐海上勢力에 관한 考察」, 『韓國海洋大學論文集』 14, 1979.

이인화, 「면천 복지겸 전설의 민속지리학적 재검토」, 『한국사진지리학회지』 17권 3호, 2007.

장일규, 「신라 말 서해 항로와 崔致遠의 지방관 활동」, 『韓國古代史探究』 第19卷, 2015.

鄭淸柱, 「王建의 成長과 勢力 形成」, 『全南史學』 7, 1993.

당진의 유학 전통과 구봉 송익필

― 이용후생의 전통에 유의하어

박학래

―

군산대학교 역사철학부 철학전공 교수

1. 들어가는 말

충남의 서북부에 위치한 당진은 일찍부터 유학적 기풍이 자리 잡은 지역이었다. 고려 왕조 건국을 전후한 시기에 이미 유교적 지식인을 배출한 당진 지역은 고려와 조선 시대를 거쳐 근현대에 이르기까지 주목할 만한 여러 유현(儒賢)을 배출하며 유학 전통을 계승해 왔으며, 이 과정에서 특징적인 유학 전통을 수립하였다. 근 1천여 년을 상회하는 당진 지역의 유학 전통 가운데 특히 주목되는 것은 이용후생(利用厚生)에 입각한 실질적인 면모가 두드러진다는 점이라 할 수 있다. 물론 유학이 보여주는 다양한 특징적 면모가 당진 지역의 유학 전통 내에 깃들어 있지 않은 것은 아니지만, 특히 조선 시대에 이르러 두드러지게 드러나는 당진 지역의 유학 전통 중 하나는 이용후생의 전통이라 할 수 있다.

당진 지역의 유학 전통 가운데 이용후생과 관련하여 18세기 후반에 면천 군수(沔川 郡守)로 부임한 북학파의 대표적인 실학자인 박지원(朴趾源, 1737-1805)이 흔히 거론되지만, 그에 앞서 당진 지역을 배경으로 활동한 여러 유학적 지식인들은 일찍부터 당진 지역 내에 실질적인 유학적 기풍을 조성하였고, 이러한 전통은 조선 후기에 이르러 박지원을 비롯한 당진과 직간접적으로 연계된 유학자들에 의해 꽃을 피웠다고 할 수 있다.

이러한 점에 유의할 때 주목되는 당진 지역 관련 유학자 중 한 사람은 송익필(宋翼弼, 1534-1599)이라 할 수 있다. 당진에서 태어나지는 않았지만, 말년에 이르러 당진에 은거한 그는 조선 중기 기호학계를 대표하는 학자이자 이용후생과 관련하여 실질적인 학풍을 조성한 사상가라 할 수 있다. 특히 17세기 이후 기호학계를 주도한 대표적인 유학자인 김장생(金長生, 1548-1631)을 비롯하여 수많은 학자에 의해 그의 학문과 사상이 계승되었고, 특히 당진을 중심으로 한 충청 지역에서 그의 학문에 대한 추숭 작업이 본격화되었다는 점에서 송익필의 당진 지역에 대한 영향은 간과할 수 없다고 하겠다.

　그동안 송익필에 관한 다양한 연구 성과 가운데 그의 학문과 사상을 지역과 연계한 연구물이 제출된 바 있다. 그의 활동지 중 한 곳인 경기도 파주와 연계한 연구[1]를 비롯하여 그와 관련된 지명 및 전설이 분포된 전북 지역과 연관된 연구[2]가 제시되어 그의 학문적 영향력을 확인하는 계기가 되었다. 하지만 송익필의 학문은 그의 사후에 당진을 중심으로 그 영향이 지속되었으며, 특히 그의 묘소와 재실이 자리한 당진 지역의 유림을 중심으로 그의 학문에 대한 계승이 구체화되었다는 점에서 송익필의 학문과 사상은 당진 지역과 연계하여 검토하는 것이 바람직하다고 할 수 있다.

　이 글에서는 이러한 송익필의 학문을 지역성과 연계한 그간의 연구 성과에 유의하면서 당진 지역의 유학 전통 중 하나인 이용후생의 측면을 송익필의 학문과 사상을 중심으로 정리하고자 한다. 이를 위해 먼저 일찍부터 조성된 당진 지역의 유학 전통의 역사적인 흐름을 이용후생의 관점에서 정리하고, 그 바탕 위에서 송익필의 학문과 사상 가운데 이용후생의 면모를 확

1　황의동, 「기호 유학의 산실 파주와 구봉 송익필」, 『구봉 송익필의 학문, 기호 유학에서의 위상』, 책미래, 2018.
2　김창경, 「구봉 송익필 학문의 전북지역 유학 발전 영향에 관한 연구」, 『한국사상과 문화』 100, 2019.

인하고, 이러한 그의 사상이 당진과 어떠한 연관성이 있는지를 제시하고자 한다. 특히 조선 후기에 이르러 만개한 당진 지역의 이용후생의 특징적 면모가 송익필을 비롯한 이전 시기 당진 지역의 유학자에 의해 그 기풍이 조성되었음을 확인하고자 한다.

2. 당진 지역 유학 전통의 수립과 전개

삼국시대에 다른 어느 나라보다 먼저 율령(律令)을 반포하는 등 유학을 기초로 국가 체제 정비에 나섰던 백제(百濟)가 유학을 수용함에 따라 백제의 요충지 중 하나였던 당진 지역에도 일찍부터 유학적 기풍이 자리하였다. 통일신라 시대와 남북국 시대를 거친 이후 당진 지역에서는 왕건(王建)을 도와 고려의 개창에 공을 세운 복지겸(卜智謙, ?-?)을 비롯하여 고려 혜종(惠宗)의 묘정(廟庭)에 배향된 박술희(朴述熙, ?-945), 복지유(卜智柔) 등 유학적 지식인을 배출하며 유학 전통을 이전보다 명확히 하였다.

고려 초기에 유학적 지식인을 관료로 등용하기 위해 시행한 과거제가 본격화한 이후, 당진 지역에서도 다수의 문무 관료를 배출하며 유학적 기풍을 강화하였다. 고려 전반기에는 홍관(洪灌, ?-1126)을 비롯하여 '이자겸(李資謙)의 난'(1126)을 진압하는 데 공을 세워 문하시중평장사(門下侍中平章事)에까지 올랐던 이덕명(李德明) 등이 활동했으며, 고려 후반기에는 고려에 쳐들어온 원(元)의 반란군인 함단병(哈丹兵)을 격퇴하여 출신지인 면천을 지면주사(知沔主事)의 고을로 승격시킨 복규(卜奎), 충선왕(忠宣王)과 충숙왕(忠肅王)대를 거치면서 사헌규정(司憲糾正)·내서사인(內書舍人) 등을 역임한 복기(卜祺), 구재삭시(九齋朔試)에 장원으로 급제하여 문명을 떨친 구예(具藝)와 전리판서(典理判書) 등을 역임한 그의 아들 구영검(具榮儉) 등이 활약하였다.

이렇듯 당진을 지역적 배경으로 하는 수많은 문무 관료가 지속적으로 배출된 것은 기본적으로 유학 경전에 대한 이해를 기반으로 하는 것이었다는 점에서 당진 지역의 유학적 기풍이 고려 시대에 더욱 명확했음을 확인할 수 있다.[3]

고려 말에 이르러 당진 지역에서도 다른 지역과 마찬가지로 원(元)을 통해 성리학을 수용하였고, 이에 따라 여말선초에 성리학에 입각한 개혁 관료가 다수 배출되었다. 아울러 절의(節義) 정신을 갖춘 학자들이 당진에 지속적으로 유입하여 당진 지역 내에는 의리적 학풍도 조성되었다.

여말선초에 활약한 대표적인 당진의 유학자는 이색(李穡)의 문인인 이첨(李詹, 1345-1405)을 손꼽을 수 있다. 이덕명의 7세손이기도 한 그는 공양왕(恭讓王)에게 치도(治道)에 관한 구규(九規)를 올리는 등 개혁적인 면모를 보여주었고, 조선 개국 후에도 문인 관료로서 현저한 업적을 쌓으며 『저생전(楮生傳)』 이외에 많은 시가 작품을 남겼다. 조선 초에 병조판서 등을 역임하여 후에 보조공신(補祚功臣)에 증직된 구예의 후손인 구서(具緖)를 위시하여 자헌대부(資憲大夫)의 품계를 받은 그의 장자인 구문신(具文信, 1415-1485), '이시애(李施愛)의 난'(1467)을 진압하고, 여진족 토벌에 공을 세워 '흑면장군(黑面將軍)'이라 불린 그의 삼자인 구문로(具文老) 등도 조선 초에 활약한 당진지역의 유학적 지식인이었다. 이 밖에 예승석(芮承錫, 1406-1476)은 대사간(大司諫)에 올라 개혁적 면모를 부각하였으며, 복승정(卜承貞)도 이천 부사(利川 府使) 재임하며 충실한 목민관으로 높은 평가를 받았다.

---

3 후대의 일이지만, 九齋學堂을 설립하며 고려 유학의 중흥기를 이끈 '海東孔子' 崔沖을 기리는 '浿川影堂'이 당진 송산면에 건립된 것은 고려 시대를 거치면서 조성된 당진의 유학적 기풍과 관련한 것으로 추정할 수 있다.

이렇듯 개혁 지향적 문무 관료를 배출한 당진 지역에는 이 시기 윤황(尹璜), 박지(朴智, 1354-?) 등 불사이군의 절의 정신을 보여준 학자들의 은거가 이어졌다. 조선이 건국하자 개성에 숨어 지내며 '후송(後松)'이라 자호(自號)하던 윤황은 당진으로 낙향하여 은인자중하며 불사이군의 정신을 드높였고, 박지도 조선이 건국되자 두문동(杜門洞)에 은거했다가 당진에 정착하여 후손들에게 조선왕조에서는 출사하지 말 것을 유언으로 남길 정도로 고려에 대한 충절을 강조하였다.

이들의 절의 정신은 조선 초의 혼란 속에서 의리 정신을 구체화한 당진 출신의 유학자 배출로 이어졌다. 세종의 총애를 받았던 구인문(具人文, 1409-1462)은 세조가 단종의 왕위를 찬탈하자 미련 없이 벼슬에서 물러나 고향으로 돌아와 '눈 뜬 봉사[有目而以無目]'를 자처하며 은거하였고,[4] 묘소가 당진 지역으로 옮겨져 당진 지역 내 유림에 의해 존숭받은 사육신 성삼문(成三問)의 당질 성중손(成仲孫)도 당진 지역에 절의 정신을 이식하였다.

사화기(士禍期)에 이르러서도 당진 지역에서는 특기할 만한 문인 관료와 절의파 문인 배출이 이어졌다. 이의무(李宜茂, 1449-1507)는 김일손(金馹孫) 등과 함께 소릉복위소(昭陵復位疏)를 올리는 등 사림파 학자로서의 면모를 보여주었으며, 그의 아들 이행(李荇, 1478-1534)은 갑자사화(甲子士禍, 1504)에 연루되어 거제도에 위리안치(圍籬安置)되는 등 개혁적인 사림파 학자로서의 면모를 보여주었다. 이 밖에 을사사화(乙巳士禍, 1545) 때 피화되어 유배지에서 사망한 한숙(韓淑, 1494-1560), 작서의 변에 관련되었다는 김안로의 무고로 인해 억울한 죽임을 당한 홍려(洪礪, ?-1533),[5] 경기도 광주에서 당진으로

---

4   蔡濟恭, 『樊巖先生集』 卷43, 「贈資憲大夫吏曹判書行通訓大夫集賢殿校理具公諡狀」.
5   洪礪는 1525년 중종의 딸인 혜정 옹주와 혼인하였고, 무고로 죽임을 당한 후 伸冤되었

이주하여 안빈낙도하며 은거한 강승윤(姜承胤, 1539=?)도 당진 지역에 사림의 뜻을 이식한 인물이었다.[6]

이렇듯 사화기를 거치며 절의의 인물을 배출한 당진 지역에서는 사림 정치(士林 政治)가 본격화하는 선조 대를 전후한 시기에 당시 기호학계를 대표하는 학자들의 배출 및 이주가 이루어지면서 당진 유학의 성세기를 맞이하였다. 이 시기 당진을 배경으로 활동한 대표적 학자는 사림파의 대표인 조광조(趙光祖)로부터 이어진 학맥을 계승한 안민학(安敏學, 1542-1601)과 말년에 당진 지역에 은거한 기호학파의 연원적 인물인 송익필(宋翼弼, 1534-1599)을 손꼽을 수 있다.

박순의 문하에서 학문을 익힌 안민학은 당진을 지역적 배경으로 하여 이이(李珥, 1536-1584), 성혼(成渾, 1535-1598), 정철(鄭澈, 1536-1593), 고경명(高敬命, 1533-1592) 등과 교류하며 자신의 학문적 성숙을 이루어 나갔다. 40대 이후 관직에 나간 그는 임진왜란 때 소모사(召募使)로 활약하기도 하였고, 말년에 이르러 세거지인 당진 신평에 호월당(湖月堂)을 짓고 그곳에서 학문에 매진하였다.[7] 이이와 함께 기호학파의 연원으로 평가받은 송익필도 말년에 당진 지역으로 거처를 옮겨 당진 지역을 위시한 충청 지역의 유학적 기풍과 학문의 폭과 깊이를 더욱 풍성하게 하였다. 특히 그는 『가례주설(家禮註說)』 등 그의 대표적인 저작을 당진에서 저술하는 등 당진의 유학 전통을 더욱

다. 경기 양주에 있던 그의 묘소를 홍려 동생의 후손들이 不祧廟를 당진의 송산면으로 옮겨 당진과 인연을 맥게 되었다. 唐津鄉校, 『唐津鄉校誌』, 1993, 373~374쪽 참조.

6   唐津鄉校, 『唐津鄉校誌』, 1993, 374~375쪽 참조.

7   安敏學, 『楓崖先生集』 附錄, 「楓崖先生行狀」(鄭澔 撰) 참조. 「心學論」, 「河圖洛書說」, 「近思錄設問」, 「大學序節解」 등 성리학과 관련한 저술을 남길 정도로 성리학에 대해 일정한 견해를 가지고 있었으며, 특히 도덕 실천과 연관하여 심성에 대한 특징적인 견해를 제시하였다.

빛나게 하였다.

이렇듯 16세기에 이르러 당진 지역을 넘어 기호학계 전반에 걸쳐 비중이 큰 성리학자의 배출과 이입이 이루어지면서 당진의 유학적 기풍은 충청 지역 내에서 손색이 없을 정도로 풍성해졌다.[8] 그리고 당진 지역의 학문적 경향이 이이를 중심으로 한 율곡학파를 중심으로 전개되는 밑거름이 되었다. 특히 이이와 관련한 전설[9]이 전승될 정도로 당진 지역은 이이의 영향은 지배적이었다.

17세기 이후에도 당진 지역에서는 주목할 만한 문장가 및 국가를 위해 초개와 같이 목숨을 바치는 충절인(忠節人)의 배출이 이어지며 유풍이 더욱 굳건해졌다. 17세기 당진의 대표적인 문인으로는 순탄치 않은 관직 생활 속에서도 청렴한 관료로 명성이[10] 높았을 뿐만 아니라 시문에 뛰어나 4천여 수가 넘는 방대한 시를 남기며 이백(李白)에 비유되었던 이안눌(李安訥, 1571-1637)과 그의 문장을 계승한 그의 조카인 이식(李植, 1584-1647)을 손꼽을 수 있다. 이 밖에 면천에 은거하며 문장으로 이름이 높았던 이안인(李安仁, 1553-1614),[11] 당진 신평면에 거주하며 해안가를 거닐었다고 전해지는 삼당시인

---

8   이 시기 이황의 문인인 具鳳齡(1526~1586)도 수시로 면천에 있는 그의 9대조인 具藝의 묘소를 찾았을 뿐만 아니라「沔川東軒伴月樓」등 당진 관련 시문들을 남기는 등 면천 과의 인연을 이어 나가며 직간접적으로 당진 지역의 유풍에 영향을 끼쳤다.

9   특히 이이와 관련한 전설이 전승될 정도로 당진 지역은 이이의 영향이 지배적이었다. 대표적으로「김복선과 이율곡」전설이 당진 지역에 구전되고 있다. 이 전설은 종의 신 분이지만 지혜로운 김복선이 나라를 걱정하며 당진의 합덕에 온 이이와 만나 왜적의 침략에 관해 이야기를 나누는 것이 주 내용이다. 디지털당진문화대전(http://dangjin. grandculture.net/) 설화 참조.

10   李安訥은 1636년(인조 14)에 金尙憲 등과 함께 淸白吏로 선발되었고, 이때 "자기가 갖 는 데에는 청렴하고 남에게 주는 데에는 지나쳤다."는 평가를 받았다.『仁祖實錄』32 卷, 仁祖 14年 6月 8日 후己 3번째 기사.

11   李安仁은 李荇의 증손으로 德水李氏 가문의 또다른 문장가이다. 唐津鄕校,『唐津鄕校

(三唐詩人) 이달(李達, 1539-1612),[12] 그리고 문장에 뛰어나 명에 보내는 외교문서를 전담했을 정도로 문명을 떨친 차천로(車天輅, 1556-1615) 등을 거론할 수 있다.[13]

17세기를 전후한 시기에 당진 지역에서 배출된 충절인으로는 임진왜란 때 유도대장(留都大將)[14]을 맡아 한강을 수호하다가 선조가 의주를 넘어 명으로 들어갔다는 와전된 소문을 접한 후, 왕을 제대로 보필하지 못함을 분통하게 여겨 단식 끝에 순절한 이양원(李陽元, 1526-1592),[15] 정유재란 때 소촌 찰방(召村 察訪)으로 있으면서 왜적의 기습을 받아 33세의 젊은 나이에 사망하여 의관장(衣冠葬)이 치러진 이양원의 셋째 아들인 이시경(李蓍慶, ?-1597), 그리고 이순신(李舜臣, 1545-1598)과 함께 노량해전(露梁海戰)에서 적탄에 맞아 전사한 남유(南瑜, 1552-1598)[16]와 정묘호란(丁卯胡亂) 때 후금군을 맞아 안주성에서 적군을 유인하여 함께 자폭해 충절의 뜻을 구체화한 남이홍(南以興, 1576-1627)[17] 부자 등을 손꼽을 수 있다.

18세기 이후 당진 지역의 학풍은 성리학적 경향에만 매몰되지 않는 면모와 함께 유학과 이질적인 사상에 대해서도 비교적 호의적인 태도를 보였고, 비교적 개방적이고 열린 당진 지역의 유풍은 당진 지역 내에 실학적 학풍을

誌』, 1993, 376쪽 참조.

12 唐津鄉校, 『唐津鄉校誌』, 1993, 377쪽 참조. 그의 당진 지역 내 활동이 구전되고 있지만, 이를 고증할 문헌은 없다.

13 車天輅는 당진 지역에서 활동하지 않았지만, 그의 증손인 車乾義가 당진의 대호지로 낙향하여 그의 문학적 풍모를 당진 지역에 깃들게 하였다.

14 임금의 舉動 때 도성 안을 지키는 대장.

15 蔡濟恭, 『樊巖先生集』 卷41, 1a~5a, 「大匡輔國崇祿大夫議政府領議政兼領經筵弘文館藝文館春秋館觀象監事世子師漢山府院君鷺渚李公諡狀」.

16 徐瀅修, 『明皐全集』 卷16, 1a~3b, 「宜川府院君南公殉節遺墟碑銘」.

17 李景奭, 『白軒先生集』 卷37, 17a~27b, 「宜春君贈右議政南公諡狀」.

조성하는 기반이 되었다. 그리고 실학적 문인 관료인 강필리(姜必履, 1713-?)를 배출한 것을 비롯하여 북학파의 중심인물인 박지원이 면천 군수(沔川 郡守)로 부임하여 실학적 기풍이 조성되었다. 이에 더하여 18세기 말 성호학파(星湖學派) 실학자들과 지역 내 유림의 교류가 빈번해지는 가운데 당진 지역에서는 천주교의 이입이 구체화되었으며, 19세기 전반기에 이르러 김대건(金大建, 1822-1846)을 비롯한 다수의 천주교인이 배출되었다.

19세기에 접어들어 내우외환의 위기 속에서 당진 지역의 유학은 제국주의의 침탈에 대항하는 위정척사와 의병 활동으로 이어지는 도학 계열의 학자들과 실학적 흐름을 이어 개화와 애국계몽운동으로 이어지는 개신 유학 계열의 학자들이 공존하는 양상을 보였다. 이 두 흐름은 특히 제국주의의 침탈에 맞서 국가를 보전하고 유학 전통을 수호하고자 하는 측면에서는 같은 입장을 견지하고 있었다. 특히 도학 계열의 흐름과 연계하여 의병장 최구현(崔九鉉, 1866-1906)을 비롯하여 13진도 총대장에 올라 의병 활동을 전개한 정주원(鄭周源, 1870-1925), 정주원과 함께 의병 활동을 전개한 손응현(孫應鉉, 1880-1950), 홍주의병 유격대장으로 활약한 이만식(李晩植), 수원과 당진에서 의병 활동을 전개한 도중삼(都仲三, 1878-1907) 등 수많은 당진 지역 출신의 의병들은 일찍부터 조성된 당진 지역의 충의 정신을 계승하여 국난의 시기에 이를 현실화하였다.[18] 그리고 을사늑약 반대 상소 운동 이외에 국권 회복을 위한 애국계몽운동에 전념하였던 안종화(安鍾和, 1860-1924)와 신간회 당진 지회 창설을 주도하는 항일 운동을 전개하며 유학의 보전과 계승에 앞장선 안종화의 조카 안만수(安晩洙, 1879-1949) 등은 다른 각도에서 위난의 시기를 극복하기 위해 앞장섰던 유학적 지식인이었다.

---

18 디지털당진문화대전(http://dangjin.grandculture.net/) '면천 의병' 참조.

전통 시대에 조성되고 계승된 당진 지역의 유학 전통은 근현대기에 이르러 성균관장을 역임한 이재서(李載瑞, 1911-1984)를 비롯하여 당진 지역의 향교를 이끈 이병태(李炳台, 1910-1992) 등으로 이어졌고, 당진 지역의 유풍 진작으로 현실화하고 있다. 당진 지역 유학 전통을 계승하는 데 구심점 역할을 하고 있는 당진향교 및 면천향교와 관련한 유학의 계승자들은 현재에도 당진 지역 유학 전통을 보전하고 계승하는 데 앞장서고 있다.

3. 구봉 송익필의 학문과 이용후생의 전통

앞서 살펴본 당진 지역 유학 전통의 흐름 속에서 주목되는 학자 중 한 사람은 송익필이라 할 수 있다. 물론 당진을 지역적 배경으로 활동한 다른 유학자들도 직간접적으로 당진 지역에 영향을 끼치며 당진 유학의 전통에 이바지하였지만, 특히 송익필의 학문적 영향은 지역의 다른 유학자들을 압도한다고 할 수 있다.

여러 연구에서도 밝혀졌듯이, 일찍부터 높은 평가를 받았던 그의 문장을 비롯하여 그가 제시한 이기심성론 및 예학적 성과, 그리고 이용후생의 면모가 두드러지는 그의 경세론 등은 당진을 포함한 충청 지역을 넘어 기호학계 전체에 파급력이 작지 않았다고 할 수 있다. 특히 지금까지도 매년 준행되고 있는 송익필에 대한 당진 지역 유림의 제향 행사 및 기념사업 등을 고려할 때, 당진 지역의 유학 전통에 끼친 그의 영향을 가늠할 수 있다.

1) 굴곡진 삶과 학문 역정

서울에서 태어나 젊은 시절에는 주로 경기도 고양에서 활동했던 송익필은 어려서부터 남다른 학자적 면모를 보였다. 아우 송한필(宋翰弼, 1539-?)과 함께 치른 향시(鄕試)에 합격하여 주위의 관심을 한몸에 받았던 그는 탁월한 시문을 선보여 일찍부터 문장으로 이름을 떨쳤다. 당시 문장으로 이름이 높았던 인사들과 긴밀하게 교류했던 그는 이산해(李山海, 1539-1609), 최경창(崔慶昌, 1539-1583), 백광홍(白光弘, 1522-1556) 등과 더불어 당시 사람들로부터 '팔문장(八文章)'으로 불릴 정도였다.

순탄하게 인생의 초반기를 보냈던 그는 할머니가 노비 출신이었던 신분적 한계로 인해 출사의 길이 막히게 되자 과거 공부 이외에 힘써야 할 것이 있음을 알고 학문에 몰두하였다. 특정한 스승 없이 성리학의 이해를 도모하였던 그의 학문적 성취가 주변에 알려지자, 그의 명성을 듣고 그를 찾는 제자 문인들의 발길이 끊이지 않았고, 송익필은 그를 찾는 제자 문인들을 응대하고 가르치는 데 게을리함이 없었다고 전한다.[19]

20대에 접어들어 그의 학문적 명망이 더욱 높아지자 인근 지역에서 학자적 명성을 쌓아 가던 이이(李珥)·성혼(成渾, 1535-1598) 등과 도의지교(道義之交)를 맺고 평생 학문을 토론하면서 우의를 나누었으며,[20] 박순(朴淳, 1523-1589), 정철(鄭澈, 1536-1593), 조헌(趙憲, 1544-1592) 등과도 긴밀하게 교류하며 학문을 연찬하였다. 특히 이이는 송익필의 학문적 성취를 인정하여 과거 시

---

19 『宋子大全』 卷172, 13b, 「龜峯先生宋公墓碣」. 이하 내용은 이 글을 참고하여 작성하였음.
20 宋翼弼은 사망하기 직전에 평생토록 道義之交를 맺은 이이, 성혼과 주고받은 편지를 묶은 4帖의 「玄繩編」을 만들고 이 책의 서문을 작성하였다. 이이, 성혼, 송익필의 문집에 실리지 않은 편지가 포함된 이 책은 후에 「三賢手簡」으로 이름이 달라졌다. 이 책에는 세 학자가 나눈 생생한 우정의 내용뿐만 아니라 理氣·心性·四端·禮論 등 성리학적 주제가 포괄된 편지가 다수 실려 있다. 더구나 세 학자의 친필 원본이라는 점에서 서예사적 가치도 평가되고 있다. 2004년에 보물 1415호 지정되었으며, 현재 리움박물관에 소장되어 있다.

험장에서 그가 작성한 「천도책(天道策)」을 보고 찾아오는 인사들에게 "송운장(宋雲長, 송익필)이 고명(高明)하고 아는 것이 넉넉하니, 그에게 가서 묻는 것이 옳다."라고 말했을 정도였다. 물론 이 일이 있고 난 뒤 송익필을 찾는 인사는 더욱 늘어났고, 이때 그는 고양의 구봉산(龜峯山) 아래에 거처하며 제자 문인들을 가르쳐 '구봉 선생(龜峯 先生)'으로 일컬어졌다.

인생 중반기에 이르러 송익필의 인생은 고난의 길에 접어들게 되었다. 선조가 왕위에 오르고 사림 정치가 본격화되면서 그의 부친인 송사련(宋祀連, 1496-1575)의 무고(誣告)로 적지 않은 사림파 학자들이 죽임을 당했던 신사무옥(辛巳誣獄, 1521)에 대해 재조사가 시작되었고, 그 결과 부친의 무고한 고변으로 누명을 썼던 안처겸(安處謙, 1486-1521)을 비롯한 사림파 학자들이 신원되었다. 이러한 일련의 과정을 거치면서 결국 그의 가족들은 모두 노비로 전락하여 뿔뿔이 흩어지게 되었고, 이때 송익필은 이산해와 정철 등의 도움으로 전라도 광주로 피신하였다. 이 과정에서 이이의 제자인 이귀(李貴, 1557-1633)가 스승인 이이의 죽음에 대해 억울함을 상소하는 글을 올리게 되었다. 상소문의 논리와 문장이 정연한 것은 분명히 송익필이 이 글을 기초하였기 때문이라 간주한 동인(東人) 측 인사들은 송익필을 '서인(西人)의 모주(謀主)'라고 공격하기 시작하였고, 두 차례에 걸쳐 평소 교류했던 조헌이 올린 송익필에 대해 신원을 청하는 상소는 용납되지 않았다.

'기축옥사(己丑獄事, 1589)'의 처리 과정에서 송익필은 송한필과 함께 이 사건을 조작했다는 혐의를 받았고, 이에 대해 조헌이 다시 송익필 형제의 무죄를 주장하는 상소를 올렸지만, 동인 측 인사들의 미움을 받아 결국 구속되는 등 고난은 이어졌다. 하지만 동인의 실각으로 인해 구속에서 풀려났던 송익필은 세자 책봉 문제와 관련하여 정철이 귀양을 가게 되자 다시 도피 생활에 들어갈 수밖에 없게 되었고, 도피 중 자수한 송익필은 1591년에 이르러 남해(南海)를 거쳐 희천(熙川)으로 유배되는 등 다시 곤경에 처하게 되었다.

임진왜란이 한창이던 1593년 9월에 유배에서 풀려난 송익필은 김굉필(金宏弼)과 조광조(趙光祖)의 학문과 덕행을 추모하기 위해 건립된 희천의 상현서원(象賢書院) 사당을 찾아 사림 정신을 계승하고자 하는 자신의 뜻을 확인하였다. 그 후 특정한 거처를 마련하지 못한 채 주변 인사들과 제자 문인들의 도움을 받으며 이곳저곳을 떠돌아다니던 송익필은 1596년에 이르러 그의 고제(高弟)인 김장생(金長生)의 도움을 받아 당진 지역인 면천의 마양촌(馬羊村)에 있는 김진려(金進礪)의 집에 의탁하였다. 그리고 그때부터 1599년 사망할 때까지 당진 지역에서 학문 탐구에 매진하며 후학을 양성하는 데 매진하였다.[21]

이렇듯 중년 이후 역경과 고난의 생을 영위한 송익필은 어려움 속에서도 학문의 뜻을 저버리지 않았다. 평생토록 우정을 나누며 학문을 함께 토론했던 이이와 성혼 등에게 자신의 학문적 입장은 물론, 경세적 포부 등에 대해 분명한 뜻을 피력하였으며, 특히 이이가 『격몽요결(擊蒙要訣)』을 저술한 후 이에 대해 자문을 요청하자 주저 없이 잘못된 점을 지적하는 등 학문적 역량을 발휘하였다. 특히 그는 『가례주설』, 『예문답(禮問答)』 등을 저술하여 예학 방면에서 뚜렷한 학문적 성취를 일구었을 뿐만 아니라, 당시 학계의 최대 쟁점이었던 사단칠정(四端七情)에 대한 이기론적 해석을 포함하여 이기심성론 분야에서도 특징적인 학설을 제시함으로써 이후에 전개된 기호학파의 학문에 적지 않은 영향을 끼쳤다.

---

21 宋時烈, 『宋子大全』 卷172, 「龜峯先生宋公墓碣」. 당진에 정착한 이후 송익필은 그의 대표적인 예학 저작이자 기호 예학의 연원이 되는 『家禮註說』을 저술하였다.

2) 당진과의 인연과 당진에서의 학문 활동

이이 이후 기호학파를 이끌며 기호 예학을 집대성했다고 평가받으며 이이 이후 기호학파의 종장으로 평가받는 김장생에 대해 그의 제자 송준길(宋浚吉, 1606-1672)은 동문인 송시열(宋時烈, 1607 1689)에게 "문원공(文元公) 김 선생이 율곡 이 선생을 스승으로 모셔 도(道)가 이루어지고 덕(德)이 높게 되었는데, 그가 관건(關鍵)을 열 수 있도록 기초를 다져 준 분이 구봉 선생이었다는 것은 속일 수 없는 사실"[22]이라고 지적한 바 있다.[23] 그의 이 언급은 조선 성리학을 이끈 중심 학파인 기호학파의 연원이 되는 학자가 흔히 알고 있는 이이 이외에 송익필임을 확인하는 것이라 할 수 있다. 이처럼 송익필은 좁게는 충청 지역의 유학, 넓게는 기호 지역의 유학이 꽃피울 수 있도록 기초를 다진 기호학파의 연원이 되는 학자라 할 수 있다.

일반적으로 송익필과 당진의 인연은 대체로 앞서 지적한 바와 같이 송익필이 당진에 거주하기 시작하였을 때는 63세 때인 1596년이고, 그가 당진에서 활동한 기간은 그가 사망한 1599년까지 근 3년 정도인 것으로 알려져 있다. 하지만 송익필과 당진 지역과의 인연은 그가 거처를 마련하기 이전으로 소급되고, 당진에서 이룬 그의 학문적 성취와 영향도 간과할 수 없을 정도로 심대한 것으로 확인된다.

송익필은 젊은 시절부터 기호학계의 젊은 인사들을 중심으로 교류의 폭을 넓혔고, 특히 교류 인사들과 함께 시를 나누고 학문을 토론하였다. 이렇

22　宋時烈, 『宋子大全』 卷172, 12b, 「龜峯先生宋公墓碣」.
23　宋浚吉의 이 언급을 수용하여 宋時烈은 이후 金長生의 外曾孫인 李選(1632~1692)이 史官으로 재직하며 수집 정리한 宋翼弼 관련 자료를 전해 받아 송익필의 묘갈을 작성하였다. 이 묘갈의 첫 부분이 송준길의 이 언급이다.

게 그가 교류하던 인사 가운데 중심인물이 안민학이었다. 앞서 지적한 바와 같이 안민학은 세거지였던 당진을 중심으로 학문 활동을 전개하였으며, 특히 말년에는 당진에 거처를 마련하여 당진 지역의 유풍에 적지 않은 영향을 끼친 16세기 대표적인 기호학계의 유력한 학자였다. 송익필은 이러한 안민학과 일찍부터 교류하며 당진과 인연을 맺었고, 서로 시를 주고받으며 우의를 다졌다.[24]

특히 유배에서 풀려난 후 온전한 거처를 마련하기 이전에 송익필은 안민학과 함께하며 당진을 비롯하여 충청 지역의 문인 제자들을 찾는 등 당진 및 충정 지역과의 인연을 강화하였다. 그 대표적인 사례로 거론할 수 있는 것은 당진에 거처를 마련하기 1년 전인 1595년 3월에 송익필과 안민학이 함께 예산 지역에서 활동하던 이영원(李榮元, 1565-1623)[25]을 방문한 일을 들 수 있다.[26] 어려서 송익필에게서 학문을 익힌 이영원은 송익필이 유배를 가게 되자 〈송구암애사(宋龜峯哀辭)〉를 지어 스승과의 이별에 대해 자신의 심경을 토로할 정도로 송익필에 대한 존경의 뜻이 뚜렷한 제자였는데, 이러한 제자를 찾을 때 송익필이 안민학과 동행했다는 것은 충청 지역에 대한 인연을 지속하고자 하는 송익필의 심경이 반영된 것이라 할 수 있다. 다시 말해 송익필과 안민학이 동행한 이 방문은 충청 지역에 대한 인연을 안민학과의

---

24 송익필의 『龜峯集』에는 「次友人韻寄友人次楓崖韻」, 「次楓崖韻」(二首) 등 안민학과 관련된 시가 다수 실려 있으며, 安敏學의 문집인 『楓崖集』에도 「懷宋雲長」, 「次雲長韻」 등 송익필과 관련한 시가 다수 실려 있어 안민학과 송익필의 교류가 일찍부터 진행되어 그 폭과 깊이가 상당하였음을 확인할 수 있다.

25 李榮元의 호는 龍溪이며, 덕산현 고산면 출신이다. 그는 동문인 金長生과도 교류가 깊었다.

26 安敏學, 『楓崖先生集』附錄, 「年譜」, 54歲條, "二十三年乙未 三月, 與宋龜峯訪高山李龍溪.".

동행을 통해 당진을 중심으로 펼치고자 하는 송익필의 의중이 반영된 것이라 할 수 있다. 이러한 점에 유의하여 안민학은 송익필과의 동행에 대한 소회를 시로 남기기도 하였다.[27]

이렇듯 일찍부터 조성된 안민학과의 교류가 유배에서 풀려난 이후에도 지속되고, 이러한 정황은 충청 전역에 걸쳐 지역적 기반이 튼튼했던 그의 수제자인 김장생에게도 알려지게 되었을 것으로 짐작된다. 김장생은 존경하는 스승인 송익필이 해배된 이후 제대로 된 거처를 마련하지 못한 채 이곳저곳을 옮겨 다니고 있는 상황 속에서도 안민학과의 교류를 강화하며 당진을 중심으로 활동하는 것을 눈여겨보다가 자신의 친족이자 당진 지역 내에 거처하던 첨추(僉樞) 김진려(金進礪)의 집에 스승의 거처를 마련하게 되었고, 이것이 계기가 되어 송익필은 사망할 때까지 당진에 거주하며 학문 활동을 이어 나간 것이라 할 수 있다.

당진에 처소를 마련한 후 송익필은 더욱 학문에 매진하였다. 그의 예학 방면에서의 역작으로 평가받는 『가례주설』이 당진에서 집필되었으며, 평생 우정을 함께 나눈 이이·성혼과 주고받은 편지를 모은 「현승편(玄繩編)」도 당진에서 활동하던 시기에 편집되었다.

송익필이 당진에서 저술한 『가례주설』은 체제와 내용의 측면에서 사례(四禮)에 관한 본격적인 저술이자 『주자가례(朱子家禮)』에 대한 최초의 예학서라는 점에서 17세기 이후 조선 학계의 주요 지침서였다. 특히 학문적인 측면뿐만 아니라 실용적인 측면에서도 유의미하다는 점에서 일찍부터 주목을 받았다. 그리고 이 저술은 기호 예학의 근거가 되는 김장생의 『가례집람(家禮輯覽)』, 『의례문해(疑禮問解)』 등의 기초가 되었다는 점에서 당진 지역

---

27 『楓崖先生集』卷1,「三月, 見梅花, 時與宋雲長訪高山李榮元, 字子善. 號龍溪」.

은 송익필을 통해 기호 예학의 근거지로서 역할을 하였다고 할 수 있다.

　당진에서 예학을 비롯한 다양한 학문 활동을 전개한 송익필은 당진에서의 소회를 시로 남기기도 하였다. "문(文)은 좌구명(左丘明)과 사마천(司馬遷)의 문을 주장하고, 시(詩)는 이백(李白)과 백거이(白居易)의 시를 주장하였다."[28]라고 평가받았던 만큼 당진 지역의 마양촌에 거처하며 그는 이백의 시를 차운하여 다음과 같이 자신의 처지와 심정을 시로 노래하였다.

온 산의 새벽녘 새소리에	千山鳥聲曉
유인(幽人)이 꿈에서 먼저 깨니	幽人夢先覺
돌아가는 구름은 조용한 모습으로 흘러가고	歸雲流靜態
지는 달은 차가운 모습을 가리고 있네.	落月掩寒貌
이슬 꽃은 젖어서 날지 않는데	露花濕不飛
이미 떨어진 것이 중요할 게 있을까?	旣落還有要
숲 끝에 하얀빛이 생겨나더니	林端白色生
점차로 창 사이로 들어와 비쳤네.	漸入窓間照
차는 것과 비는 것은 하나의 이치임을	盈虛只一理
묵묵히 알게 됨은 한중(閑中)의 묘함이니	默契閑中妙
담박함을 맛보아 내수(內守)를 존중하고	味淡尊內守
고요함을 사모하여 외소(外召)를 경시하네.	慕寂輕外召
홀로 앉아 있으니 누구와 감상하며	獨坐誰同賞
사사로움 없으니 어찌 곡조 달리하랴?	無私豈異調
깊은 상념 속에서 갑자기 회심(會心)되어	邈想忽有會

28　宋時烈, 『宋子大全』 卷172, 13b, 「龜峯先生宋公墓碣」.

때로 혹은 빙그레 웃기도 하네.	時或宛爾笑
발길이 뜰 문밖을 내려가지 않으니	足不下庭戶
올라가 조망함이 어느 해의 일인가!	何年事登眺[29]

3) 당진 유학의 이용후생 전통과 송익필의 경세론

비록 길지 않지만, 당진에서 이루어진 송익필의 학문 활동은 전 생애에 걸쳐 그가 이룩한 학문적 성취를 집성하는 것이었다. 이러한 측면에서 그가 이룩한 학문과 사상 전체는 자연스럽게 당진에 깃들게 되었다고 할 수 있다. 그가 이룩한 학문적 성취 가운데 주목되는 것은 당진의 유학 전통 중 하나인 이용후생과 관련한 실질적 학풍과 연계된 그의 경세론이라 할 수 있다. 그가 제시한 민생 안정과 부국강병을 중심으로 한 경세론은 이전부터 조성되어 조선 후기에 이르러 만개한 당진 유학의 이용후생과 맞닿아 있다고 이해할 수 있다.

주지하다시피, 유학은 기본적으로 경세제민(經世濟民)을 표방하면서 백성의 삶을 풍요롭고 바람직하게 만드는 것을 이상으로 삼는다. 현실 세계를 도덕적 이상 세계로 가꾸고자 하는 궁극적인 지향을 위해서는 경제적인 측면을 도외시할 수 없다는 것이 유학의 기본적인 태도이고, 이러한 태도가 구체적으로 드러난 것이 『서경(書經)』「대우모(大禹謨)」에서 제시된 정덕(正德)·이용(利用)·후생(厚生)이라 할 수 있다. 성리학이 지배적이었던 조선 중기 이후의 유학적 흐름 속에서 백성의 덕을 바르게 하는 정덕의 측면이 상

---

29 『龜峯先生集』卷1, 8b~9a,「寓羊馬村 曉次李白談玄韻」. 시 제목의 羊馬村은 馬羊村의 오기로 보인다.

대적으로 강조되고, 백성의 쓰임에 편리하게 하는 이용과 의식(衣食) 등 재물을 풍부하게 하여 백성의 삶을 풍요롭게 만드는 후생이 경시되는 풍조가 지배적이었지만, 적어도 당진 유학의 전통은 도덕적인 측면뿐만 아니라 삶의 실질적인 측면도 강조하는 기풍이 두드러졌다.

앞서 제시한 당진 유학 전통의 흐름 속에서 당진의 유학자들은 도덕적 측면을 간과하지 않으면서도 실질적인 현실 문제 해결에 앞장섰다. 성리학이 향촌 사회에 뿌리내리기 시작한 조선 초기에 당진에서 배출된 예승석은 대사간으로 재임하며 인사 체계의 확립·국방력의 강화·교육제도의 정비·조세 수납의 공정 등을 건의하는 등 개혁적인 면모를 부각하였고, 성종 대와 중종 대에 각각 활동한 이의무와 이행 부자는 각각 『동국여지승람』과 『신증동국여지승람』의 편찬에 참여하는 등 구체적인 현실 문제를 집성하는 데 기여하였으며, 특히 이의무의 경우는 홍주 목사로 재임하면서 민생 안정을 위해 노력하여 주목을 받기도 하였다. 그리고 조선 전기를 거치면서 백성의 삶을 개선하는 데 주목하며 현실 개혁을 주도한 이용후생의 당진 유학 전통은 송익필을 거치면서 더욱 명증하게 구체화되었고, 이후에 당진을 지역적 배경으로 활동한 강필리·박지원 등 여러 유학적 지식인을 통해 선명하게 당진의 유학 전통으로 부각되었다고 할 수 있다.

신분상의 제약으로 정치 일선에서 활동할 수 없었던 송익필이었지만, 그는 우국충정과 우환 의식을 가지고 나름의 경세적 논의를 전개하였다. 그리고 민생의 절박한 사정을 목도하고 출사의 길에 들어선 이이에게 이를 시정하고 개혁해야 한다고 역설하였다. 그는 이이에게 보낸 편지에서 당시 경제적 어려움으로 고초를 겪는 백성들을 거론하며 "죽기가 싫어 도적이 되었다면 모두 다 죽일 수는 없습니다. 그리고 외부의 도적도 기회를 엿볼 것이니 형세상 방법을 찾기도 어렵습니다. 백성의 부모가 되어서 마음을 쓰지 않을 수가 있겠습니까?"[30] 하고 지적하고, 외환(外患)에 대비할 것을 주문하였다. 이러한 제안에 그치지 않고 그는 당시의 혼란을 수습하기 위해서는 시사(時事)를 도와야 하고, 나라의 명맥을 연장해야 하고, 사림을 부호(扶護)해야 하고며, 백성의 고통을 해결해야 한다는 네 가지 과제를 제시하였다.[31] 비록 자신은 정치 일선에 나서지 못하지만, 이이를 통해 민생의 안정을 이루고자 했으며, 이를 위해서는 현실 개혁이 요청된다는 것이 그의 생각이었다. 이러한 그의 생각은 유학 전통의 이용, 후생, 그리고 정덕과 맞닿아 있다고 평가할 수 있다.

사화기에 피화된 사림과 선배 학자들을 계승하려는 의식이 뚜렷했던 그였던 만큼, 현실 개혁을 통한 민생의 안정은 그의 경세적 목표이자 수단이었다고 할 수 있다. 그리고 이를 위해 단순히 개혁의 지향점만이 아니라 구체적인 대안을 제시하였다. 특히 그가 주목한 것은 왕을 비롯한 지배계급의 도덕적 각성을 기초로 한 백성의 교화였으며, 이것의 모범은 유학에서 흔히 이상적인 정치로 거론하는 '삼대(三代)의 정치'였다. 유학의 이상적인 정치를 근거로 지배계급의 각성과 이를 통한 민생의 안정을 도모하였던 것이다. 그래서 그는 옛날의 제왕이 어려움에 부닥쳤을 때 시행했던 방법을 거론하며 다음과 같이 자신의 견해를 제시하였다.

세금을 작적게 매기고 형벌을 완화하며, 부역을 줄이며, 시장(市場)의 세금을 없애고, 번거로운 예를 줄이고, 슬픈 일은 줄이고 즐거운 일은 쌓아 두고, 혼례를 장려하고, 귀신을 찾으며, 도적을 제거하고, 지켜야 할 항목이

---

30 『龜峯集』卷5, 2b, 「答叔獻書」.
31 『龜峰集』卷4, 11b~12a, 「答叔獻書」.

많더라도 대개는 줄여서 실행하며, 자신(왕)에게 책임을 돌리면서 하늘을 섬기고, 쓸데없는 낭비는 막고 백성을 구제할 계책을 많이 세울 뿐입니다. 또 부자에게는 쌀을 풀어서 가난한 사람을 도와주라고 권합니다.[32]

이러한 송익필의 경세론은 기본적으로 도덕적인 면에 초점이 맞추어져 있지만, 민생의 안정을 위한 방안을 구체적으로 거론한다는 점에서 민본적인 입장이 강조된 것이라 할 수 있다. 그리고 그의 민본적인 입장은 왕에게 요구되는 도덕적 각성과 이에 따른 시책 이외에 구체적인 민생 현실을 관장하는 목민관의 태도와 자세에도 반영되어 구체화되었다. 그는 후에 갈등 관계가 조성되기는 하였지만 일찍부터 친밀한 교류 관계에 있었던 이산해의 친족인 이산보(李山甫, 1539-1594)가 경상도 관찰사로 나아갈 때, 편지를 내어 목민관이 가져야 할 태도와 방법을 10가지 조목으로 나누어 제시하였다.[33]

송익필은 이 편지를 통해 정치의 근본을 백성의 교화라고 전제하고, 이를 위해 목민관이 솔선수범해야 한다고 강조하였다.[34] 그는 감사와 수령, 수령과 아전부터 하급 관리에 이르기까지 등급이 분명해야 하고, 각자 해야 할 일을 엄정하게 해야 한다고 역설하였고,[35] 세워야 하지만 세우지 않은 규칙과 혁파해야 하지만 혁파하지 않은 폐단을 기록하고 이를 백성들과 의논할 것을 주문하였다.[36] 각 고을의 숨은 인재의 발탁은 물론,[37] 노인과 고아 등 어

---

32 『龜峯集』卷5, 3a~b, 「答叔獻書」.
33 李山甫는 송익필의 가르침을 받아 1594년 대기근이 발생하자 민생을 수습하다가 사망하였다.
34 『龜峯集』卷5, 30a, 「答李仲擧別紙」(山甫時按嶺南).
35 『龜峯集』卷5, 30a, 「答李仲擧別紙」(山甫時按嶺南).
36 『龜峯集』卷5, 30b, 「答李仲擧別紙」(山甫時按嶺南).
37 『龜峯集』卷5, 30b~31a, 「答李仲擧別紙」(山甫時按嶺南).

려운 백성에 대한 보호 조치를 강조하였다.[38] 공평한 마음을 가져야 만백성의 마음을 살필 수 있음을 지적한 그는 당시 백성들에게 횡포를 부리는 아전을 엄하고 분명하게 대우해야 할 것을 주문하면서 청렴하고 지혜롭게 일을 수행해야 한다고 역설하였다.[39]

이렇듯 당시 지배계급의 정점에 있던 왕으로부터 민생의 현장에서 활동하는 목민관에 이르기까지 도덕적 반성을 기초로 민생을 살펴야 한다고 역설한 그의 경세적 논의는 결국 민생 안정을 위한 방안으로 귀결된다고 할 수 있다. 성리설을 비롯한 학문에만 매몰되지 않고 구체적인 삶의 현장에서 민생의 안정을 추구한 그의 이러한 현실적인 경세론은 이이의 경세론에 영향을 주었을 뿐만 아니라 이후 당진을 지역적 배경으로 활동한 여러 유학적 지식인에게 영향을 주었다. 특히 민생 개혁과 경제의 활성화를 통해 부국강병을 이루려는 이용후생을 강조함으로써 구체화된 북학파 계열의 실학은 일정 부분 이이의 개혁론을 계승한 것이라는 점에서 송익필의 경세적 논의는 북학파의 이용후생과 연결되고, 당진 지역의 유학 전통에 적지 않은 영향을 끼쳤다고 할 수 있다.

4) 송익필 학문의 계승과 영향

당진 지역에서의 생활은 3년여의 길지 않은 기간이었지만, 당진을 위시한 충청 지역의 유학에 대한 송익필의 영향은 심대하고 지속적이었다. 일찍부터 강학 활동을 통해 적지 않은 문인을 배출한 그는 앞서 거론한 김장

---

38 『龜峯集』 卷5, 31a, 「答李仲擧別紙」(山甫時按嶺南).
39 『龜峯集』 卷5, 31a~b, 「答李仲擧別紙」(山甫時按嶺南).

생과 그의 아들 김집(金集, 1574-1656)을 비롯하여 정엽(鄭曄, 1563-1625), 서성(徐渻, 1558-1631), 송이창(宋爾昌, 1561-1627), 김반(金槃, 1580-1640), 김류(金瑬, 1571-1648), 강찬(姜燦, 1557-1603), 정홍명(鄭弘溟, 1592-1650) 등 17세기 이후 기호학계를 주도한 여러 학자들을 배출하였다. 특히 그의 학문은 김장생과 김집의 문인인 송시열, 송준길 등 17세기 기호학파 학자들을 거쳐[40] 18세기에도 지속되었으며,[41] 19세기 말과 20세기 전반기에도 그 영향은 면면히 이어졌다.[42] 특히 송익필의 학문과 사상, 그리고 이용후생적 면모는 당진 지역에 지속적으로 영향을 미쳤는데, 이러한 영향의 기반은 송익필 생전에 조성되었다. 송익필은 아들 송취대(宋就大)를, 깊은 교류 관계를 맺고 있던 안민학의 형인 안민도(安敏道, 1530-1590)의 딸과 혼인시켰으며, 이를 계기로 당진과의 인연을 굳건히 하였다. 그리고 그의 사후에는 그의 묘가 당진의 북면 원당동에 마련되어 당진과의 인연이 지속될 기반이 마련되었다.

송익필이 사망한 후 그의 후손들은 당진의 유림과 함께 그의 묘소에서 매년 제례를 거행하며 그의 학문과 사상에 대한 계승과 존경의 뜻을 확인하였다. 하지만 시간이 지날수록 후손들의 가세가 넉넉지 않아져서 제례를 제대로 봉향하기 어렵게 되었고, 이러한 상황이 지속되자 18세기 초반에 이르

---

40 宋浚吉은 부친인 宋爾昌(1561~1627)은 송익필의 문인이었고, 송시열도 김장생, 김집을 통해 송익필에 대한 학문과 사상의 탁월함을 알고 존숭의 뜻을 가지고 있었다. 특히 송준길과 송시열은 김장생의 外曾孫인 李選(1632~1692)이 史官으로 재직하며 송익필과 관련된 기록을 확인하고 정리한 내용을 바탕으로 송익필의 墓碣文을 작성하였다.

41 18세기 충청 지역의 대표적인 호론계 학자인 尹鳳九(1681~1767)를 위시하여 낙론계 학자인 洪啓禧(1703~1771) 등이 송익필 학문에 대한 계승 의지를 구체화하는 등 학문적 입장을 달리하는 기호학계의 거의 모든 학자가 송익필에 대한 존숭의 뜻을 드러냈다.

42 1910년 『龜峯集』이 三刊될 때 당시 기호학계를 대표하던 宋炳華(1852~1916)와 田愚(1841~1922)가 각각 서문과 발문을 작성하였으며, 이 글을 통해 송익필의 학문을 높이 평가하였다.

러 당시 충청 유학의 중심인물 중 한 사람이었던 윤봉구(尹鳳九, 1681-1767)는 〈구봉선생묘재열읍통유문(龜峯先生墓齋列邑通諭文)〉을 작성하여 당진을 포함한 충청 지역 유림에게 돌려 송익필에 대한 정성을 모았고, 1720년에 이르러 묘소 옆에 재각(齋閣)인 '입한재(立限齋)'를 건립하였다. 입한재를 준공한 후 윤봉규는 당진 유생을 대신하여 〈구봉송선생묘분황고문(龜峯宋先生墓焚黃告文)〉을 작성하고, 그해 3월 제례를 올려 입한재의 건립을 기념하였다.[43] 이때 김장생의 후손이자 송시열의 문인인 김진옥(金鎭玉, 1659-1736)이 주도하여 송익필의 묘표도 세웠다.

이후에도 송익필에 대한 당진 유림의 관심과 정성은 지속되었다. 1792년에 이르러 당진의 유생들은 당시 기호 낙론의 종장인 산림학자 홍직필(洪直弼, 1776-1852)에게 송익필에 대한 제사와 관련한 내용을 질정하였고, 그로부터 어려움이 있더라도 송익필에 대한 존숭의 뜻은 이어져야 한다는 의견을 받기도 하였다.[44] 이후 당진으로 부임하는 현감들이 입한재 제례에 계속 관심을 보였고, 1802년에 당진 현감을 지낸 민백준(閔百準)은 자신의 녹봉(祿俸)을 희사하여 재실(齋室)을 보수하였다. 1835년 4월에는 당시 당진 현감 민익현(閔翼顯)이 재실을 중건하고 묘직(墓直)에 대해 복호(復戶)[45]하는 등 지원이 이어져 당진 유림의 송익필에 대한 계승 의지는 더욱 구체화되었다.

특히 주목되는 것은 송익필에 의해 더욱 구체화된 이용후생의 당진 유학 전통이 18세기에 이르러 당진 출신의 강필리를 비롯하여 면천 군수로 부임한 박지원에 의해 더욱 풍성한 결실을 맺었다는 점이다. 특히 박지원이 골

---

43 尹鳳九, 『屛溪先生集』 卷34, 35b~37b, 「龜峯先生墓齋列邑通論文」.; 『屛溪先生集』 卷45, 6b~7b, 「龜峯宋先生墓焚黃告文」(代唐津儒生作)
44 洪直弼, 『梅山先生文集』 卷27, 10a~b, 「答唐津諸生」(壬子).
45 戶에 부과하는 徭役 부담을 감면하거나 면제해 주던 제도.

정지(骨井池) 제방의 수리 및 축조를 주도하면서 이와 결부하여 주변 농경지 관개 시설을 조성하고, 군수로 재임하면서 농법 관련 저작을 저술한 것 등은 송익필을 전후한 시기에 조성된 당진 유학의 이용후생 전통이 현실화한 하나의 사례라 할 수 있다.

4. 맺음말

당진 지역의 유학 전통은 근 1천여 년에 걸쳐 조성되어 이어져 왔다. 특히 일찍부터 당진 지역의 유학적 지식인들이 구체화한 실질적인 유학적 특징인 이용후생의 전통은 당진에서 펼쳐진 송익필의 학문 활동을 통해 더욱 풍성해질 수 있는 기반이 조성되었다. 그리고 조선 후기에 이르러 당진 지역과 직간접적으로 연결된 실학적 지식인에 의해 이용후생의 전통은 당진 지역에 굳건히 뿌리내리며 그 열매를 맺었다고 할 수 있다.

이렇듯 당진 지역 유학 전통 중 특기할 만한 이용후생의 면모를 현실화하는 데 적지 않은 영향을 끼친 송익필은 최근까지 일반인들은 물론 전문 연구자들의 시선에서 비켜나 있었다. 송익필은 생전에 신분적 한계와 소용돌이치는 정치적 혼란 속에서 비운의 생을 이끌어 갈 수밖에 없었고, 신분적 차별이 엄존했던 시대적 한계로 인해 그는 사후에도 온전한 평가를 받지 못하였다. 하지만 그의 사후에 단속적이기는 하였지만, 학파와 지역, 그리고 시간을 넘어 여러 학자로부터 높은 평가를 받았다는 점은 부인할 수 없다.[46]

---

46 일례로 庚戌國恥를 당하자 절명시를 남기고 목숨을 끊은 黃玹(1855~1910)은 「讀國朝諸家詩」를 통해 송익필의 시를 전재하였으며, 20세기 전반기 영남지역의 대표적인 유학자인 曺兢燮(1873~1933)은 송익필의 시를 차운하여 시를 짓기도 하였다.

송익필이 이룩한 성리학 및 예학 방면에서의 성취는 기호학파 학문의 연원으로 평가하기에 충분하며, 특히 그의 시와 문장에서 드러나는 풍격 등은 한국 한문학사의 기념비적인 성취에 해당한다고 할 수 있다. 그리고 당진 지역에 끼친 영향 또한 간과하기 어렵다고 하겠다.

이러한 점에 유의하여 다행스럽게 최근 송익필에 관해 전문 연구사들의 관심이 강화되고 있으며, 당진을 비롯하여 송익필과 관련한 여러 지역을 중심으로 일반인들의 관심도 높아지고 있다. 2015년 5월에는 '구봉송익필선생기념사업회'를 창립하여 문화관광부에 비영리단체로 등록하였고, 이 사업회는 2016년 전반기에 '구봉문화학술원'으로 명칭을 변경하고 학술 연구 및 문화 콘텐츠 개발 등 송익필과 관련한 다양한 사업에 착수하였다. 그리고 2016년부터 정기적으로 『구봉학술논총』을 발간하며 송익필에 관한 연구를 주도하고 있다.[47] 물론 당진 지역에서도 매년 송익필 추모 행사 등 다양한 행사를 거행하며 당진 지역에 깃든 그의 학문과 사상을 되새기고 있다.

최근에 구체화한 송익필에 대한 학계 및 일반인, 그리고 당진 지역에서의 관심이 향후 더욱 활발한 연구 및 교육 사업으로 이어지길 기대하며, 단순한 연구 사업 이외에 그와 관련한 다양한 문화 콘텐츠 개발이 활발히 이어지길 기대한다. 최근까지 회자되었던 '잊힌 유학자' 송익필이 아니라 앞으로는 '언제나 기억되는' 송익필로 거듭나길 기원하며, 특히 당진 지역의 정체성 확립 및 계승과 관련하여 이용후생의 도시로 거듭 태어나는 당진의 유학 전통과 관련해서도 송익필의 학문과 사상이 재해석되고 계승되길 희망한다.

---

47 현재까지 간행된 구봉학술논총은 『잊혀진 유학자 구봉 송익필의 학문과 사상』(책미래, 2016), 『구봉 송익필 학문, 기호 유학에서의 위상』(책미래, 2018), 『구봉 송익필의 학문적 지평』(책미래, 2020) 등이다. 최근에는 송익필과 관련한 소송 문제를 다룬 임상혁의 『나는 노비로소이다』, 『나는 선비로소이다』(역사비평사, 2020) 등이 간행되었다.

참고
문헌

『高麗史節要』
徐瀅修,『明皐全集』
宋時烈,『宋子大全』
宋翼弼,『龜峯集』
安敏學,『楓崖先生集』
尹鳳九,『屛溪先生集』
李景奭,『白軒先生集』
李肯翊,『燃藜室記述』
趙光祖,『靜菴先生續集附錄』
蔡濟恭,『樊巖先生集』
洪直弼,『梅山先生文集』
唐津鄕校,『唐津鄕校誌』, 1993.
沔川鄕校,『沔川鄕校誌』, 2000.
민족문화추진위원회 편,『(國譯) 新增東國輿地勝覽』, 민족문화추진위원회, 1971.
金友哲 譯,『輿地圖書』11(「忠淸道」 IV), 흐름, 2009.

강현모, 「김복선 설화의 연구」, 『한국언어문화』 50, 2013.
구봉문화학술원, 『구봉 송익필 학문, 기호유학에서의 위상』, 책미래, 2018.
구수영, 「안민학의 애도문 攷」, 『百濟研究』 10, 1979.
金祥起, 「桃湖義塾과 大湖芝 3·1운동」, 『사학연구』 90, 2008.
김창경, 「구봉 송익필 학문의 전북지역 유학 발전 영향에 관한 연구」, 『한국사상과 문화』
    100, 2019.
김창경, 「구봉 송익필의 도학사상 연구」, 충남대 대학원 박사학위논문, 2011.
박학래, 「구봉 송익필에 관한 연구 현황과 과제」, 『유학연구』 36, 2016.
이상구·이재화·변형우, 「安鍾和의 〈數學節要〉에 대한 고찰」, 『수학교육논문집』 25-4,
    2011.
이영자, 「구봉 송익필의 경세사상」, 『한국철학논집』 59, 2018.
황의동, 「湖西儒學의 展開樣相과 特性」, 『南冥學研究』 16, 2003.

디지털당진문화대전(http://dangjin.grandculture.net/)
조선왕조실록(http://sillok.history.go.kr/)
한국고전종합DB(https://db.itkc.or.kr/)

면천 군수 박지원의
목민 활동

김문식

—

단국대학교 사학과 교수

1. 박지원의 면천 군수 부임

박지원(朴趾源, 1737-1805)은 1797년(정조 21) 7월부터 1800년 8월까지 3년 동안 충청도 면천 군수로 근무하였다. 이보다 앞서 박지원은 1780년(정조 4)에 청나라 북경과 열하를 여행하고 『열하일기(熱河日記)』를 저술하면서, 청의 발달된 문물을 도입하여 조선의 부국강병을 이루자는 북학사상을 표출하였다. 이후 그는 연암협에서 은거 생활을 하다가 1786년(정조 10)에 음직(蔭職)으로 관리 생활을 시작하였고, 1792년에 안의 현감(安義縣監), 1797년에 면천 군수(沔川郡守), 1800년에 양양 부사(襄陽府使)로 근무하였다. 박지원은 1786년에 종9품의 선공감 감역(監役)으로 벼슬길을 시작하여, 1801년 봄에 양양 부사를 끝으로 벼슬길에서 물러났으므로 총 15년 동안 현직 관리로 있었다. 그리고 박지원의 관리 생활 중 대부분은 지방관이었다.

박지원은 정조 말년의 3년 동안 면천 군수로 근무하면서 다양한 목민 활동을 전개하였다. 박지원은 제대로 된 고문(古文)을 지어 올리라는 정조의 명령에 호응하여 이방익 표류기를 지었고, 면천의 천주교인을 충효의 논리로 설득시켜 천주교에서 빠져나오게 하였다. 또한 그는 면천군의 환경을 정비하고 정리곡(整理穀)의 관리를 철저히 하였으며, 이곳에서 목민서인 「칠사고(七事考)」와 농서인 『과농소초(課農小抄)』를 저술하였다.

이하에서는 면천 군수 박지원의 다양한 활동을 차례로 소개한다.

2. 이방익 표류기의 저술

박지원은 면천군에 부임하자마자 이방익(李邦翼)의 표류기를 저술하였다. 이방익은 1796년 9월에 제주도 앞바다에서 표류하여 대만까지 갔다가 청의 하문(廈門)과 북경을 기쳐 1797년 윤6월에 조선으로 귀환한 무반 하급 관리였다. 정조는 윤6월 21일에 고국으로 돌아온 이방익을 직접 만나 대화를 나누었다. 정조는 이방익에게 그가 목격하였던 이국(異國)의 모습을 상세히 진술하라고 지시하였고, 이방익은 자신이 기록한 메모를 봐 가면서 목격담을 들려주었다. 정조는 중국의 강남 지역을 여행한 이방익의 이야기를 듣고 크게 흥미를 느꼈으며, 그를 전라도 중군(中軍)에 임명해 주었다.

정조는 1797년 7월 초에 박지원을 면천 군수로 임명하였다. 이때 박지원은 경종의 능인 의릉(懿陵)의 령(令)으로 있다가 개성의 연암협에서 머물고 있었다. 박지원이 면천에 부임하기에 앞서 하직 인사를 올리자, 정조는 그에게 이방익의 이야기를 해 주면서 그의 여행에 관한 글을 지어 올리라고 명령하였다.

다음은 정조가 박지원을 면천 군수로 임명하면서 나눈 대화이다.

> 정조: "내가 지난번에 문체(文體)를 고치라고 하였는데 과연 고쳤느냐?"
> 박지원: "성스러운 분부에 황공하여 아뢰지 못하옵니다."
> 정조: "내가 최근에 좋은 글감을 하나 얻었다. 너에게 좋은 글 한 편을 짓게 하려고 한 것이 오래다."
> (제주 사람 이방익이 바다에 표류한 일의 전말을 자세히 들려주고)
> 정조: "잘 들었느냐? 내가 이방익과 나눈 말을 기록한 초고가 그날 입시한 승지한테 있을 것이다. 그것을 면천에 내려 보내도록 하겠으니 너는 한

가할 때 좋은 글을 지어 바치도록 하라."[1]

박지원이 충청도 면천에 도착한 것은 7월 15일이었다. 박지원은 둘째 아들인 박종채(朴宗采)에게 편지를 보내 박제가(朴齊家)와 유득공(柳得恭)에게 이방익에 관한 글을 쓰는 데 참고가 될 만한 자료를 조사하고 초고까지 작성해 달라고 부탁하였다. 같은 날 박지원은 처남 이재성(李在誠)에게도 편지를 보내어, 이방익이 지나간 길의 이름과 지역 이름을 알기 위해 『청일통지(淸一統志)』와 그 밖의 기록을 검토해 달라고 부탁하였다.

면천 군수 박지원은 이방익의 표류기를 완성하였다. 현재 『연암집(燕巖集)』에 수록된 「서이방익사(書李邦翼事)」가 그것이다.[2] 박지원의 이 글은 도입부와 본론, 결말부로 구분하여 볼 수 있다.

먼저 도입부에서는 이방익이 제주도에서 표류하여 서울로 귀환한 사실과 정조를 면담한 사실, 정조가 박지원에게 이방익에 관한 글을 짓도록 명령한 사실을 기록하였다. 그리고 이방익의 부친인 이광빈(李光彬)이 일본에 표류한 사실도 언급하며, 제주도 사람들이 외국에 표류한 역사가 오래되었음을 언급하였다.

본론은 총 11개 단락이며, '방익주왈(邦翼奏曰)'로 시작하는 이방익이 정조에게 한 진술과 '안(按)'으로 시작하는 박지원의 지리 고증으로 구성되어 있다. 박지원의 지리 고증을 보면 그가 당시 청나라 지리에 매우 해박한 지식을 가지고 있었음이 잘 드러난다. 그는 대만부(臺灣府)와 팽호도(澎湖島)의 역사를 잘 알고 있었고, 특히 1624년부터 1662년까지 네덜란드가 대만을 지

1   박종채 지음, 박희병 역, 『나의 아버지 박지원』, 돌베개, 1998, 129~130쪽.
2   『燕巖集』 권6, 別集, 書事, 「書李邦翼事」[沔川郡守臣朴趾源奉教撰進].

배하면서 곳곳에 방어 시설을 구축하였음을 언급하였다. 박지원이 대만 사정을 알 수 있었던 것은, 박제가가 소장한 『설령(說鈴)』에 수록된 청나라 임겸광(林謙光)의 『대만기략(臺灣紀略)』이나 이기광(李麒光)의 『대만잡기(臺灣雜記)』를 보았기 때문이다.

이방익의 지리 고증에서 가상 효과를 발휘한 부분은 이방익이 이동한 경로를 볼 때 그가 동정호(洞庭湖)와 악양루(岳陽樓)를 방문할 수 없었음을 논증한 부분이다. 이방익은 정조에게 자신이 다녀온 지역을 말하면서 호남성 장사(長沙)에 있는 동정호와 악양루를 보았다고 진술하였다. 그러나 박지원은 이방익이 본 것은 장사의 동정호가 아니라 소주(蘇州)의 태호(太湖)임을 논증하였다.

> 지금 이방익이 창문(閶門, 蘇州의 성문)에서 옷을 털고 태호에서 갓끈을 씻을 수는 있지만 그가 악양루를 보았다는 것은 꿈 이야기를 하는 것 같습니다. 태호는 '동동정(東洞庭)'이란 별명을 가지고 있고, 태호 속에는 포산(包山)이 있는데 이를 또 '동정산(洞庭山)'이라 불렀습니다. 이 '동정'이라는 이름 때문에 악양성(岳州省) 서문루(西門樓, 岳陽樓)의 이름까지 함부로 들먹였으니 너무 큰 차이가 있습니다. 이제 태호와 관련된 기록들을 부기하여 그가 근거 없이 한 이야기를 논파하려고 합니다.[3]

이를 보면 이방익은 소주의 태호를 방문하였는데, 그곳에 동동정(東洞庭)이니 동정산(洞庭山)이니 하는 지명이 있어 이를 동정호라 생각하고 그곳에 있는 누각을 악양루라 하였다는 것이다. 박지원이 논증한 대로 악양루와 동

---

3 『燕巖集』 권6, 別集, 書事, 「書李邦翼事」.

정호는 호남성 장사(長沙)에 있으며, 이방익은 이곳을 방문하지 않았다.

　결말부는 정조가 이방익을 전라도 중군에 임명한 사실과 임진왜란 때 노인(魯認)이 일본으로 잡혀갔다가 도망쳤고 중국을 거쳐 고국으로 귀환한 일을 언급하였다. 그러면서 박지원은 이방익이 노인 이후 가장 먼 지역을 돌아본 사람이며, 당시 청나라의 정세가 매우 안정되어 있는 상황임을 언급하였다. 이방익이 대만에서 청나라 본토로 넘어가 그 내지를 편안하게 여행하면서 조선으로 귀환한 것을 보면, 청나라의 국내 정세가 안정되었음을 알 수 있다는 판단에서였다.

　사대부들은 중화를 높이고 오랑캐를 배척하는 춘추 의리에 엄격하다. 그래서 걸핏하면 중국에 변란이 있다고 생각하고, 변방의 백성들은 소요를 일으키기 좋아한다고 생각하여, 늘 묘족(苗族)과 남만(南蠻)이 강남의 길을 끊어 막은 것으로 의심하곤 한다. 이번에 이방익은 바다에 표류하여 민(閩, 호남성), 월(越, 절강성)을 거쳐서 왔지만 만 리의 길이 전혀 막히지 않았다. 그래서 중국이 안정되고 조용하다는 사실을 증명할 수 있고, 우리나라 사람들의 의심을 통쾌하게 깨뜨렸으니, 그 공이 보통의 사신보다 훨씬 낫다고 할 수 있다.[4]

박지원은 중국의 강남 지역을 여행한 경험이 전혀 없는 사람이다. 그는 조선에서 압록강을 건너 북경까지 갔다가 열하 지역을 둘러보고 온 사람이었다. 그러나 조선의 사대부들은 강남 지역을 노래하는 한시를 줄줄 외웠고

4　박지원 저, 정민·박철상 역, 「『燕巖先生書簡帖』 脫草 원문 및 역주」, 『大東漢文學』 22, 2005, 382~383쪽.

여러 형태의 그림을 통해 강남 지역의 경치를 구경할 수도 있었다. 그러나 이방익처럼 이례적인 경우가 아니라면 중국의 강남은 누구도 방문할 수 없는 지역이었다. 그런데 박지원은 문헌 자료를 바탕으로 한 지리 고증을 통해 현장을 직접 방문하였던 이방익의 오류를 밝혔고, 조선 사람들이 청나라를 부정적으로만 보려는 경향 때문에 국제 정세를 제대로 파악하지 못하는 한계가 있음을 지적하였다.

　면천 군수 박지원이 저술한 「서이방익사」는 그가 가진 중국의 지리 정보와 엄밀한 실증 정신이 잘 나타나는 글이다.

3. 천주교인에 대한 설득

　박지원이 면천 군수로 부임할 무렵 충청도 일대에는 천주교가 널리 퍼져 있었다. 충청도의 내포 지역은 권일신(權日身)에게 천주교 교리를 배운 이존창(李存昌)이 활동한 무대였다. 1790년에 충청 관찰사로 부임한 박종악(朴宗岳)은 정조에게 면천, 당진, 천안, 아산, 예산, 대흥 일대에는 천주교인이 매우 많다고 보고하였다.[5]

　정조는 박지원을 면천 군수로 임명하면서 그의 부임지에 천주교가 성행하고 있음을 잘 알고 있었다. 정조가 박지원을 면천으로 보낸 것은 천주교인에게 적절한 조치를 하도록 기대한 때문이었다. 다음은 박지원의 아들인 박종채(朴宗采)의 기록이다.

5　박종악 저, 신익철 · 권오영 · 김문식 · 장유승 역해, 『수기-정조의 물음에 답하는 박종악의 서신』, 한국학중앙연구원 출판부, 2016, 76~84쪽.

이때 서양의 천주교가 팔도에 크게 번져 성 안의 집집마다 물들어 실로 큰 걱정거리였다. 아버지가 면천 군수에 임명되자 여러 관아를 돌며 인사를 다니다가 비변사 제조 남공철(南公轍)을 찾았다. 남공(南公)은 조용히 다음과 같이 말하였다. "이번에 면천 군수에 임명되신 것은 국왕의 뜻입니다. 부임하시면 책임이 작지 않을 것입니다."

아버지가 놀라 그 까닭을 물으니, 남공은 한참 생각하다가 이렇게 말하였다. "가 보시면 알게 될 것입니다."

(면천에) 부임해 보니 고을의 병폐나 백성들이 겪는 어려움은 그다지 다스리기 어렵지 않았다. 다만 사교(邪敎, 천주교)가 성행하여 물들지 않은 마을이 없었다. 사교를 믿는 것이 적발되면 감영과 병영에서는 즉시 죄를 물어 다스렸다. 어리석고 무식한 백성들은 절의(節義)를 지키는 것이라 생각하여 죽을 때까지 불복하고, 설사 사형에 처하더라도 후회하지 않았다.

아버지는 "이는 불가(不可)하다. 형벌만을 앞세워서는 안 된다."라고 하셨다.[6]

박지원은 천주교인을 적발하면 바로 형벌을 가하여 처벌하기보다 차분하게 논리로 설득시켜 천주교에서 빠져나오게 하는 방법을 사용하였다. 이 무렵 정조는 천주교에 대한 대응책으로 '인기인(人其人) 화기서(火其書)'를 강조하였다. 그 사람을 교화시켜 바른 사람으로 만들고 천주교 서적은 불태운다는 방식이었다. 정조는 백성들에게 정학(正學)인 성리학을 가르쳐 바른 도리를 알게 하면, 사학(邪學)인 천주교에서 빠져나오게 할 수 있다고 생각했다. 박지원도 정조와 마찬가지로 백성들을 교화시켜 천주교에서 빠져나오

---

6   박종채 지음, 『나의 아버지 박지원』, 130~131쪽.

게 하는 방법을 사용하였다.[7]

박지원이 면천군에서 천주교인을 교화시키는 방법에 대해 박종채는 다음과 같이 기록하였다. 박지원은 천주교인에게 유학에서 중시하는 부모와의 인륜과 은혜를 천주교가 실천하지 못한다고 설득하였다.

> 아버지는 누가 사학(邪學, 천주교)을 믿는다는 보고를 받으면 즉시 적발하여 관아의 종으로 붙들어 두고 매일 밤 업무를 마친 후에 한두 명을 불러다가 반복하여 깨우쳤다. 반드시 부모의 천륜(天倫)과 은혜가 중요하다는 것부터 말하여, 그들이 믿는 사교(邪敎)가 천륜을 거역하고 윤리를 거스르는 까닭을 밝히면서 알아듣도록 자상하게 설명하셨다. 말씀하시는 내용은 많을 경우 10여 조목이나 되었다. 이렇게 하자 자신이 간직하고 있던 천주교 관련 책자나 예수의 초상을 스스로 가지고 와서 바친 사람이 30여 명이나 되었는데, 모두 마을에서 행세하며 사교를 전파하던 자들이었다. 아버지는 이들을 흩어서 여기저기 다니며 그 무리들을 깨우치게 하셨다. 그리고 그들이 버린 책자와 초상은 반드시 장이 서는 날 백성들이 모일 때 아버지께서 직접 면천읍성의 남쪽 문루에 올라가 백성들에게 유시(諭示)한 후 불태우셨다.[8]

박지원은 면천군 범천면에 사는 천주교도 김필군(金必軍)도 그런 방식으로 다스렸다. 박지원이 면천에 부임하였을 때 김필군은 도망갔다가 얼마 후 집으로 돌아왔다. 박지원이 그를 부르자 김필군은 스스로 관아로 나와서 천

---

7 김동석, 「면천군수 박지원의 활동과 체험」, 『淵民學志』 25, 2016, 189~195쪽.
8 박종채 지음, 『나의 아버지 박지원』, 132쪽.

주교 서적을 바쳤고, 박지원은 면천 장날에 여러 사람이 보는 앞에서 그 책을 불태워 버리라고 명령하고 풀어 주었다. 박지원은 이 사건을 충청감영에 보고하였다. 그런데 충청도 병영(兵營)에서 자기들을 경유하지 않고 바로 감영에 보고하였다고 유감을 표시하고, 김필군을 다시 붙잡아 놓고 병영에서 체포한 것처럼 조서를 꾸미는 일이 발생하였다. 이는 천주교인을 형벌로 다스리는 것으로, 정조의 정책과도 다른 조치였다. 박지원은 충청 관찰사 이태영(李泰永)에게 편지를 보내 병영의 처사에 대해 강력하게 항의하였다. 천주교인에게는 형벌보다 교화가 필요하다는 논리였다.

  일찍이 듣건대, 이자들은 여러 해 동안 타일러도 듣지 않고, 무릇 암행어사가 행차할 때나 감사가 순시할 때에 여러 번 잡아다가 곤장을 치고 형벌을 주며, 옥으로 옮겨 가두곤 하였으나 자복(自服)하지 않았습니다. 이전의 수령들이 그들을 도례(徒隷)의 역(役)에 충당하고 그 처자식까지 잡아다가 구속하였습니다. 더러는 교졸(校卒)을 많이 풀어 불시에 집을 에워싸고 수색하여 항아리 속을 뒤지고 상자까지 털었어도 종이 한 조각도 발견하지 못하였다고 합니다. 그들이 깊이 감추어 드러나지 않는 것은 이로 미루어 알수 있는데, 저들이 자진해서 바치지 않았으면 어떻게 관청의 뜰에 그 물건이 굴러와 있겠습니까?
  백성을 감화시켜 좋은 풍속을 만드는 방법은 지극한 정성과 거짓 없음을 부지런히 보여주어도 항상 그들을 깊은 믿음으로 감동시키지 못할까 걱정입니다. 지금은 도리어 이와 정반대로 사납게 금지시키는 것으로 공적을 세우고자 하여, 먼저 스스로 어리석은 백성에게 위신을 손상당하면 과연 그 사리와 체면이 어떻게 되겠습니까? 이런 자가 과연 미혹함을 깨닫고 마음을 고쳐서 책자를 바치고 양민으로 돌아온다면, 국가로 보면 평민 한 명을 얻는 것에 불과합니다. 만약 그렇지 못한다면, 죽여 없애서 이 고을에서 착한 사람들이 물들어 변하지 않도록 하는 것은 옛날 형정(刑政)의 한 가지 일에 불과합니다. 만약 그 죄상을 찾아냈다면 이른바 '불쌍히 여겨야지 기뻐하지 말라.'에 해당할 따름입니다. 지금 백성들이 천주교도가 되는 것을 금지하려 하면서, 먼서 성실하지 못한 것을 보인다면 될 법이나 한 일이겠습니까?[9]

지금 그들을 죽여 없애고자 해도 그 무리가 실로 많으니, 이는 물이 새어서 물건을 실을 수 없는 배를 호수나 바다에 띄운 격이라 어떻게 할 수가 없는 것입니다. 무릇 임금의 통치를 돕고 백성을 키우는 반열에 있는 자는 누군들 임금의 교화를 받들어 선포하는 직분을 맡고 있지 않겠습니까? 자기 몸을 바르게 하여 백성을 인도함으로써 스스로 지주(砥柱)가 되어, 임금께서 질(秩)·서(敍)·명(命)·토(討)를 하게 된 까닭과 천주교의 피(詖)·음(淫)·사(邪)·둔(遁)한 말이 진실과 다른 바를 빨리 밝혀서, 전부터 물들었거나 새로 퍼져 가는 나쁜 풍속이 밝은 등불과 촛불 같은 임금의 교화 아래에서 저절로 사라지고, 허공을 거쳐 간 구름인 양 자취가 없게 하는 것이 상책(上策)입니다.[10]

천주교인에게 바른 학문과 도리를 가르쳐 천주교에서 빠져나오게 한다는 박지원의 방식은 면천군의 백성들에게 신유박해를 피해 가게 만들었다. 천주교인에게 형벌을 가하지 않고 교화를 시켰기 때문에 얼마 후 신유박해

---

9   『燕巖集』 권2, 煙湘閣選本, 「上巡使書」.
10   『燕巖集』 권2, 煙湘閣選本, 「答巡使書」.

가 일어났을 때 면천군에서는 피해자가 나오지 않은 것이다. 다음은 박지원의 아들인 박종간(朴宗侃)의 글이다.

> 당시 면천에는 사학(邪學)에 물든 자가 많았다. 아버지는 이들을 가엽게 생각하여 듣는 대로 적발해서 관아의 천역(賤役)에 매어 놓고, 매양 공무가 끝나면 한두 사람을 불러 놓고 반복하여 타일렀다. 형벌을 쓰지 않아도 모두 감복하고 깨달아 바른 길로 돌아오게 되었고, 그중에는 후회하고 한탄하여 눈물을 흘리는 자까지 있었다. 급기야 신유년(1801)에 큰 옥사가 일어났지만, 면천 경내에는 편안하여 아무 일이 없었다. 그 당시 깨우치도록 타이른 여러 조문들은 그때마다 친필로 일기에 기록하였는데, 명백하고 깊이 깨달은 내용이라 어리석은 백성들이 깨우치기 쉽게 되었다. 지금은 유실되어 부록으로 싣지 못하니 몹시 애석하다. 아들 종간(宗侃)이 삼가 쓰다.[11]

박지원은 면천군의 천주교인들을 유학의 도리로 설득시켜 신유박해의 피해를 피해 갈 수 있게 하였다.

4. 면천군의 환경 정비와 정리곡 관리

박지원은 지방관으로 부임하는 곳마다 현지의 생활환경을 정비하였다. 박지원은 인의 현감으로 근무하면서 현지에 제방을 쌓아 수해를 예방하였고, 수차(水車)·베틀·물레방아를 제작하여 이용후생에 힘을 썼다. 그리고 하풍죽로당(荷風竹露堂)·연상각(煙湘閣)·공작관(孔雀館)·백척오동각(百尺梧

---

11 『燕巖集』 권2, 煙湘閣選本, 「答巡使書」.

桐閣)과 같은 중국식 벽돌 건물을 지었다. 하풍죽로당은 원래 오물이 덮인 더러운 곳이었는데, 연꽃 향기가 바람에 날리고 대숲에 이슬이 맑은 집으로 바뀌었다. 또한 안의의 객관(客館)이던 백척오동각은 풀과 넝쿨이 뒤덮여 뱀이 우글거리던 곳이었는데, 계단을 새로 만들고, 건물의 기둥과 난간을 교체하며, 건물 앞에 못을 파서 연꽃을 심고 불고기를 넣어 지역의 명소로 만들었다. 박지원은 『열하일기(熱河日記)』를 저술하면서 중국의 벽돌집에 큰 관심을 가졌는데, 자신의 근무지인 안의에 벽돌집을 지어 현지 사람들에게 그 실용성을 확인시켜 주었다.[12]

박지원은 면천 군수로 부임하여서도 현지의 환경을 정비하였다. 그는 면천군의 남쪽에 있는 양제(羊堤)라는 제방을 새로 수축하였다. 이곳은 면천군으로 흘러드는 물을 가두어 많은 농토에서 사용하는 것으로, 매년 제방을 손질하였지만 장마를 겪으면 허물어져 큰 피해가 생기는 상황이었다. 박지원은 면천군에 부임한 초기에 원래의 수로를 막고 바위가 많은 쪽으로 새 수로를 내었으며, 바위를 뚫어 수문으로 만들어 장마철에 제방이 무너지는 일이 없게 하였다.

박지원은 면천읍성 동쪽의 향교 앞에 버려진 연못을 정비하고 못 가운데에 건곤일초정(乾坤一草亭)이란 정자를 세웠다. 이 연못은 사방 100보 정도가 되었는데, 오랫동안 황폐해져서 물을 가둘 수가 없었다. 박지원이 면천 백성들을 모집하여 연못을 준설하고 도랑물이 이곳으로 흘러들게 하였다. 그리고 연못 가운데에 돌을 쌓아 작은 섬을 만들고, 6각의 초정(草亭)인 건곤일초정을 만들었다. 이는 두보(杜甫)의 시에서 따온 이름이었다. 박지원은 이 연못에 부교(浮橋)를 놓아 정자에 이르게 하였고, 연못 주위에는 수양버

---

12 이종묵, 「은거의 땅 연암협, 실학의 땅 안의」, 『咸陽文化』 6, 함양문화원, 2005, 191~197쪽.

들·복숭아나무·살구나무를 심었다. 박지원이 정비한 연못 아래에는 많은 농토가 있었고, 매년 이 연못에 모인 물을 사용하여 가뭄을 걱정하지 않게 되었다.

박지원은 연못을 정비하고 정자를 세운 다음 충청 관찰사에게 '취옹희우우사정(醉翁喜雨又斯亭)' 일곱 글자를 써 달라고 부탁하였다. 글씨와 함께 현판을 새기고 단청도 해 달라고 당부하는 편지였다. 박지원은 이곳이 충청도의 명소가 될 것이라 장담하였다.

면천읍성의 동쪽, 향교 앞에 둘레가 1,056척(尺)이 되는 버려진 제방이 있으며, 둑 아래에 물을 받아 농사를 지을 수 있는 땅이 20여 석(石, 마지기)이 됩니다. 해가 오래되어 메워져서 둑 안에는 말 무덤[馬塚]이 여러 개 있고, 가시덩굴이 무성하여 뱀이나 벌레가 많습니다. 봄에 시원스레 파내고 말 무덤을 모두 제거하며, 가운데에 조그마한 대(臺)를 쌓고 대 위에다 초가지붕을 씌운 육면의 정자를 세우고, 세 개의 수문(水門)이 있는 긴 다리를 만들어 북쪽의 둑에 연결시켰습니다. 구름과 물은 아득한데 줄지은 봉우리가 멀리 잠겨 있고, 평탄한 들판은 아스라이 넓으니, 달빛 아래에 배를 띄우거나 난간에 기대어 낚시를 드리우곤 합니다. 그 구조와 배치는 빈약하고 검소함을 벗어나지 못하였으나 경물(景物)과 풍치는 옛사람에 뒤지지 않을 만합니다. 옛날에 정자 이름을 지은 사람은 창백한 얼굴에 흰머리를 하고 조금만 마셔도 문득 취한다 하여 '취옹정(醉翁亭)'이라 하였고, 사흘 동안 큰비가 내린 후 나의 정자가 이루어졌다고 하여 '희우정(喜雨亭)'이라고도 하였습니다. 지금 이 건물은 실로 두 가지 일을 겸하였으므로, 드디어 이름 짓기를 '취옹희우우사정(醉翁喜雨又斯亭)'이라 하였습니다. (중략) 이에 감히 분수에 넘치는 망령된 짓임을 잊고 이 일곱 글자를 손바닥만 한 크기로 써 주시기를 청하니, 비루하게 여기지 않으신다면 호서(湖西, 충청도)의 대단한 볼거리가 될 것이 틀림없습니다. 다만 하읍(下邑, 면천군)에는 각수(刻手)가 없을 뿐 아니라 화공(畵工)도 얻기 어려우니, 빨리 각수에게 맡겨 새기고 화공을 시켜 대충 단청을 하여 정자를 완성할 수 있게 해 주시면 이보다 다행이 없겠습니다.[13]

박지원은 면천군에 배당된 정리곡(整理穀)을 별도로 관리하여 정조의 인정을 받았다. 정리곡은 1795년에 정조가 화성 행차를 위해 마련한 10만 3천 냥(兩) 중에서 행차 비용을 쓰고 남은 2만 냥으로 만든 것이다. 정조는 이 정리곡을 전국에 나눠 줌으로써 혜경궁(惠慶宮)의 은혜가 전국의 백성들에게 미쳐 가게 하겠다고 생각하였다. 그러나 정조의 이러한 의지는 제대로 실행되지 못하였다. 정리곡을 배당받은 지방관아에서 이를 특별하게 관리하여 정조의 의지를 실천한 것이 아니라 기존에 사용하던 환곡(還穀)에 포함시켜 백성들에게 부담만 가중시켰기 때문이다. 지방의 아전들은 대부분 정리곡을 다른 곡식과 뒤섞어 관리하고 중간에 농간을 부림으로써 부정한 이익을 내고 있었다.

박지원이 부임한 면천군에서도 사정은 비슷하였다. 박지원은 관아의 곡식 장부를 점검하다가 '정리곡'이란 이름을 발견하고, 이를 다른 환곡과 함께 보관하고 출납도 같이 하는 상황을 확인하였다. 이에 박지원은 면천군에서 관리하는 정리곡을 모두 찾아내고, 쌀의 분량을 다시 확인한 다음 별도의 창고를 내어 보관하며, '정리곡고(整理穀庫)'라는 현판을 새겨 창고의 문에 걸게 하였다. 바로 그다음 날 한밤중에 정리곡의 현황을 조사하라는 정

---

13 『燕巖集』 권3, 孔雀館文稿, 「答巡使書」.

조의 명령을 받은 적간사(摘奸使)가 면천군에 내려왔다. 적간사는 곧장 횃불을 들고 창고로 가서 정리곡의 실태를 조사하였고, 그 결과 면천군에서는 아무 문제가 발견되지 않았다. 적간사는 다른 고을로 가서 부정을 적발하였고, 충청도 내에서 몇 고을의 수령들이 처벌을 받았고, 관리 실무를 맡았던 아전들도 모두 처벌을 받았다. 그리고 정조는 정리곡을 모두 폐지해 버렸다.[14] 박지원의 철저한 재정 관리는 목민서인 「칠사고(七事考)」를 편찬하는 것으로 이어졌다.

5. 목민서 「칠사고」의 편찬

박지원은 면천 군수로 근무하면서 『면양잡록(沔陽雜錄)』이란 책자를 저술하였다. 이는 '면천 군수로 근무할 때 작성한 잡다한 기록'이라는 뜻이다. 박지원은 면천 군수로 부임한 직후 공책 몇 권을 만들어 비슷한 성격의 글을 분류하여 기록하였다. 『면양잡록』은 현재 총 6책(2, 3, 4, 6, 7, 8책)이 남아있으며, 판심의 하단에 '연암산방(燕巖山房)'이라 새겨진 원고지를 사용한 가장본(家藏本)이다. 그리고 『면양잡록』의 제6책 후반부와 제7책에 「칠사고(七事考)」가 수록되어 있다.

「칠사고(七事考)」의 '칠사(七事)'는 수령칠사(守令七事)에서 나왔으므로 칠사고란 '수령이 해야 할 일을 고찰하는 서적'이라는 뜻이다. 이는 박지원이 편집한 목민서(牧民書)이다. 이 책의 성격을 '편집'이라 하는 이유는 박지원이 첫째 면에 '칠사고(七事考) 편집(編輯)'이라 기록하였고, 여러 서적에서 목민에 관련된 내용을 초록하여 본문을 구성한 것이 확인되기 때문이다. 「칠

14 박종채 지음, 『나의 아버지 박지원』, 134~135쪽.

사고(七事考)」의 목차는 총 29항목, 190조, 114세목(細目)으로 구성되며, 29 항목에서는 간활식(奸猾息, 교활한 행동을 중지시킨다)·임민정요(臨民政要, 백성에게 임하는 정사의 요점)·청송(聽訟, 송사 듣기)·오가통사목(五家統事目, 다섯 집을 1통으로 만드는 조목)·군정(軍政)이 큰 비중을 차지한다.

「칠사고(七事考)」의 본문은 박지원이 기왕에 나온 목민서를 읽으면서 초록한 것이 대부분이며, 특히 18세기에 작성된『목민고(牧民攷)』를 많이 참고하였다. 그러나 「칠사고(七事考)」를 박지원의 저작으로 보는 이유는 이 책의 성격을『과농소초(課農小抄)』와 같은 '편집'으로 보았고, 본문에 자신의 의지와 경험을 반영하였기 때문이다. 박지원은 지방의 토호(土豪)들이 면임(面任)과 결탁하여 환곡을 받아먹고 도망자로 처리하는 폐단을 언급하면서, 자신이 안의 현감으로 근무하던 시절의 경험을 소개하였다.

박지원은 이 책을 사대부 출신의 수령을 위한 지침서로 작성하였다. 그는 마음을 보존하고 만물을 사랑하는 군자(君子)가 수령이 되어 백성을 다스리는 것은 국가의 근본을 바르게 하고 국왕을 돕는 행위로 보았다. 그는 수령이라면 법을 지키고 본래의 모습을 유지하며, 청렴한 관리가 되고 사대부로서의 품위도 유지해야 한다고 보았다. 그리고 수령은 양반과 소민(小民) 사이에 이해가 충돌하면 공정하게 처리해야 하지만 상하 명분을 유지하는 일도 중요하다고 생각하였다. 박지원은 사족의 지위를 중시하는 사족 출신의 관리였던 것이다.

다음으로 박지원은 수령이 각종 공문서를 철저히 관리하고 재화의 이동은 업무상 관련 있는 사람들이 공동으로 감독하라고 하였다. 그는 수령으로 부임하면 관할 지역을 총괄적으로 파악할 수 있는 지도와 지리지가 필요하다고 지적하며, 전직 서리나 현직 서리를 만나 현지의 상황을 정확하게 파악하라고 하였다. 또한 그는 호적을 작성할 때에는 각 면의 문서들을 미리

거둬들인 후 풍헌(風憲)이 각 리(里)의 대표자를 데리고 와서 경작 상황을 기록하게 하였고, 대동미와 환곡의 관리는 복수의 문서를 작성하여 공동으로 관리하게 하였다. 또한 소송에 관한 문서는 통인(通引)이 관리하되 수령도 별도의 공책을 만들어 소송 사건의 처리 경과를 일일이 기록하면서 관리하게 하였다.

박지원은 환곡과 군정의 운영은 향촌의 기본 단위인 통(統)과 리(里)를 기준으로 하게 하였다. 그는 대동미나 환곡의 운영은 국가 경영이나 수령의 신상에 큰 영향을 미치므로, 반드시 10호(戶) 내외로 구성되는 통을 단위로 하고 그 운영은 통수(統帥)가 주관하게 하였다. 통보다 규모가 큰 리(里)나 면(面)을 단위로 하면 구성원의 실상을 모두 파악하기가 어렵다고 생각하였기 때문이다. 반면에 군정의 운영은 리를 단위로 하고 그 운영은 이임(里任)이 담당하게 하여, 이웃 사람에게 군역을 부담하게 하는 족징(族徵)의 폐단을 막으려 하였다.

마지막으로 박지원은 농사에서 수리(水利)를 중시하며 서양의 수차(水車) 제도를 도입하자고 제안하였다. 그는 서양의 수차는 간편하면서 사용하기 쉬우므로 재주가 뛰어난 장인에게 그 제도를 강구하여 제작하게 하자고 제안하였다. 그는 1612년 북경에서 간행된 우르시스(熊三拔)의 『태서수법(泰西水法)』을 거론하며, 이 책에 수록된 5종의 수차를 농가의 중요한 기구라고 평가하였다.

「칠사고(七事考)」는 박지원에게 목민관의 면모가 있었음을 잘 보여주는 자료이다. 박지원은 면천 군수로 근무하면서 관할 지역에 거주하는 백성들의 삶을 개선하기 위해 오랫동안 축적해 온 실용적 지식을 활용하였다. 「칠사고(七事考)」는 면천 군수 박지원의 실용적 지식이 잘 반영된 18세기 말의

목민서이다.[15]

6. 『과농소초』「한민명전의」의 저술

정조는 1798년 11월 30일에 「권농정구농서윤음(勸農政求農書綸音)」을 반
포하였다. 정조는 전국 팔도에 농정(農政)을 권하고 농서(農書)를 구하면서,
이를 기반으로 한 농서대전(農書大全)을 편찬하겠다고 밝혔다. 정조가 매
년 새해가 되면 반포하던 권농윤음을 1798년 연말에 미리 반포한 것은 특별
한 의미가 있었다. 1799년 새해가 되면 영조가 적전(籍田)에 나가 친경례(親
耕禮)를 거행하면서 권농의 모범을 보인 지 60주년이 되는 해였기 때문이었
다. 정조는 이를 통해 선왕인 영조의 행적을 드러내고 권농도 하겠다는 의
지를 보였다.

정조는 이 윤음을 주자소(鑄字所)에서 정리자(整理字)로 인쇄하여 배포하
라고 명령하였다. 국왕의 윤음을 일일이 베껴 전국의 군현에 배포하려면 시
일이 많이 걸릴 것으로 생각하였기 때문이다. 또한 이 윤음은 한글로도 작
성하여 백성들이 쉽게 읽고 내용을 파악할 수 있게 하였다.

정조는 이 윤음에서 수리(水利)를 진흥시키고, 토질에 적합한 종자를 경작
하며, 농기구를 개선해야 한다고 강조하였다. 수리 시설을 정비하고 그 관
리를 개선하며, 각 지역의 특성에 적합한 작물을 경작하고 경작 조건을 개
선하며, 농기구를 개량하여 생산성을 늘리려는 취지에서였다. 정조는 전국

---

15 김문식, 「연암 박지원의 牧民書, 『七事考』」, 『東洋學』 48, 단국대학교 동양학연구소,
    2010 참조.

에 있는 농서를 구하여 농서대전을 편찬하겠다고 밝혔다.[16]

　　일찍이 근본을 돈독히 하고 내실에 힘쓰는 정사에 뜻을 두었고, 농서를 편찬하도록 명령하여 주현(州縣)에 배포하려 하였다. 그러나 예전과 지금의 차이가 있고, 풍토가 고르지 못한 점이 있으며, 빈부(貧富)를 가지런히 하기 어렵고, 일을 하는 힘이 미치지 못하여 옛것을 확고하게 정하지 못하고 억지로 따르는 것도 있다. 그러므로 조정의 뜰은 만 리이나 사람마다 각자 좋은 방책을 올리고, 내가 받아서 절충하여 사용하면 농가(農家)의 대전(大全)이라 할 수 있을 것이다.[17]

　1799년 3월에 박지원은 정조의 이 윤음에 호응하여 『과농소초(課農小抄)』(15권 6책)라는 농서를 작성하여 올렸다. 사실 『과농소초』는 박지원이 오래 전부터 마련해 둔 농서였다. 그런데 정조가 1798년 연말에 농서를 구하는 「권농정구농서윤음」을 내리자, 박지원은 기왕에 작성해 둔 『과농소초』에 「한민명전의(限民名田議)」를 추가하여 올렸다. 이하에서는 박지원이 면천에서 작성한 「한민명전의」를 집중적으로 살펴보자.

　박지원은 「한민명전의」의 첫머리에서 면천군의 크기·인구·토지 결수·세금 내역을 상세하게 정리하였다. 이를 보면 면천군의 크기는 동서 30리, 남북 50리이고, 동서남북으로 홍주·덕산·당진·바다와 맞닿아 있었다. 토지대장에 기록된 토지는 총 5,896결(結) 4부(負) 3속(束)이고, 인구는 4,139호

16　김문식, 「민생 안정의 리더십」 『국왕 리더십의 유형과 실제』, 도서출판 역사산책, 2019, 111~112쪽.
17　『日省錄』 정조 22년 11월 30일(己丑).

(戶) 13,508구(口)에 남자 6,805구, 여자 6,703구였다. 그러나 1720년(숙종 46)에 전국의 토지를 측정하였을 때 면천군의 실제 결수는 2,824결 94부였고, 한전(早田)이 1,121결, 수전(水田)이 1,303결이었다. 이를 보면 토지대장에 기록된 토지의 절반 정도는 실제로 경작을 하지 않는 토지였다.

면천군에 있는 토지의 1결당 상부(常賦)는 모두 6등급에 해당하나 9등의 연분(年分)을 따져서 납부하였다. 면천군에는 척박한 땅이 많아 대부분 하하(下下)의 등급으로 납부하며, 수전 중에서는 7등이 되는 하상(下上)이 15결, 8등이 되는 하중(下中)이 145결 6부가 포함되어 있었다.

면천군의 토지는 호당 5구를 기준으로 하여 배분하였다. 이때 5구는 본인·부모·처자로 구성되며, 가족의 규모가 5구는 되어야 토지에 거름을 주고 경작을 할 수 있었기 때문에 토지 배분의 기준으로 삼았다. 토지를 5구 1호에 고르게 배분하면 1호당 한전 42부 5속, 수전 60부 3속을 합하여 1결 2부 8속을 할당받게 된다. 이 토지의 생산량을 평균 소출로 계산하면, 가구당 1년 수확량은 39석(石) 12두(斗) 5승(升)이고, 수확에서 세금 72두와 종자 2석 9두 7승을 제외하면 36석 30두 8승이 남았다. 여기에 땔감·간장과 된장·의복·관혼상제·계·푸닥거리·신역(身役) 비용을 제외하면 남는 것이 별로 없었다. 게다가 집 안에서 키우는 소 한 마리가 두 사람의 몫을 먹고, 윤달이 있는 해가 되면 1개월분의 식량이 부족해지며, 여러 형태의 자연재해도 있었다. 따라서 농민들의 속담에 "1년 내내 부지런히 지어도 소금값이 남지 않는다."라는 말이 있었을 정도였다.

박지원은 「한민명전의」의 초고(草稿)에서 부자들이 빈민의 토지를 겸병하는 현실을 매우 강하게 비판하였다. 그는 부자들이 토지를 겸병하는 것은 옛날 제후들이 주변의 약소국을 야금야금 먹어 가는 것과 같다면서, 당시 농촌에서 부익부(富益富) 빈익빈(貧益貧) 현상이 심해지고 있음을 지적하였다. 또한 그는 나루터를 지키는 관리를 통해 나루터를 왕래하는 선박과 화물을 은밀히 조사한 결과 부자들의 겸병 규모가 한 고을을 넘어설 정도임을 확인하기도 하였다.

저 부유한 집안이 가난한 사람의 농토를 강제로 구입하여 하루아침에 모두 소유하는 것은 아닙니다. 스스로 많은 자금을 가지고 편안히 앉아서 아무것도 하지 않지만 사방의 쥐꼬리만 한 농토라도 자신도 모르는 사이에 부자에게 빨려 들어가 농토를 바칩니다. 부자는 언제나 농토의 가격을 후하게 쳐주며 팔기를 조장하고, 이미 소유한 뒤에는 판 사람을 내 농토의 소작인으로 만들어 그 마음을 조금 달랩니다. 빈민은 이미 일시적인 고가로 이익을 보았고, 또 옛 땅에서 소출의 반을 얻는다고 고마워합니다. 따라서 빈자는 날이 갈수록 가난해져서 송곳을 꽂을 땅조차 없는 지경에 이르고, 부자는 날이 갈수록 부유해져서 남북으로 두렁이 이어지는 것도 부족해 이웃 고을의 경계에 걸치고 이웃 고을의 농토까지 차지하는 지경에 이르렀습니다. 이 때문에 자경(自耕)하는 사람은 식량을 위한 농토조차 전혀 없고, 한가하게 노는 사람은 나날이 많아지는 것입니다.

제가 일찍이 진리(津吏, 나루터를 지키는 관리)에게 은밀히 주의를 주며 오가는 선박의 숫자와 적재한 미곡의 양을 일일이 기록하게 하였습니다. 선박으로 계산하면 해당 고을에서 나온 곡물의 양을 사적으로 알 수 있으니 각 지역에서 나온 숫자에서 10에 2~3이 줄었습니다. 비로소 겸병하는 집안이 한 개의 군이나 한 개의 고을에만 있다고 할 수 없음을 알았습니다.[18]

18 『沔陽雜錄』 제4책, 課農小抄, 「限民名田議」.

박지원은 「한민명전의」의 중초(中草)에서 부자들의 토지 겸병을 해결하는 방안으로 개인별 토지 소유를 제한하는 한전론(限田論)을 주장하였다. 그는 국가에서 백성 1인이 보유하는 토지의 한계량을 정하고 이를 초과하는 농토는 친척이나 향당, 이웃 마을에 나눠 주라고 하였다. 이렇게 일정량 이상의 토지를 주변 사람에게 나누어 주게 하면, 관리는 개인별 토지 소유량을 정할 뿐 다른 일에는 관여하지 않아도 토지의 겸병은 사라진다고 보았다.

장차 어떤 방법을 써야 부유하고 권세가 있는 자들이 스스로 대대로 물려받은 수많은 자산을 포기하면서 관리를 원망하지 않을 수 있겠습니까? 옛날 한나라 문제(文帝)가 세 명의 서얼을 봉하면서 천하의 반을 나누어 주자, 가의(賈誼)는 진심으로 대성통곡하며 목 놓아 울었습니다. 지금의 한전(限田)을 주보언(主父偃)의 추은책(推恩策)처럼 일정량 이상을 소유한 자는 그 친척 중에 부족한 자에게 나눠 주게 하고, 친척이 이미 정해진 한계를 넘기면 다시 확장하여 향당(鄕黨)이나 이웃 마을에 나눠 주게 합니다. 담당 관리는 한 번 그 한계량을 정하였을 뿐이니 무엇을 상관하겠습니까. 이렇게 하면 부모에게 효도하고 어른에게 공손하며, 친족을 친애하고 인친(姻親)을 사랑하며, 벗에게 신의를 보이고 가난한 자를 구휼하는 도리가 이미 한 집안과 한 고을에서 실행될 것이니, 어찌 원망하고 한탄하며 놀라서 동요하는 일이 있겠습니까? 비록 팔도 안의 토지를 정전으로 만들지 않아도 옛 성왕의 뜻에서 멀지 않을 것이니, 천하의 법으로 삼기에 충분할 것입니다.[19]

박지원은 「한민명전의」의 최종 원고에서 부자가 한계량을 초과하는 토

---

19 『洌陽雜錄』 제4책, 課農小抄, 「限民名田議」.

지를 강제로 처분하는 것이 아니라 현재 가지고 있는 토지보다 더는 늘릴 수 없도록 제한하였다. 부자들의 토지 겸병을 비판하는 목소리는 완화시키면서 한전제를 실시하는 방법을 더 현실적으로 수정한 것이다.

오늘날의 사세(事勢)로 말하면, 이른바 부자가 겸병하는 것이 걸출하게 두려워할 정도여서 제어할 수 없는 사람이 어찌 있겠습니까? 신의 나이로 다른 사람의 여러 세대를 본 적이 있습니다만, 조상의 토지를 지켜서 다른 사람에게 팔지 않는 사람은 열에 다섯이요, 해마다 토지를 떼어서 파는 사람이 열에 일곱, 여덟입니다. 그러므로 남은 것을 축적하여 더욱 점유하는 사람의 숫자를 알 수 있습니다.

진실로 한정하는 제도를 다음과 같이 합니다. '모 월 이후로 이 한계보다 많은 사람은 더 보탤 수가 없다. 법령 이전에 있던 것은 비록 아무리 광대한 것이라도 불문에 붙인다. 자손으로 지자(支子)와 서자(庶子)가 있으면 나눠 주는 것을 허락한다. 혹 숨겨서 사실대로 하지 않고, 법령 이후에 한계를 초과하여 가점(加占)하는 자는 민이 적발하면 민에게 주고, 관에서 적발하면 몰수한다.'

이렇게 하면 수십 년이 되지 않아 나라 안의 토지가 균등하게 될 것입니다. 이는 소순(蘇洵)의 이른바 '조정에 조용히 앉아 천하에 법령을 내리지만 백성을 놀라게 하지 않고 대중을 동요시키지도 않는다. 정전제를 사용하지 않으면서 정전의 이익을 얻으니 비록 주나라 정전이라도 이보다 크게 나은 것은 없다.'라는 것입니다. 참으로 독실한 주장입니다.[20]

---

20 『燕巖集』권17, 別集, 議, 「限民名田議」.

이를 보면 박지원이 「한민명전의」를 수정하면서 부자들의 토지 겸병을 비판하는 목소리는 점차 약화되었고, 한전제를 실시하는 방법은 더욱 현실적인 방향으로 수정되었다. 박지원이 자신의 주장을 이렇게 수정한 것은 자신의 글이 공개되어 권세가들이 읽게 될 경우를 고려한 때문으로 보인다. 그러나 면천 군수 박지원은 부자들의 토지 겸병으로 농민들이 농촌에서 유리되는 현상을 가장 심각하게 생각하였고, 그 해결책으로 개인별 토지 소유를 제한하는 한전론을 주장한 것은 시종일관 유지하였다.[21]

이상에서 보듯 박지원은 3년 동안 면천 군수로 근무하면서 매우 다양한 목민 활동을 전개하였다. 현재 충청남도 당진시에 있는 면천면은 면천 군수 박지원이 활동한 역사적 현장이다.

---

21 김문식, 「박지원의 「한민명전의(限民名田議)」 수정 과정」 『문헌과해석』 69, 2014, 80~81쪽.

『燕巖集』
『沔陽雜錄』
『日省錄』
김문식,「민생 안정의 리더십」,『국왕 리더십의 유형과 실제』, 도서출판 역사산책, 2019.
박종채 저, 박희병 역,『나의 아버지 박지원』, 돌베개, 1998.
박종악 저, 신익철 · 권오영 · 김문식 · 장유승 역해,『수기-정조의 물음에 답하는 박종악의
　　　　서신』, 한국학중앙연구원 출판부, 2016.

김동석,「면천군수 박지원의 활동과 체험」,『淵民學志』25, 2016.
김문식,「연암 박지원의 牧民書,『七事考』」,『東洋學』48, 단국대학교 동양학연구소, 2010.
김문식,「박지원의「한민명전의(限民名田議)」수정 과정」,『문헌과해석』69, 2014.
박지원 저, 정민 · 박철상 역,「『燕巖先生書簡帖』脫草 원문 및 역주」,『大東漢文學』22, 2005.
이종묵,「은거의 땅 연암협, 실학의 땅 안의」,『咸陽文化』6, 함양문화원, 2005.

제2부

■ ◆ ■

근대 저항과 계몽의
이용후생
인문도시 당진

성(聖) 김대건 신부와 당진의 천주교, 그리고 이용후생

안외순

한서대학교 글로벌언어협력학과 교수

1. 서론

　당진은 많은 역사문화 유적을 보유한 그리고 이를 잘 향유하는 인문도시이다. 그중에서도 특히 빼놓을 수 없는 것은 한국 최초의 천주교 사제 수선탁덕(首善鐸德) 성 김대건 신부의 탄생지이자 충청도에서 순교자가 가장 많이 나온 '한국 천주교의 못자리'라는 점과 '한국 순교자의 고향'이라는 점이다.

　1984년 교황청으로부터 김대건 신부가 성인(聖人)으로 서품됨에 따라 그는 한국 천주교인만이 아니라 세계 천주교인들로부터 존경받는 인물이 되었다. 이에 따라 그가 탄생하고 그의 선조들이 살아온, 그리고 입교한, 그 인연으로 모두 순교하게 되는 터전인 솔뫼, 즉 현 당진시 우강면 솔뫼로 132 역시 세계적 성지가 될 가능성이 커졌다. 실제 2014년 아시아가톨릭청년대회가 당진 솔뫼와 많은 순교자들이 희생되었던 해미 일대에서 개최되었고 이를 계기로 프란체스코 교황이 솔뫼와 해미를 방문하였다. 방한(訪韓)한 김에 당진 솔뫼를 찾은 것이 아니라 솔뫼를 찾기 위해 방한한 것이다.

　나아가 로마 교황청에서는 성 김대건 신부의 탄생 200주년을 맞아 2020년 11월 29일부터 2021년 11월 27일까지를 희년(禧年, Jubilee)으로 선포하였다. 희년이란 로마 교황청에서 교회 역사상 중요한 사건을 50년 혹은 100년 단위로 기념하는 행사이다. 그뿐만이 아니다. 2019년에는 국제연합(UN) 산하 교육과학문화기구인 유네스코(UNESCO)가 제40차 총회에서 탄생 200주

년을 맞이하는 2021년을 성 김대건 신부를 기념하는 해로 선포하였다. 이것
은 명실공히 성 김대건 신부의 위상이나 당시 조선 천주교회의 역사가 한국
이나 천주교인만이 아니라 세계인이 함께 공유할 만한 가치가 있다는 것을
의미한다고 하겠다.

　　이 글은 이러한 성 김대건 신부와 당시 당진 천주교의 성격을 본서의 주
제이자 당진 인문도시 브랜드의 주제인 이용후생의 시각에서 재고찰하고자
한다. 일견 영적인 차원과 믿음의 영역에 기초하는 종교 영역을 인간의 이
성과 물질의 영역에 기초하는, 그리고 산업의 발전을 도모함으로써 민중의
삶을 윤택하게 하는데 관심을 갖는, 게다가 유교적 사유에서 출발한 이용(利
用)·후생(厚生) 개념[1]의 잣대로 바라본다는 것이 어색할 수도 있다. 게다가
적어도 경세치용학파 중 진보좌파 출신과 관계된 조선 천주교 문제를, 이와
갈래를 달리한다고 인식해 온 북학파의 주요 화두인 '이용후생'으로 해석하
겠다는 것이 애초에 무리라고 여겨질 수도 있다. 물론 필자 역시 당진의 천
주교와 김대건의 생애가 '이용후생학파'의 후예라고 하는 것은 결코 아니다.
적어도 한국사상사에서 '이용후생학파'라 함은 어디까지나 조선 후기 유학
의 한 흐름인 특정 학파를 지칭하는 명칭이기 때문이다. 다만 필자가 여기
서 사용하는 개념 곧 '이용후생'의 정신은 18~19세기 조선 실학파의 그것에
만 국한되지 않고 인류 문명의 진보를 추동해 온 인간의 이성적·정서적인
노력으로서의 보편적이고 본질적인 특성인 문명/기술을 개발하여 쓸모 있
게 활용하고 이를 통해 인간의 삶을 더욱 윤택하게 하는 것을 말한다. 물론
이러한 정신이 조선 실학의 이용후생학파에게서 가장 집약적으로 드러났기
에 이를 계기로 이 개념을 사용하는 것이지만, 보다 광의의 차원에서 이용

1　여기서의 이용후생의 개념에 대해서는 이 책 〈총론〉 참조.

후생을 해석할 때는 김대건과 그 가문, 그리고 당진의 천주교 전통을 그것과 연결지어 해석하고자 하는 본고의 시도가 그리 무리일 것 같지는 않다.

특히 다음과 같은 점을 고려한다면 천주교와 이용후생적 성격과의 연관성은 좀 더 쉽게 떠올릴 수 있을 것 같다. 첫째, 명(明)이나 청(淸)에 천주교가 수용되는 초기 과정에서도 종교로서의 서교(西敎)는 독자적으로 전래된 것이 아니라 과학·문물·학문으로서의 서학(西學)과 함께 수용되었고, 이때 지식인들의 관심을 먼저 끈 것은 사실 서교(西敎)보다는 서학이었던 사실이다.[2] 명말청초 중국으로부터 서양 문명을 수용하였던 조선 천주교의 전래 역시 이용후생적 시각의 문물 전래 과정과 무관하지 않은 것이다.[3] 둘째, 이후 조선 민중들에게 천주교가 급속하게 전파되는 과정 면에서도 신앙공동체 내에서의 경제공동체적이고 사회복지적 측면이 이용후생적 논리와 밀접한 관련이 있다. 예컨대 조선이 프랑스와 수호조규를 맺은 이후인 1885년 블랑(Blanc) 주교는 양로원을 설립하여 무의탁 노인들을 수용하였고, 프랑스에서 파견된 수녀들 역시 고아원 운영에 관심을 기울였다.[4] 이들 모두 천주교가 사회복지, 곧 후생의 문제를 다룬 예이고, 이후 많은 종교 단체들이 사회복지식 후생의 문제를 다루는 것이 전통이 되었다. 셋째, 초기 조선 천주교 수용과 전파 과정에서 보여준 '자매와 형제님'식 호칭은 민중의 자기존

---

2 당시 서양의 과학과 관련된 문물과 책자에 대해서는 서학(西學), 종교로서의 천주교는 서교(西敎)라고 호칭되었다. 안외순, 「丁若鏞의 사상에 나타난 西學과 儒學의 만남과 갈등: 자유주의 수용의 前史」, 『정치사상연구』 2, 2000 참조.
3 당시 조선에서 전개되었던 서학과 서교의 전반적인 흐름에 대해서는 각각 다음의 책 참조. 최소자, 1987. 『동서문화교류사』, 삼영사; 조광, 1988, 『조선후기 천주교회사 연구』, 고대 민족문화연구소.
4 윤선자, 「한말/일제강점기 천주교회의 양로원 설립과 운영」, 『한국학논총』 31, 2009 참조.

중과 연대의식을 촉구했다. 이 글은 이러한 맥락에서, 즉 인문도시 당진의
근대적 성격인 '계몽과 저항의 이용후생' 맥락에서 김대건 신부와 관련된 당
진의 천주교 성격을 재고찰할 것이다.

2. 당진 솔뫼와 한국 천주교의 못자리, 그리고 김대건 가문

조선 후기 유학의 대표적인 개혁 사상으로 꼽히는 실학은 흔히 경세치용
(經世致用), 이용후생(利用厚生), 실사구시(實事求是) 세 학파로 분류된다. 이
때 경세치용학파의 성호(星湖) 이익(李瀷, 1681-1763) 계열은 천주교 수용 여
부를 기준으로 또다시 세 부류로 나누어진다. 천주교에 비판적인 대신 기존
의 유교 문명을 강화하려는 온건 중진파 안정복(安鼎福)·신후담(愼後聃)·황
덕길(黃德吉) 등의 성호우파, 천주교의 정당성을 적극 신뢰했던 권철신(權哲
身)·정약전(丁若銓)·정약용(丁若鏞) 등의 성호좌파, 그리고 마지막으로 천주
교에 대해서는 중립적이었지만 문장이나 기타 사상 면에서는 매우 자유롭
고 진보적인 성향이었던 가학(家學) 그룹 이병휴(李秉休)·이용휴(李用休)·이
가환(李家煥) 등은 중도파로 불린다.[5] 당진 천주교는 이 가운데 성호좌파와
중도파와 관련된다. 당진을 비롯한 내포 지역 천주교의 중심이어서 '내포의
사도'로 불리는 이존창(李存昌, 1752-1801)이 중도파 대표인 이병휴의 제자이
자 좌파 권철신 및 이기양(李基讓)의 제자였기 때문이다.

성호 제자들이 서학을 공부하는 과정에서 서교 서적, 특히 『천주실의(天

---

5   실학의 집대성자 다산(茶山) 정약용(丁若鏞) 선생이 행한 이용휴 가학에 대한 높은 평
    가는 안외순, 「인문지리학적 관점에서 본 내포정신의 형성 과정: 예산을 중심으로」『동
    학학보』 17/3, 2013, 〈4장 덕산, 고덕에 깃든 성호좌파(星湖左派) 혜환(惠寶) 이용휴(李
    用休) 일가의 '자유' 사상〉 참조.

主實義)』도 접하게 되었다. 이를 통해 신앙심을 키우게 되자 그 일원이었던 이승훈(李承薰)이 1784년 서장관의 자격으로 연경(燕京)에 가던 부친을 수행하여 청(淸)을 방문해서 직접 세례를 받고 귀국함으로써 서교, 곧 천주교의 전파는 본격적으로 시작되었다. 이전까지는 서학으로서의 천주교 공부였다면 이제부터는 서교, 곧, 종교적 신도로서의 활동이 되는 것이다. 이승훈의 귀국 이후 진보적 지식인들이 모여 있던 서울과 경기도 양평 일대의 양근, 전라도 전주 일대, 그리고 당진이 포함된 충청도의 내포 지역은 전도가 빨랐다. 내포 지역의 경우, 특히 삽교천과 무한천 지역, 특히 오늘날 예산군 신암면 신종리에 속하는 당시 여사울 출신의 이존창은 이승훈이 세례받고 돌아온 1784년 겨울 한국 천주교회가 창설되자 바로 입교하여 세례를 받고 루도비코 곤자가라는 세례명을 받았다. 이후 그는 내포 지역 천주교도의 중심이었다. 이존창의 헌신 덕분에 그의 마을 여사울은 100가구 중 80가구가 천주교도가 되었다.[6] 그뿐만 아니라 이 일대 예산, 당진, 서산, 홍성 등 이른바 내포 지역 전체에 천주교도가 급증하였다.

최초의 조선 천주교 선구자들이 양반 지식인들이었던 데 반해 종교로서의 확산 운동이 일 즈음에는 민중들도 많이 가담했다. 이존창 자신도 농민출신이었고 대부분의 천주교공동체 지도자들도 일반 평민들이었다. 이것이 가능했던 이유 중의 하나가 빈민들과 각자의 먹을 것을 공유하는 경제공동체 생활과 남녀, 신분의 구분이 없는 평등공동체 생활방식 때문이었다. 즉 민중적 이용후생의 한 측면이 당시 조선의 천주교도가 급증한 요인 가운데 하나였다.

---

6   박종악, 『수기: 정조의 물음에 답하는 박종악의 서신』, 신익철 외 역, 한국학중앙연구원, 2016(朴宗岳, 『隨記』, 1791.).

아무튼 후일 한국사 최초의 사제가 된 김대건의 가문은 이존창의 영향을 크게 받았다. 김대건가가 있는 솔뫼는 이존창이 살던 여사울로부터 10리 정도 떨어진 가까운 거리에 있었다. 성 김대건 신부(세례명은 안드레아, 초명은 재복(再福), 보명(譜名)은 지식(芝植), 관명(官名)은 대건)는 바로 이곳 솔뫼에서 1821년 부친 김제준(金濟俊, 1796-1839)과 모친 고(高)우르슬라 사이의 장남으로 태어났다. 그리고 7세 되던 해인 1827년 교난의 핍박을 피해 경기도 용인으로 이사 갈 때까지 이곳에서 자랐다.[7] 이후 그가 16세 때 신학을 공부하기 위해 유학생 후보로 선발되어 조선을 떠날 때까지 10여 년을 용인에서 살았다. 그럼에도 그에게 고향은 솔뫼였다. 신부 후보생으로 선발되어 서울에서 4개월여 라틴어 교육을 받은 후 마카오로 본격적인 교육을 받으러 떠나기 전 서약서에 자신의 출신을 '충청도 면천 솔뫼'라고 썼다.[8]

김대건 가문이 당진의 솔뫼에 거주하기 시작한 것은 사헌부감찰과 통훈대부를 지낸 8대 선조 김수완 때부터였다. 김대건가와 천주교의 관계는 종조부 김종현이 이존창의 권유로 천주교에 입교한 이후 그의 동생들인 김한현, 김희현 및 김대건의 증조부 김진후(金震厚, 보명 운조, 1738-1814)에 이르

7　성 김대건 신부의 가문과 출생에 대해서는 李元淳, 1997, 67-98쪽 및 車基眞, 「金大建 신부의 활동과 업적」『교회사연구』, Vol.12, 1997, 100-102쪽; 서종태, 「김대건 신부의 활동과 업적에 대한 연구」『교회사학』, Vol.5, 2008, 172-176쪽; 김수태, 「김대건 가문의 신분에 대한 재검토」『한국교회사연구』37, 2011, 한국교회사연구소, 『한국전주교회사(3)』, 2017(2010), 105-145쪽, 안응렬, 『조선순교자』, 가톨릭출판사, 2021, 243-289쪽 참조. 기존 연구에서는 1827년 정해박해 당시 경상도와 전라도에서 체포된 대다수 신도들이 내포 출신이라는 점을 들어 김대건 가족의 피신도 이 시기로 추정하였다. 車基眞, 1997, 102쪽.

8　〈1836년 12월 3일 모방 신부가 조선신학교 교장에게 보낸 편지〉『성 김대건 신부의 활동과 업적』, 한국교회사연구소, 1996, 43쪽.[이하 서명은 생략하고 (1996)식으로 대체함.] 여기서 최양업은 '경기도 남양'으로, 최방제는 '충청도 홍주 다리골'로 각자 출신을 적었다.

기까지 이어졌다. 나아가 증조부는 아들 김택현을 이존창의 사위로 삼아 줄 만큼, 즉 김대건의 조모가 이존창의 딸 멜라니아였을 만큼 이존창과 각별하였다.[9] 이것은 그만큼 김대건 가문이 김대건 탄생 훨씬 이전부터 독실한 천주교 가문이었음을 말한다.

심지어 김대건의 가문은 이미 그가 태어나기 7년 전에 증조부 김진후가 순교하였고, 이후에도 조부와 부친 그리고 자신에 이르는 4대가 순교한 집안이었다. 나아가 어머니는 물론 가까운 집안까지 포함하면 모두 10명의 순교자가 나왔다. 증조부 김진후는 1791년 처음 체포된 후 이후 계속 체포와 방면을 거듭하다가 결국은 1814년 해미에서 순교했고, 종조부 김종한도 1815년 경상도에서 체포되어 1816년 대구에서, 당고모부 손영욱(김종한 사위. 김데레사 남편)도 1817년 체포되어 1824년 해미에서, 아버지인 김제준도 1839년 서울에서, 당고모인 김데레사도 1839년 서울에서, 김대건 신부 자신도 1846년 서울에서 순교했다. 그뿐만 아니라 김 신부의 순교 이후에도 당숙 김명집, 재당숙 김준명이 1866년 공주에서, 사촌인 김베드로가 1867년 공주에서, 김베드로의 동생인 김프란치스코는 해미에서 순교했다. 말 그대로 '순교 전통'[10]이라고 할 만큼 이미 독실한 천주교 가문이었던 것이다. 그리고 그 터전이 당진의 솔뫼(당시는 면천 솔뫼)였다.[11]

---

9 李元淳, 「김대건 家門의 信仰來歷과 殉敎傳統」, 『교회사연구』, Vol.12, 1997, 73-79쪽. 한편 이원순 교수에 의하면 증조부 '김진후'는 가톨릭쪽 기록이고 족보명이 '김운조'라 고 한다.

10 李元淳(1997) 선생은 그의 논문 제목에서 「김대건 家門의 信仰來歷과 殉敎傳統」이라 고 하여 '순교전통'이라는 말을 사용하고 있다.

11 솔뫼는 '소나무가 있는 산송산(松山)'이라는 뜻의 순수 우리말이다. 소나무야 오늘날 에도 우리나라 전국 어디에나 있는 만큼 조금 있는 것 가지고 이런 명칭을 붙이기는 어 렵고 소나무가 매우 울창하여 누가 봐도 '소나무 산'이라고 할 만할 곳에 붙인다는 데 쉽 게 동의할 것이다. 지금은 성지로 꾸며져 있는 이곳은 여전히 소나무가 울창하다.

성 김대건 신부 및 김대건 가문의 순교 전통과 독실한 신심은 김대건가만이 아니라 당진 솔뫼마을의 특징이기도 했다. 당시 경상도나 전라도 등 다른 곳에서 순교한 자들 가운데서도 다수가 솔뫼 출신이었다는 점에서 김대건 가문만이 아니라 비록 박해를 피해 다른 곳으로 이주했을지라도 솔뫼마을 전체가 대체로 초기 천주교 수호 전통을 지녔던 것으로 볼 수 있다.

당진에는 솔뫼 못지않게 천주교가 강세였던 지역으로 신리(新里)가 있다. 이곳은 1839년 첫 순교자가 나온 것으로 보아 솔뫼보다 조금 늦게 천주교를 수용했지만 박해 속에서도 한때 마을 전체가 천주교 신자이기도 하였고, 조선 말기까지 밝혀진 순교자가 40명이 넘는 곳이다. 1860년대부터 다블뤼(M. A. N. Daveluy, 1808-1853) 주교가 공소를 차린 곳으로도 유명한데, 그는 김대건 신부가 마지막에 페레올(Ferreol, J. J., 1808-1853) 신부를 조선으로 인도할 때 같이 조선으로 온 신부이다.[12]

후일 종교자유가 허용된 이후 솔뫼 및 신리를 중심으로 당진 지역에는 김대건과 김대건 가문, 그리고 이곳의 초기 천주교 정신을 기리려는 교인들의 노력이 이어졌다. 그것은 선구자들의 정신을 계승하려는 지역 교인들의 작업이 있어서 가능했다. 조선과 프랑스가 상호수호조약을 맺고 한참 후인 1890년 충남 최초의 천주교 성당인 합덕성당(合德聖堂, 전신 양촌성당)이 설립되었고, 이후 1939년에는 당진성당, 1960년에는 신합덕성당이 설립되었으며, 1975년에는 신평성당이 신합덕성당에서 분설되었다. 현재는 당진성당의 포화로 2003년에는 기지시성당이, 2011년에는 수청성당이 각각 당진성당에서 분가할 정도가 되었다.[13]

---

12 김성태, 「당진 신리 교우촌의 교회사적 성격」, 공주대학교 석사학위논문, 2010 참조.
13 천주교대전교구60년사편찬위원회, 『대전교구60년사』, 천주교대전교구, 2008; 김정환

한국 천주교회에서도 성 김대건 신부와 그 못자리 솔뫼를 기념하는 노력을 많이 했다. 1906년부터 합덕본당 주임 크렘프(Kremff) 신부는 솔뫼를 성역화하기 위해 인근 토지를 매입하기 시작하였고, 1945년 백 빌리버 신부는 솔뫼에 김대건 신부 복자비(福者碑)를 건립했다. 1982년 대전천주교구에서는 솔뫼에 '솔뫼피정의집'을 건립하여 이곳을 순교자 교육의 본고장으로 만들고자 하였다. 또 1996년에는 생가복원계획을 수립하고 중앙정부와 충남도의 재정지원을 끌어내어 마침내 안채 복원을 완성하였다(2004). 2005년에는 기념관까지 건립하여 당진의 솔뫼성지를 명실공히 국내외 천주교 신도들의 성지순례 메카로 만들었다. 한편 충남도와 당진시는 충남지방문화재 기념물로 지정된 이곳을 다시 국가사적지로 지정되도록 노력하여 2014년 마침내 성취하였다.

여기에는 교황청이 천주교 역사에서 차지하는 성 김대건 신부의 위상을 적극적으로 자리매김해 온 몫도 크다. 교황청은 1859년 가경자(可敬者), 1925년 복자(福者), 1984년에는 마침내 성인(聖人)에 품하였다. 그것도 가톨릭 역사 최초로 한국 현지 여의도에서 100만 신도들이 모두 함께한 자리에서 서품하였다. 그 후에도 가톨릭의 성 김대건 신부 기념사업은 계속되었다. 그 결과 앞서도 언급했듯이 2014년 아시아가톨릭청년들이 솔뫼에서 청년대회를 개최하고 프란체스코 교황이 솔뫼와 해미를 찾았던 것이다. 이렇게 솔뫼는 '천주교인들의 성지', '순교자의 고향', '한국 천주교회의 못자리'가 되었다.

편, 『내포 천주교의 역사와 문화』, 당진시 · 내포교회사연구소, 2012; 충청남도역사문화연구원, 『내포의 천주교와 성지』, 충청남도역사문화연구원, 2015 참조.

3. 성 김대건 신부가 되기까지의 삶, 그리고 이용(利用)과 후생(厚生)의 마음

1) 신학 후보생으로 선발되는 과정에서

박해를 피해 왔던 용인살이 역시 가난과 위협의 연속이었다. 김대건은 교난을 피해 처음에는 서울 청파동으로 이주하였다가 곧 다시 용인으로 이사하여 사제 수업을 받으러 마카오로 떠날 때까지 용인에서 살았는데, 끼니를 제대로 먹지 못해 늘 영양실조 상태였다.

아무튼 지독히도 가난했던 16세의 김대건에게 1836년은 인생의 전환점이었다. 그가 조선인 출신 사제를 양성하는 신학생 후보로 선발되었기 때문이다. 한국 나이 계산법으로 16세, 서양 나이로 14~15세에 해당하는 나이는 지금 관점에서는 마냥 어리지만, 그래서 기존 글들에서 이 시기의 김대건에 대해 소년 이미지로 많이 묘사했지만, 당시로서는 꼭 그렇지는 않았다는 사실도 기억할 필요가 있다. 사실 당시의 15세는 관례도 치르고 혼례도 치르는 성인의 시작 시기였다.[14] 그랬기에 『논어(論語)』는 공자(孔子)가 자신의 인생 70을 돌아보며 '15세를 (경륜의) 학문에 뜻을 두었던'[15] 시기로서 독립적인 한 인간의 시작으로 보았던 것이다.[16] 그리고 당시 모방(Maubant, P.) 신부

---

14 『經國大典』〈형전(刑典)〉에 따르면 15세 이하는 '소년범'으로 살인이나 강도를 저질러도 불구속 수사를 하고, 대역죄인이 아닌 이상 사형도 면했다. 그러나 15세 이상은 성인에 따르는 무거운 형벌에 해당되었다. 이처럼 조선 사회에서 15세는 지금처럼 어린 소년이 아니라 '어른'이다.

15 『論語』,〈爲政〉. '子曰 吾十有五而志于學 三十而立….'

16 일제강점기까지도 비슷했던 것 같다. 1919년 3·1운동 시기 지방의 참여자들 가운데 14-16세 정도에 소학교를 졸업하고 면서기직에 취업한 이들이 제법 많다.

가 파리외방전교회(巴里外邦傳教會)에 학생 선발 소식을 전하면서 김대건의 이름란에 '김안드레아(대건)'라고 기재하여 이미 '관명'을 사용[17]한 것을 보면 김대건은 이미 관례를 치른 것으로 이해된다.

아무튼 당시 모방 신부는 프랑스 파리외방전교회 동양경리부(東洋經理部)의 명으로 조선인 사제 양성을 위한 신학생 선발을 담당하고 있었다. 그는 정하상(丁夏祥, 1795-1839)의 도움하에 천주교도가 많았던 경기도와 충청도 일대를 돌며 신도들에게 영세를 주면서 신학생 선발 업무를 수행하였고, 그 결과 마침내 최양업(崔良業, 1821-1861, 2월 선발)과 최방제(崔方濟, ?-1837, 3월 선발), 그리고 마지막으로 김대건(7월 선발)을 최종 선발하였다. 그리고 이 세 후보생은 모방 신부의 서울 주거지에서 각각 4~9개월 동안 라틴어 수업을 받은 후 최종 유학길에 올랐다. 조선 최초의 서양학문 수학을 위한 유학길이었다.

당시 김대건이 선발된 데에는 부친 김제준의 적극적인 의사와 순교 집안이라는 가정환경이 작용했다. 김제준은 당시 조선 천주교인들 중 전국적인 영향력이 가장 강했던 정하상과 매우 가까웠다. 용인에서부터 서울에 있는 정하상의 집에 일 년에 서너 차례씩 드나들었고, 모방이 조선에 온 이후에는 직접 정하상 집을 찾아가 모방 신부로부터 세례를 받은 상태였다. 그러던 중 정하상의 도움으로 모방 신부가 지역 순방 및 학생 선발을 하게 되자 김제준은 자신의 집도 방문할 것을 요청하고, 아들 김대건 역시 모방 신부에게 세례를 받게 하였으며, 나아가 신학생 후보로 선발을 요청했다.[18] 그리고 당시

---

17 〈1836년 12월 3일 모방 신부가 조선신학교 교장에게 보낸 편지〉, 1996, 43쪽.
18 『日省錄』, 헌종, 기해 8월 7일조 정하상 공초, 그리고 『推案及鞫案』, 1839년 8월 13일 (음력), 김제준 공초 참조.

모방 신부는 부친 김제준을 지역 회장으로 임명했고, 이에 김제준은 자기 집을 공소(은이 공소)로 만들고 주일이나 축일에 신자들을 모아 공소예배를 행하고 교리를 가르치기도 했다.[19] 이렇게 볼 때 세 후보생의 선발은 부모나 가문의 신심과 자신의 자질이 동시에 반영된 결과였다고 하겠다.

김대건은 다른 학생보다 4~5개월 선발이 늦은 터라 처음에는 라틴어 실력이 가장 낮았다.[20] 그럼에도 세 후보생에 대한 모방 신부의 만족도와 기대는 매우 컸다. "이들 세 학생은 모두 신심 깊은 가정에서 성장했고, 공부를 열심히 하고 있으며 자신들을 양성할 지도자들에게 순명하기로 서약했습니다." 따라서 "제가 보내는 조선 소년들이 가장 좋은 교육을 받을 수 있다고 판단하신 곳에 신학교를 세워 주시고 신학 교육을 받도록"[21] 해 달라고 모방 신부는 본부에 당부하였다.

지금까지 살펴본 내용에서, 특히 양질의 학생을 선발하였으니 최선의 교육 환경과 교육 내용을 채워 달라는 모방 신부의 당부와 의지 등을 통해 우리는 '이용(利用)의 마음'을 엿볼 수 있다. '이용'이란 산업을 편리하게 발전시켜 후생(厚生), 즉 인간의 삶을 넉넉하게 하는 것을 말한다. 그런데 산업을 편리하게 발전시킨다는 것을 광의로 해석하면 그 종국적 형태는 인간 개발이라고 하는 인간 교육의 영역이라고 하겠다. 실제로 오늘날 사용하는 '인

19 수원교회사연구소, 『수원교구 50년사: 1 교구사』, 천주교수원교구, 2013, 91쪽.
20 『성 김대건 신부의 활동과 업적』, 1996, 45쪽.
21 〈1836년 12월 3일 모방 신부가 파리외방전교회 르그레즈와 신부에게 보낸 편지〉, 1996, 46-47쪽. 사실 신학생 후보 선발은 이들이 처음이 아니었다. 중국인 신부가 먼저 선발한 신학생 후보들이 있었는데, 실정을 잘 모르고 뽑은 이들이라, 이들은 사제 수업 의지도 없고 이미 기혼인 자도 있어서 교육을 담당했던 모방 신부가 실망한 나머지 이들을 모두 집으로 돌려보내고 스스로 직접 신학생 후보 선발에 나섰던 것이다.(〈1836년 4월 4일 모방 신부가 파리외방전교회 지도부에 보낸 편지〉, 1996, 29-33쪽 참조)

적자원'이라는 말 역시 같은 맥락이라고 할 수 있다. 또 비록 그것이 가톨릭, 즉 천주교의 포교에 필요한 신학 공부를 시키는 것이었다고 할지라도, 특정 종교인 측면을 논외로 한다면, 인간의 교육을 통해 세상을 바꾸려 한다는 점에서 '교육은 이용(利用)의 최고 실천'이라고 할 수 있다.

아울러 당시 천주교 신부들의 사목 활동 역시 특히 '후생의 마음' 맥락에서 읽을 수 있다. 예를 들어 모방 신부의 경우, 1836년 4월 5일 이후 본격적인 지방 사목에 나서서 12월까지 서울과 경기, 충청 지역 16개 교우촌을 방문하여 대소인들 363명에게 세례를, 132명에게 보례를 행하고, 신자 630명 이상에게 고해성사를 베풀었고, 혼인(婚姻) 성사 85건, 병자(病者) 성사 9건을 집전했는데,[22] 최소한 이때 행한 혼인성사와 병자성사는 민중의 삶 자체와 직결되는 사안으로서 그 자체가 긴급한 '후생의 마음'에 속하는 일이었다. 김대건 역시 미래의 이러한 '이용과 후생의 마음'을 베푸는 능력과 자격을 갖추기 위해 출발하였다.

2) 마카오와 필리핀에서의 유학 생활에서

신학 후보생 김대건 일행은 그해 12월 2일 사제가 되는 목적을 완수하겠다는 선서를 한 후 파리외방전교회 동양경리부가 있는 마카오(Macau, 澳門) 유학길에 올랐다. 당시 마카오는 서양에서 동아시아로 들어오는 관문이었고, 특히 천주교 선교사가 동방 전교를 하기 위한 기구가 있었다. 이곳에 특별히 조선신학교가 세워질 요량이었다. 선발에 관여했던 정하상 등이 변경

---

22 수원교회사연구소, 〈99회차 최 베드로 증언〉『기해/병오 순교자 시복 재판록』, 천주교 수원교구, 2012 참조.

의 책문까지 길을 안내했다. 변문에서 정하상 일행은 새로 입국하는 샤스탕 (Chastangt, 1803-1839) 신부와 함께 되돌아가고, 김대건 일행은 반대로 중국에서 여기까지 신부를 안내해 온 중국인 안내자를 따라 청국으로 향했다. 이후 이들은 8개월여 동안 라오뚱-만주 등을 도보 횡단한 끝에 다음 해인 1837년 6월 7일 마카오에 이를 수 있었다.[23]

이곳에서 유학생 김대건은 최방제, 최양업과 함께 리브와(Libois, N.) 책임신부 등 신부교수 7명으로부터 중등과정, 철학과정, 신학과정을 차례로 학습하였다. 중등과정에서 프랑스 선교사들로부터 라틴어, 프랑스어, 가톨릭 교리 등을 학습하고, 이어서 곧바로 철학과 신학 관련 과목들을 수학하였다. 4년 6개월간의 시간이었다. 당시 현지 신부들은 세 유학생의 자질에 대해 엇갈린 평가를 내렸다. 초대 교장이었던 칼레리(Callery, 1810-1862) 신부는 중학과정을 밟던 세 명 모두 사제의 덕목을 모두 잘 갖추고 있다고 평가했다.

> 금년에 모방 신부가 이곳으로 보냈고, 르그레즈와 신부가 그 교육을 나에게 전적으로 맡긴 세 명의 조선 소년들은 모든 면에서 완전합니다. 신심, 겸손, 면학열, 선생에 대한 존경 등 훌륭한 사제에게 합당한 덕목들 말입니다. 저는 그들을 가르치면서 위로를 받습니다. 그 수고에 대한 보상을 줄 수 있는 모든 것을 그들은 갖추고 있습니다. 나는 벌써 조선말을 합니다. … (나의 조선 학생들에게: 필자 추가) 음표를 좀 가르치고, 교회의 성가와 조선 곡에 적응할 수 있는 몇 곡의 성가들까지도 노래할 수 있게 하기 위해 조그마

---

23 한국교회사연구소, 『성 김대건 신부의 활동과 업적』, 한국교회사연구소, 1996, 53 · 85쪽.

한 손풍금이 하나 있었으면 정말 좋겠습니다.[24]

하지만 동학(同學)이자 가장 촉망받던 최방제가 유학 첫해인 1837년 11월 위열병으로 갑자기 사망하면서 일행은 너무나 큰 슬픔에 빠졌다.[25] 게다가 김대건 역시 늘 병고에 시달렸다. 1839년 리브와 신부에 의하면 최양업은 모든 면에서 훌륭했지만 김대건은 늘 건강 상태가 위태위태했다. 어렸을 때의 심각한 영양실조 영향으로 그는 늘 두통과 복통을 앓았고, 게다가 현지에서 요통까지 얻어 건강 상태가 매우 좋지 않았다.[26]

아무튼 신학생 김대건 일행은 예정에 없던 경험을 하게 된다. 아편 때문에 광동과 마카오에서 소요가 일어나 1839년 4월부터 11월까지 6개월가량 필리핀(Philippines)의 수도 마닐라(Manila)에 15일 정도 체류했다가 다시 근교의 롤롬보이(Lolomboy) 수도원이자 농장으로 신부들과 함께 피신하여 공부하게 되었다.[27] 사실 이 경험은 김대건 일행에게 나쁜 것만은 아니었다. 필리핀을 관찰하는 기회를 갖게 되었을 뿐만 아니라 조선의 밀사들도 만나 고국 소식을 듣기도 했다.[28]

무엇보다, 마카오로 가는 8개월간의 생사를 넘는 고단한 과정은 다른 한편 그가 조선이 아닌 다른 세상과 부딪치면서 외국의 물정과 각국의 자연과 지리, 정치, 사회경제 등에 대해 익히는 시간이었다. 이것은 무엇과도 바꿀

---

24 〈1837.10.6, 칼르리 신부가 파리신학교 트송 신부에게 보낸 편지〉, 1996, 63-65쪽.
25 〈1837.10.6, 칼르리 신부가 파리신학교 뒤브아 신부에게 보낸 편지〉, 1996, 81-87쪽.
26 〈1839.6.23. 및 8.11 리브와 신부가 르그레즈와 신부에게 보낸 편지〉 등. 1996, 121 · 131쪽.
27 이에 대해서는 차기진, 1997, 107쪽 참조.
28 차기진, 1997, 106-107; 서종태, 2008, 179쪽 참조.

수 없는 김대건의 향후 '이용후생'적 인식의 토대이자 과정이었다.

다음으로 유학 생활에서 익힌 외국어와 학업의 내용 자체가 이용후생적 삶이다. 그는 프랑스 선교사들에 늘 라틴어로 편지를 쓸 만큼 라틴어를 상용했고, 프랑스어·중국어·한문은 통역을 할 만큼은 되었고 게다가 몽골어까지 익혔다.[29] 이미 앞에서도 언급했지만, 외국어 혹은 언어적 구사 능력은 인문 차원에서의 가장 기본적인 '이용'적 삶이다.

마지막으로, 예기치 못했던 필리핀에서의 생활 즉, 밖으로 자유롭게 나가지 못하는 한정된 생활이기는 했지만, 타국으로 피신가야 하는 마카오 사정을 경험하고 수도 마닐라와 근교 롤롬보이에서 생활한 경험이 두 유학생으로 하여금 상하이·베이징·만주 등지를 거치면서 관찰한 국제 환경과 삶, 정세에 대해 안목을 키우는 기회가 되었을 것이라는 점에서 '이용'적 특성과 부합한다고 하겠다. 실제 이것은 4년 6개월의 학업 이후 자신들이 신부들을 대동, 귀국길에 올랐을 때 넉넉히 입증되었다.

3) 귀국 여정에서

1842년 2월 두 조선 신학생은 기존의 학업을 중단하고 갑자기 이별을 맞

---

29 어떤 이유에서인지 후일 귀국길의 신학생 김대건에게는 프랑스어 학습이 금지되고 측량업만 익히게 되었다. 귀국길에 오른 자신의 처지에서 딱히 프랑스어를 익힐 이유도 없지만 당시까지 익힌 프랑스어를 잊을 이유도 없으므로 독서 정도로 유지하고파 했다. 아울러 에르곤호 승선 시에 자연스럽게 프랑스어를 더 익혔다. 〈1842.12.9 김대건 신학생이 리그레즈와 신부에게 보낸 편지〉,『이 빈들에 당신의 영광이』, 바오로딸, 1997, 49쪽 참조. 또 이 책에서는 '르그레주아'로 번역 지칭되어 있지만 위에서 사용해 온 프랑스 신부들 편지 번역서에서 계속 '르그레즈와'로 지칭한 인물과 동일인이기에 혼선을 피하기 위해 기존처럼 호칭하기로 한다.(다른 것도 상동)

이하게 되었다. 김대건이 메스트르(J. A.Maistre) 신부와 함께 프랑스 세실(J. B. M. Cecille) 함장의 통역자가 되어 조선으로의 귀국길에 올라야 했기 때문이다. 세실 함장은 마카오 파리외방전교회를 찾아가 조선에 가서 국왕과 통상조약을 맺을 목적을 밝히면서, 조선인 통역관을 부탁했는데,[30] 마카오 본부는 그간 조선 교회와 끊긴 연락도 다시 잇고 조선 포교지도 돌볼 겸 이를 수락하면서, 메스트르 신부에게 이 사실을 명했고 그는 김대건 신학생을 통역자로 선택했던 것이다.[31] 이때부터 그는 9월 초까지 에르곤(I'Erigone)호 선상 생활을 하며 생활 프랑스어를 더 익히고 (뒤에서 언급하겠지만 사실 프랑스 신부들은 귀국길의 신학생 김대건이 프랑스어 익히는 것을 금했다.) 더욱 구체적으로 국제 정세에 눈을 뜨게 되었다.

1842년 2월 말 출항한 일행은 다시 한 번 필리핀 마닐라를 들르게 된다. 이곳에서 한 달 반 정도 머물렀고 은신 생활이 아니었기에 전보다는 훨씬 자유롭게 필리핀의 분위기를 느꼈을 것이다. 이때부터 그는 프랑스 신부들에게 편지를 썼다. 그리고 여전히 신학생 신분이었기에 메스트르 신부와의 신학 수업도 계속 진행되었다.[32] 4월 19일까지 마닐라에서 머물다가 5월에 타이완(臺灣)을 경유하여 양쯔강 앞바다에 입항했고, 6월에 양쯔강 하구, 그리고 7월 초에 중국 오송(吳淞)에 도착하였다.[33]

1842년 8월 29일 김대건은 세계사적 사건인 난징조약(南京條約) 체결식장에 참석하게 되었다. 영국과 청국 사이에 1840년부터 2년간 지속된 아편전

---

30 〈1842.2.12 리브와 신부가 파리 본부의 지도자에게 보낸 편지〉, 1996, 161쪽.
31 한국교회사연구소, 『성 김대건 신부의 체포와 순교』, 한국교회사연구소, 1997, 179쪽.
32 〈1842.2.28 김대건 신학생이 리그레즈와 신부에게 보낸 편지〉, 『이 빈들에 당신의 영광이』, 바오로딸, 1997, 33쪽.
33 〈1842.2.28 김대건 신학생이 리그레즈와 신부에게 보낸 편지〉, 1997, 39쪽.

쟁을 종식하고 강화를 맺는 조약으로, 홍콩(香港)을 영국으로 할양하고 상하이와 광저우(廣州) 등 6개 항구를 개방한다는 일명 장닝조약(江寧條約)이라고도 하는 이 불평등조약을 체결하는 현장에 프랑스 세실 함장에게 중국어와 프랑스어 통역을 하느라 함께 했던 것이다. 그는 이 내용을 마카오의 신부에게 편지로 정말 자세히 보고하였다.[34] 서양에서도 오래된 학문인 신학이기는 하지만 최초로 서양 학문을 배우고 견문했던 그가, 실은 중화 문명권에 대한 강한 자부심을 가지고 있던 조선 출신 청년 김대건이 그 종주국인 청이 영국에 무릎 꿇는 현장을 보면서 무슨 생각을 하였을까? 편지에는 객관적인 사실만 설명되어 있고, 그의 생각은 피력하고 있지 않다. 하지만 분명한 사실은 그가 유구한 전통 대국 대청제국(大淸帝國)이 저자세를 취한 당시의 냉엄한 국제정치 환경을 똑똑히 목격했다는 것이다. 이것은 '이용'의 시선에서 매우 중요한 경험이다. 후일 조선 정부에 잡혔을 때 그가 이러한 국제정세를 보고하고 있다는 점은 더욱 중요하다.

이 역사적 사건은 김대건 일행의 계획된 일정에도 크게 영향을 미쳤다. 세실 함장이 조선으로 곧장 가지 않고 마닐라로 되돌아가기로 한 것이다.[35] 이것은 에리곤호를 통해 조선에 귀국하여 조선 국왕 앞에서 세실 함장의 의사를 통역하기로 했던 김대건의 임무가 변경되는 것이기도 했고 앞으로 자신들의 조선 입국 경로가 예측할 수 없게 되었음을 의미했다.[36] 이때는 잠깐

---

34 〈1842.9 김대건 신학생이 리브와 신부에게 보낸 편지〉, 1997, 41-43쪽.
35 뒤늦게 세실도 조선에 들어와 기해사옥 때 프랑스 선교사들을 학살한 책임을 묻고 통교를 강력히 요구하였다. 문제는 이것이 오히려 김대건 신부의 처형을 서두르는 데 영향을 미쳤다고 추정된다.
36 〈1842.12.9 김대건 신학생이 리그레즈와 신부에게 보낸 편지〉, 1997, 44쪽.

상봉한 브뤼니에르 신부와 최양업과도 이미 이별한 이후였다.[37] 이때부터 생사와 귀국 여부의 성사는 김대건의 역할에 달렸다고 보는 게 옳을 것 같다. 이전까지는 비교적 안정적인 선상 분위기 속에서 신학 공부를 계속했지만 이제부터는 어떤 상황이 전개될지 모르는 육지와 항로에서의 긴장감 속에서 통역과 상황 수습을 수행해 내야 했다. 이러한 상황은 이 시기 김대건이 마카오 신부들에게 보고 편지를 보낸 내용에 고스란히 담겨 있다.

아무튼 9월 중순경 김대건 일행은 상하이로 향했다. 그곳 강남 대목구장 베시(Besi) 주교 댁에서 먼저 도착해 있던 최양업 일행과 재상봉하였다. 10월 2일 브뤼니에르 신부, 메스트르 신부, 최양업 등과 함께 배편으로 상하이를 출발하여 10월 말경 랴오둥반도의 남단 백가점(百家店)에 도착했다. 백가점은 서양 선교사들의 아지트였다. 11월 초에 브뤼니에르 신부는 최양업을 데리고 다른 길로 떠나고, 김대건은 메스트르 신부와 함께 남아서 1843년까지 1년이 넘는 기간 동안 백가점에 근거지를 두고서 책문 주변의 조선 땅을 잠깐씩 밟는 등 조선으로의 귀국길을 탐색하였다.[38]

1844년은 신학생 김대건이 동북방 입국 경로를 백방으로 알아보는 시기였다. 그는 조선 입국을 준비하던 페레올(Ferréol, J. J. J. B.) 주교로부터 훈춘(琿春)에서 두만강을 건너 경원으로 입국하는 입국로의 이용 가능성을 알아보라는 지시를 받고 이를 성실하게 수행하였다. 또 난관을 뚫고 임무를 완수하기도 해 페레올 주교로부터 크게 신임을 얻었다.[39] 이 와중에도 신학생 김대건은 동학(同學) 최양업과 함께 꾸준히 신학을 공부하여 소정의 과정을

---

37 〈1842.12.21 김대건 신학생이 리브와 신부에게 보낸 편지〉, 1997, 50쪽.
38 차기진, 1997, 112쪽 참조.
39 서종태, 2008, 189-192쪽 참조.

마쳤다. 그 결과 12월 10일쯤 부제(副祭)가 되었다.[40]

그런데 이즈음 메스트르 신부[41]와 페레올 신부는 조선 입국 경로를 놓고 견해가 나뉘기도 했다. 하여 다음 해인 1845년 1월, 부제 김대건은 페리올 주교와 함께 의주(宜州)를 통해 입국하려다가 감시가 심해 주교는 남겨 놓고 자신만 일단 귀국하였다. 10년 만의 귀국이었다. 모친에게도 알리지 않은 채, 게다가 보름 정도 심하게 앓는 몸으로 서울 석정동에 선교사용 주거를 마련한 상태에서 조선 신도들의 피해를 수습하던 중 배 1척을 구해 자신들을 마중 오라는 페레올 주교의 명을 받고 4월 신자 11명과 함께 상하이로 되돌아가는 데 성공했다.[42]

이 시기는 김대건이 이용후생적 활동을 맘껏 실천하기 시작한 시기였다고 하겠다. 첫째, 그는 마닐라·타이완·난징에서의 주민들의 생활 모습·경제적인 상황·지형 등을 유심히 관찰하고 자세히 서술했다.[43] 지리, 사회, 경제, 문화 및 중요한 국제적인 사건에 대해 관찰 안목이 생겼다는 것은 '이용'의 기본이다. 둘째, 이제 그는 관찰자로서의 처지만이 아니라 실제 이용의 응용자, 실천자로서의 모습을 보이게 되었다. 영어와 중국어로 진행되는 난징조약 체결 현장에서 프랑스어로 통역한 것이 그 단적인 예다. 통역이란, 특히 전쟁 책임을 묻는 국가 간 조약의 체결 현장에서의 통역은 그 안에 이

---

40 〈1844.5.18 페레올 주교가 리브와 신부에게 보낸 편지〉, 1996, 231쪽.
41 이후 메스트르 신부는 최양업과 입국했다가 다시 1852년 재입국하여 상대적으로 평온해진 철종조를 틈타 선교 활동을 하였다. 기아어린이들을 돌보는 일을 하면서 조직(성영회)을 키웠고 1856년 충북 제천 베론에 한국 최초의 신학교인 성요셉신학교를 설립했다. 충남 예산 덕산 황무실에 묘가 있다.
42 〈1845.7.23 김대건 부제가 리브와 신부에게 보낸 편지〉, 1997, 108-109쪽.
43 예를 들어 〈1844.12.18 김대건 부제가 페레올 신부에게 보낸 편지〉, 1997, 69-88쪽에 달하는 장문의 편지로 몽골, 훈춘, 중국 동북 지역의 온갖 사정을 자세히 기술하고 있다.

용(利用)의 본질적인 요소들이 모두 작동하기 마련이다. 그뿐만 아니라 부제 김대건은 잠시 조선에 들어와 있는 동안 〈조선전도(朝鮮全圖)〉라 불리는 지도를 제작하여 마카오의 리브와 신부에게 보낸 바 있다.[44] 비록 전도 활동, 특히 외국 선교사들의 전도 활동에 사용하고자 그린 것이기는 하지만, 그 지도는 너무나 정밀하다는 평가를 받는다. 셋째, 마카오 주교에게 청한 편지 가운데 천연두로 고생하는 조선의 아기들을 위해 이를 퇴치할 처방전을 요청하는 데서 그의 '이용후생의 마음'을 단적으로 확인할 수 있다.

> "조선에서는 어린 아기들의 대부분이 반점으로 얼굴이 흉해지는 병(천연두)으로 죽어가는데, 그 병을 퇴치할 수 있는 처방을 자세히 적어 보내 주시기를 스승님께 청합니다"[45]

4) 신부 김대건

김대건의 자질에 감동한 페레올 주교는 마침내 그에게 신부로서의 사제품을 집전한다. 부제품을 받은 지 9개월 후인 1845년 8월 17일 페레올 주교는 김대건 부제에게 상하이 완당신학교(萬堂神學校)에서 신품성사(神品聖事)를 집전하여 사제품을 행함으로써 마침내 한국 최초의 신부가 탄생하였다.[46]

신부 김대건의 활동은 조선으로의 입국 활동과 조선에서의 짧은 사목 활

---

44 〈1845.4.7 김대건 부제가 리브와 신부에게 보낸 편지〉, 1997, 104-105쪽.
45 〈1845.3.27 김대건 부제가 리브와 신부에게 보낸 편지〉, 1997, 93쪽.
46 〈1846.1.19 메스트르 신부가 르그레즈 신부에게 보낸 편지〉, 1996, 293쪽 참조.

동으로 나누어진다.

이제 막 서품을 받은 신부 김대건은 청국 상하이의 횡당신학교(橫堂神學校)에서 첫 미사를 집전하였다.[47] 그러나 그의 사목 대상은 조선이었기에 그는 곧바로 자신이 타고 온 배편으로 페레올 주교 및 후일 내포 천주교와 특히 인연이 깊은 다블뤼(Daveluy. M. N. A) 신부를 태우고 조선을 향했다.[48] 라파엘(Raphael)호라고 이름까지 붙인 그의 작은 배는 폭풍우를 만나 의도치 않게 9월 28일 제주도에 표착하였다. 다시 수습을 하여 내륙인 강경 황산포에 상륙한 것은 10월 12일이었다.[49]

이후 그해 11월 그는 조선인 최초 신부의 자격으로 서울과 용인 일대에서 사목 활동을 펼쳤다. 처음에는 서울의 석정동을 중심으로 여러 신자들에게 성사를 베풀었다. 이후에는 모친이 계시는 용인 은이 공소를 중심으로 서울을 오가면서 미사도 드리고 성사도 집전하였다. 신부 김대건은 조선에 들어와 있던 6개월 동안 정말 바쁘게 활동했다. "서울에서는 미나리골 김회장의 집, 무쇠막 심사만의 집, 서빙고, 쪽우물골 등지를 방문하고 교우들에게 성사를 주었다. 그리고 용인 지역에서는 은이, 터골 등지에서 성사를 주었다. 그뿐만 아니라 경기도 이천의 동상 밑, 단천 등지까지도 사목 방문을 하였다고 한다. 그때마다 그는 교리를 설명하고 가르치는 데 기쁨과 정성을 다하였고, 또 진지하게 성사를 집전하였다. 그러므로 신자들도 그를 사랑하였고 정성으로 대하였다."[50]

그러나 안타깝게도 조선에서의 신부 김대건의 활동은 6개월여밖에 유지

---

47   서종태, 2008, 195쪽 참조.
48   〈1845.10. 29 페레올 주교가 바랑 주교에게 보낸 편지〉, 1996, 273쪽.
49   〈1845.10. 29 페레올 주교가 바랑 주교에게 보낸 편지〉, 1996, 275-285쪽 참조.
50   김정수, 『성 김대건』, 양업서원, 2011, 75-77쪽.

되지 못했다. 1846년 4월 부활 대축일 미사를 은이 공소에서 집행한 후 상경한 그가 새 임무를 수행하다가 체포되어 순교했기 때문이다. '서해를 통한 선교사 새 입국로를 개척하라.'는 임무를 페레올 주교로부터 받은 그는 해당 임무와 관련하여 두 달여 동안 활동하면서 5월이면 백령도 근처에 중국 산둥의 어선 100여 척이 찾아오는 것을 알고 이를 활용할 준비를 하던 중 6월 5일 순위도(巡威島)에서 체포되었다. 처음에는 신도들의 신변 안전을 고려하여 청국인이라고 거짓말을 했으나 곧 몸에서 천주교 관련 물품들이 나오면서 신분이 드러났던 것이다. 신문을 할수록 그의 신분이 중차대한 것을 알고 이곳저곳으로 이감되고 신문당하다가 9월 16일 마침내 새남터에서 순교하였다.

그는 유학 행위, 선교 활동, 그리고 조선인 최초의 신부로서 사교(邪敎)에 물든 점 등이 국법(國法)을 어기고 국가를 배반한 형률에 적용되어 효수형에 처해졌다. 그의 나이 25세였다.

마지막으로 신부로서의 사목 활동과 이용후생의 마음을 살펴보기로 한다. 김대건 신부가 비록 새로이 서해 입국로를 개척하다가 체포되는 신세가 되었지만, 그가 개척한 서해 항로 관련 보고서는 페레올 주교에게 전해졌고, 이후 이것은 모든 서양 선교사들이 조선에 입경할 때 사용했을 만큼 정확했다는 점에서 '이용'의 사상을 실천한 것이라고 할 수 있다. 실제 이후 페레올 주교는 이를 보완하여 이후 선교사들이 중국 어선을 타고 백령도 부근에 와서 조선 배로 갈아타고 조선의 해변에 상륙하는 방식으로 완성되었다. 그 결과 1856년 3월 이후 조선에 입국한 선교사들은 거의 모두 이 백령도 부근의 입국로를 이용하여 조선에 들어왔다.[51]

---

51 서종태, 2008, 201-202쪽.

4. 맺음말

지금까지 당진의 천주교와 성 김대건 신부의 삶을 이용후생의 관점과 함께 살펴보았다. 물론 25세라는 너무도 짧은 생과 1년 1개월밖에 되지 않는 짧은 사목 활동 시간이있다. 그럼에도 불구하고 그가 남긴 많은 편지 속의 그의 활동들 자체가 그의 '이용의 마음'을 볼 수 있는 좋은 사례들이다. 신학생, 부제, 신부로서의 김대건이 마카오나 마닐라에서 익힌 현지 물정은 물론 귀국길 프랑스 신부들에게 남긴 편지는 필리핀·난징·영국과 중국 관계, 상하이·랴오뚱 반도·몽골·마닐라·의주 변문 등 그가 머물던 곳의 물정과 국가 및 지역의 사정·환경·풍속·산업 수준, 국제정세 등을 관찰한 보고서이기도 하여 전형적인 이용후생 관련 문건이라 할 수 있다.

또 열악한 처지에 놓인 민중을 가여워하고 민중을 불쌍히 여기는 그의 마음이 곧 '후생의 마음'이다. 예를 들어 「조선 순교사와 순교자들에 관한 보고서」라는 보고서에 담긴, 그리고 조선 천연두에 걸린 조선의 어린이를 치료할 원천적인 방법을 알려 달라는 편지에 담긴 그 마음은, 그리고 옥중에서도 조선 정부에 자신이 아는 세계지도를 최대한 상세히 그리고 국제정세를 정성껏 보고한 바는 다름 아닌 조선 민중의 삶을 윤택하게 하고 나아가 종교인으로서 이들을 천주교식 정덕에 이르게 하려는 '후생의 마음'이었던 것이다.

2020년 11월 29일 김대건 신부의 희년을 선포하는 한국 천주교 개막 미사에서 주교회 의장인 이용훈 주교는 "김대건 신부를 비롯한 우리 신앙 선조들은 차별이 엄격하던 신분 사회에서도 인간의 존엄성을 지키며 평등사상을 실천함으로써 이 세상에 하느님 나라를 세우고 복음을 전파하는 데 크게 기여했다."[52]라고 평가하였다. 바로 이 마음이 가장 큰 박시제중(博施濟衆), 이용후생(利用厚生)의 마음인 것이다. 특히 국내외적으로 얽힌 고난의 환경 속에서 이에 굴하지 않고 역경을 이겨 내며 민중을 구원하기 위해 실천하다가 바친 짧은 생애 자체가 〈근대 당진의 저항과 계몽의 이용후생〉[53]의 맥락의 선구라고 하겠다.

52 2020년 11월 29일 주교회 의장인 이용훈 주교 미사.
53 '이용후생의 인문도시 당진' 프로젝트 2년차 주제인 〈인문도시 당진의 근대 저항과 계몽의 이용후생〉이다.

김대건, 『이 빈들에 당신의 영광이: 김대건 신부 편지 모음』, 바오로딸, 1997.
수원교회사연구소, 『기해/병오 순교자 시복 재판록』, 천주교수원교구, 2012.
한국교회사연구소, 『성 김대건 신부의 활동과 업적: 성 김대건신부 순교 150주년 기념 전기 자료집 제2집』, 한국교회사연구소, 1996.
한국교회사연구소, 『성 김대건 신부의 체포와 순교』, 한국교회사연구소, 1997.

『論語』『書』『周易』
『經國大典』『日省錄』『推案及鞠案』『隨記』『憲宗實錄』

김성태, 「당진 신리 교유촌의 교회사적 성격」, 공주대학교 석사학위논문, 2010.
김정수, 『성 김대건』, 양업서원, 2011.
김수태, 「김대건 가문의 신분에 대한 재검토」, 『한국교회사연구』 37, 2011.
김정환 편, 『내포 천주교의 역사와 문화』, 당진시 · 내포교회사연구소, 2012.
박종악, 『수기: 정조의 물음에 답하는 박종악의 서신』, 신익철 외 역, 한국학중앙연구원, 2016(朴宗岳, 『隨記』, 1791.).
서종태, 「김대건 신부의 활동과 업적에 대한 연구」, 『교회사학』, Vol.5, 2008.
수원교회사연구소, 『수원교구 50년사: 1 교구사』, 2013.
안외순, 「丁若鏞의 사상에 나타난 西學과 儒學의 만남과 갈등: 자유주의 수용의 前史」, 『정치사상연구』 2, 2000.
안외순, 「인문지리학적 관점에서 본 내포정신의 형성 과정: 예산을 중심으로」, 『동학학보』 17/3, 2013.
안응렬, 『조선순교자』, 가톨릭출판사, 2021.
윤선자, 「한말/일제강점기 천주교회의 양로원 설립과 운영」, 『한국학논총』 31, 2009.
李元淳, 「김대건 家門의 信仰來歷과 殉敎傳統」 『교회사연구』, Vol.12, 1997.
조광, 『조선후기 천주교회사 연구』, 고대민족문화연구소, 2010(개정판).
車基眞, 「金大建 신부의 활동과 업적」, 『교회사연구』, Vol.12, 1997.
천주교대전교구60년사편찬위원회, 『대전교구60년사』, 천주교대전교구, 2008.
최소자, 『동서문화교류사』, 삼영사, 1987.
충청남도역사문화연구원, 『내포의 천주교와 성지』, 충청남도역사문화연구원, 2015.
한국교회사연구소, 『한국전주교회사(3)』, 2017(2010).

리길재, 〈신 김대건/최영업전〉『카톨릭평화신문』, 2021.04.11.-25 기사.

당진 지역의
동학농민전쟁

장수덕

—

호서중학교 교사

1. 머리말

1894년 이 땅의 수많은 민중은 보국안민, 척양척왜 구호를 외치며 '동학 농민전쟁'에 적극적으로 참여하였다. 당진 지역도 예외가 아니었다. 그럼에 도 지금까지 당진 지역은 동학농민전쟁의 변두리로 평가되었고, 그 때문에 이에 관한 연구는 큰 진전을 이루지 못하였다.

그러나 최근 「'갑오동학란피란록' 저자 탐구와 사료적 가치의 재평가」[1] 와 「내포 지역 동학농민전쟁 연구」[2]가 발표되면서 당진 지역에서도 동학농 민전쟁이 치열하게 전개되었음이 확인되었다. 특히 『갑오동학란피란록(甲 午東學亂避亂錄)』(이하 『피란록』)[3]이 당진 지역 동학농민전쟁의 실상을 알려 주는 대표적인 사료라는 점이 명확하게 밝혀지면서 일련의 연구들이 보다 탄력을 받을 수 있었다. 더불어 『피란록』의 내용을 바탕으로 면천 출신 산

---

1 장수덕, 「'갑오동학란피란록' 저자 탐구와 사료적 가치의 재평가」, 『한국근현대사연 구』 제86집, 2018.
2 장수덕, 「내포지역 동학농민전쟁 연구」, 공주대학교 박사학위 논문, 2020.
3 "『갑오동학란 피란록』은 그동안 충남 공주시 공암에서 살았던 광산김씨의 작품으로 알 려져 있었다. 제목 또한 『피난록』, 『대교김씨갑오피란록』, 『대교김씨가갑오피란록』 등 여러 가지로 불리며 특정 지역과 상관없이 동학농민전쟁 연구 사료로 인용되고 있었다. 그러나 장수덕의 연구가 진행되면서 서산 음암면 대교리에 살았던 경주김씨 26세손 김 현제(金玄濟)의 작품으로 밝혀지고 그가 동학도들의 핍박을 피해서 당진과 서산지역을 떠돌며 피란 생활 과정에서 보고, 겪고, 들은 내용을 기록한 것임이 분명해졌다."

천포 이창구 수접주의 활약과 움직임은 여타 어느 지역과 비교하여도 전혀 손색이 없을 정도로 대규모적·광역적이었음도 확인되었다. 이로써 당진 지역에서 치열하게 전개되었던 동학농민전쟁의 실상을 분명하게 정리할 필요성이 제기되었다.

이에 본 연구 제2장에서는 당진 지역 동학농민전쟁의 서막이라 할 수 있는 '합덕민란'의 원인부터 전개 과정까지 분석하고 이를 바탕으로 1894년 전후 당진 지역 민중들의 동향과 저항 의식 그리고 이와 관련한 민중들의 동학 입도 과정을 정리하였다.

제3장에서는 『피란록』의 저자가 직접 보고 듣고 기록한 내용을 바탕으로 '승전곡전투' 과정을 재정리하고 그동안 여기저기에서 인용하고 나열하는 서술에서 벗어나 최대한 사실에 가깝게 전투의 실상과 의미를 새롭게 재조명하였다.

제4장에서는 송악산성에 웅거하면서 한양에서 홍주로 이어지는 길목을 차단하고 홍주 목사를 고립시켰으며 세곡선을 탈취하여 무려 수만 명의 조직을 이끌고 내포 일대를 호령하던 산천포 수접주 이창구의 활동을 분석하였고, 그 외 당진 지역 동학농민군 지도자들에 대해서도 정리하였다.

2. 합덕민란의 발발과 동학의 확산

합덕지역은 고종이 이헌영을 충청 감사로 임명하면서 "근래에 토호들의 횡포가 호서 지역에서 매우 심하니 또한 그들을 반드시 조사하여 그러한 폐습을 응징해야 한다."라고 특별히 지시할 정도로 관찰사, 수령들은 물론 아전들의 포흠(逋欠)까지 만연하던 가장 대표적인 곳 중의 한 곳이었다. 그 때문에 이곳에서 1893년 12월 그믐 농민들이 봉기하여 직접 양반을 징치

(懲治)하는 사건이 발생하였으니 바로 '합덕민란'[4]이다. 합덕민란은 당시에 창리[5](홍주목 신남면 창리―현 합덕읍 합덕리 구 합덕성당 자리)에 전병사 이정규(李廷珪)[6]가 낙향하면서부터 부세와 관련하여 발생한 사건으로 그 내막을 김윤식(金允植)은 다음과 같이 기록하였다.

그저께 합덕의 일곱[7] 동민 수천 명이 각처 방축에 세금을 거둔다는 새로운 조령이 내려지자 홍주 관아로 들어가 원징(怨懲)을 호소하는 등소(等訴)를 냈다. 홍주 목사가 관이 결정할 수 있는 사안이 아니라고 소장을 물리치자 백성들이 돌아오는 길에 합덕에 있는 병사 이정규의 집과 그 형제 친지의 낭속(廊屬) 10여 호를 불태웠다.[8]

이정규와 관련한 횡포와 악행의 내용은 충청도 관찰사 조병호(趙秉鎬)의 장계에도 잘 나타나 있다. "이정규는 농민들에게 37,850냥의 금전을 갈취하였고 미조·염포·우마·전답·가사·산록·시장·재목·고초·어망·선척 등 모든 부문에 걸쳐 침탈을 자행하였으며, 인명에 대한 살상과 상해까지 저질렀

4 '민란'에 대한 규정은 장수덕,「내포지역 동학농민전쟁 연구」의 2장 1절 참조.
5 김남석,「1894년 합덕농민항쟁에 대한 재검토」,『당진에서 본 동학농민혁명』, 당진역사문화연구소, 2015,에 의하면 이정규의 낙향 주소지가 덕산군 비방면 창리이기 때문에 이를 '덕산봉기'라고 해 한다.
6 히사마 겐이치(久間健一),「合德百姓一發の 硏究-朝鮮農民一揆の事例-」,『朝鮮農民の 近代的樣相』, 東京 西ヶ原刊 行會, 昭和10.에 의하면 양반 이정규는 임천군(현 부여군) 출신의 무관으로 덕산군수, 전라도병마사 임기를 마치고 낙향한 후 2개월째에 발생하였다.
7 久間健一, 앞의 글에 의하면 실제로 합덕제의 몽리지역은 홍주목 합남면에 속하는 포내리, 덕곡리, 상흑리, 하흑리, 옥금리, 창리 등 6개 부락이고 일규에 관계된 부락도 이들로 나와 있다.
8 김윤식,『續陰晴史』, 상권, 294쪽.

다."[9] 그리하여 몽리 부락민 800여 명[10]은 '혈원록(血怨錄)'까지 작성하여, 홍주 목사에게 직접 해결해 줄 것을 호소하였다. 그러나 홍주 목사는 되려 이러한 과정까지 낱낱이 이정규에게 알려 주었고 이정규도 등장(等狀)해 온 800여 명 전부를 살해하라는 답신을 보내기에 이르렀다.[11] 결국 이러한 사실까지를 알게 된 농민들은 더욱 분개하였으나 뜻을 이루지 못하였고 섣달그믐 저녁, 이정규의 집으로 달려가서는 나성로와 이영택을 대표로 하여 조목조목 따져 사과를 받아 냈으나 진정성이 없다고 판단, 측간부터 객실, 본채와 부속 건물에 이르기까지 차례로 불을 질러 버렸다.

이 사건으로 인하여 이정규가 귀양을 가고 사건은 무마되었으나 민란의 책임만은 여전히 남아있었다. 이에 합덕 주민은 이듬해 2월 홍주 목사를 찾아가 이들이 관대한 조처를 간원(懇願)하였고, 공주감영까지 찾아가서 다시 한 번 관찰사 조병호에게 진정[12]하였으나 역시 아무런 조처를 받아 내지 못하였다.[13] 이런 와중에 자신들의 대표였던 나성로와 이영택이 이미 홍주 관

9 「忠淸道觀察使趙狀啓」1894년 6월 13일, 『동학농민혁명 국역 총서』7, 307쪽.
10 1894(고종31)년 음력 2월, 이정규가 사는 창리의 농민들은 이후의 협박이 두려워서 참가하지 못했다.
11 이정규는 당시 성동리에 거주하던 전비인군수 표명서에게 연통하여 자기의 뜻을 담은 편지를 홍주목사에게 보내도록 주문하였다.
12 『고종실록』31, 31년(1894.4.11) 기사에는 "방금 충청감사 조병호의 사계를 보니 덕산군수 김병완의 첩정에서, '전병사 이정규가 위세를 부린 여러 조항을 낱낱이 들었는데 막상 사안을 보니 과연 틀림이 없었고 각 해에 빼앗은 돈이 37,850냥이고, 여러 가지 사소한 수는 거론하지 않았으며 그 밖에 쌀, 벼, 소금, 뇌물, 소, 말, 전답, 집, 산림, 시장(柴場), 재목, 짚, 어망, 선척 등 약탈한 물건과 사람을 죽이거나 상하게 하는 등 허다한 학정을 낱낱이 거론하기 어려우므로 모두 고을에서 보고한 대로 별도로 성책하여 의정부에 올려보냅니다.'라고 하였다.
13 『고종실록』, 31권, 31년(1894), 2월 15일 기록에는 합덕민란에 참여한 사람들은 서로가 장두(狀頭)라고 칭했고 처벌받기를 두려워하지 않았다고 한다.

아에 쫓기는 몸이 되자 불안이 극에 달하기 시작했다.[14] 그 때문에 합덕 주민들은 자신들을 보호해 줄 또 다른 힘을 찾게 되었으며 자연스럽게 동학에 입도하기 시작하였다. 이후 불과 7개월 지나서 "비도(匪徒) 수천 명이 합남(合南) 땅에 주둔하여 그 기세가 대단해서 관군을 보내어 토벌하였다."[15]라는 기록과 "비도 중에 총에 맞아 죽은 자는 헤아릴 수가 없었고, 사로잡은 자가 60명이었다."[16]라는 기록을 보면 이들이 바로 다름 아닌 합덕민란의 당사자인 합남 사람들이었음을 어렵지 않게 짐작할 수가 있다. 왜냐하면, 합남 땅이 바로 홍주목 합남면이었고 수개월 전 합덕민란이 일어났던 바로 그곳이었기 때문이다. 이러한 사실로 미루어 볼 때, 합덕민란의 대표로 선출되었던 나성로와 이영택이 스스로 동학에 입도하여 활약하거나 6개 부락민이 동학에 입도하여 농민군으로의 변신한 것은 너무도 자연스러워 보인다.

합덕민란이 일어나고 핍박과 저항이라는 극렬한 사회갈등이 고조되자[17] 눈치 빠른 민중들은 왜학이나 양학, 아학[18] 등에 의지하기도 했지만, 대부분은 동학에 입도하기 시작하였다. 『피란록』의 저자 김현제(金玄濟)는 '어떤 한 이단의 학설이 수년 전부터 도처에서 성행하여 이른바 동학'[19]이라고 불

---

14 久間健一, 앞의 글, 75~76쪽 참조. 나성로와 이영택은 고부민란 이후 호남에서의 농민전쟁에 가담하여 유전하다가 나성로는 홍주초토사 이승우에 잡혀 총살된 것으로, 이영택은 면천군수의 체포 명령이 있자 각지를 전전하고 떠돌다가 島里에서 주막을 운영하는 첩의 집에 돌아와 있던 중 면천군 사령의 밀고로 잡혀서 역시 홍주에서 동학당원 명목으로 총살되었다.
15 홍건, 「洪陽紀事」, 10월 16일.
16 홍건, 앞의 글, 10월 21일.
17 조경달, 2008, 『이단의 민중 반란』, 역사와 비평사, 39쪽 참조.
18 김현제, 『避亂錄』, 동학농민혁명기념재단, 『동학농민혁명사료총서』 9 (동학농민혁명종합지식정보시스템), 1894~1895.
19 김현제, 앞의 글.

렀는데. 민중들이 동학은 "유·불·선(儒·佛·仙) 삼도에서 비롯되었으며 오륜과 사단을 갖추고 있고, 왜와 양을 배척하여 국가의 대의를 위한다."[20]라고 표명하였기 때문에 급속하게 확산되었다고 분석하였다.[21] 당시 덕포의 소접주로서 내포 지역 동학농민전쟁에 참여했던 홍종식(洪鍾植)의 증언도 이와 다르지 않다.

> 내가 입도한 지 불과 며칠에 전지문지하여 동학의 바람이 사방으로 퍼지는데 하루에 몇십 명씩 입도하곤 하였습니다. 마치 봄 잔디에 불붙듯이 포덕이 어찌 잘되는지 불과 1, 2삭 안에 서산 일군이 거의 동학화가 되어 버렸습니다.[22]

이렇게 동학에 입도한 자들은 '바로 상하귀천 남녀존비 할 것 없이 모두 심열성복(心悅誠服)이 되었고 죽이고 밥이고 아침이고 저녁이고 서로서로 함께하며 서로가 서로에게 연결되어 의지하고, 위안하는 끈끈한 조직으로 성장해 갔다. 당시 당진 지역에서 활동하던 동학 지도자들은 박덕칠(朴熙寅)·박도일(朴寅浩)·이창구 등이 유명하였는데, 박덕칠을 따르는 자[23]들을 예포, 박인호를 따르는 자들을 덕포, 이창구를 따르는 자들을 산천포라 불렀다. 당진 지역에 존재하였던 예포는 예산에 도소를 두고 있었고, 덕포는 덕산에 도소를 두고 있었으나, 산천포는 당진 월곡리에 도소를 두고 사실상 당진 지역을 석권하였다. 따라서 당진에서 활약하던 동학의 대표적인 조직

---

20 김현제, 앞의 글.
21 김현제, 앞의 글; 홍종식, 1929, 「동학란실화」, 『신인간』 34호 참조.
22 홍종식, 앞의 글.
23 김현제는 위의 기록에서 실제 '협종(脅從)한 자로' 표현하고 있다.

은 산천포라고 해도 과언이 아니다. 그러나 산천포들은 여미벌대도회 이전에 이창구가 홍주 목사에게 체포되어 처형됨으로써 와해되어 버렸고, 나머지 두 개의 조직이 내포 지역에서 동학농민전쟁을 주도하는 동학농민군의 주축이 되었다. 이들이 치른 첫 전투이자 빛나는 첫 승리가 바로 승전곡전투이다.

3. 동학농민전쟁사에 빛나는 승전곡전투

1894년 6월 일본군의 경복궁 불법 점령 사건과 풍도와 성환에서 촉발된 청일전쟁은 내포지역 주민들에게 크나큰 충격을 주었다. 더욱이 내포에 내려온 순무사(김경제)가 서산과 태안에 이르러 동학도들을 탄압하고 본보기로 처형하려 하였다. 이러한 국가적인 위기와 동학도들의 위기에 때맞추어 내려온 최시형의 훈시문은 서산과 태안에서 기포를 촉발하기에 충분하였다. 이렇게 시작된 동학농민전쟁은 박인호의 경통을 받아들은 동학도와 민중들이 여미벌(여미평, 현재 서산시 운산면 여미리)로 속속 모여들면서 '보국안민' '제폭구민' 구호를 외치며 내포지역 동학농민군이라는 거대한 조직으로 탄생하였다.

승전곡전투가 있었던 10월 24일(양력 1월 21일, 수요일) 아침에도 박인호는 식사를 마치고 장차 행군의 방향을 논의하고 있었다. 바로 이때 경군(京軍)과 일본군으로 구성된 연합부대(이하 진압군)[24]가 자신들을 토벌하기 위해서

---

24 『주한일본공사관기록』권1에 의하면 이때 진압군 총병력의 수를 살펴보면 아카마츠(赤松國封) 소위가 인솔하는 일본군 1개 소대와 2개 분대 70명(하사 5, 상등병 5, 병졸 59)+조선군 병사 34명이라고 기록하고 있으나 후퇴하면서 배낭과 장비를 각각 78개를 잃어버린 것으로 보고하고 있다.

면천으로부터 여미벌으로 진격해 오고 있다는 급보를 받게 되었다. 아직 편제도 제대로 갖추지 못한 농민군들은 내심 매우 놀랐으나 일제히 심고(心告)를 튼튼히 하고는 먼저 승전곡(당진시 면천면 사기소리)을 사수하기 위하여 신속하게 진군하였다.

승전곡의 지리에 이숙한 동학농민군들은 신압군이 아침나절에 면천에서 출발했다는 소식을 듣자마자 황급히 승전곡 양쪽 산등성이로 올라가 유리한 고지를 선점하였다. 한편 진압군도 삼웅리에서의 척후병들을 만나 가볍게 격퇴하고 승전곡을 향해 진격해 왔다. 승전곡의 양쪽 산등성이에 진을 치고 기다리던 동학농민군은 수많은 깃발을 휘날리며 꽹과리와 징을 울리고 함성을 쏟아내며 일제히 방어전에 돌입하였다. 당시 승전곡의 전투 상황을 사료들을 통해 들여다보자.

선봉 척후가 관군이 행군해 옴을 보고하니 우리는 승전곡 양 산등으로 올라가 복병하고 있었소. 관군이 골짜기 속으로 몰려들어 왔소. 관군이 골짜기를 들어서자 우리는 곧 전단을 일으켜 교전 1시간여에 관군을 여지없이 대파하니…(하략)… [25]

여미로 출병했던 병사들이 승전곡에 이르러 겨우 일진을 돌파하고 검암후봉에 이르렀으나 수만 명이 진을 친 것을 보고 기가 질려 총 한 방 쏘지 못하고 퇴병했다고 한다.[26]

25 박인호,「갑오동학기병실담」.
26 김현제, 앞의 글.

23일 해미군 귀밀리에서 대진이 유숙한 후 다음 날(24일) 행군하여 하오 4시(申時)경에 해미 승전곡을 지날 때 일병 4백 명과 병정 5백 명, 유회군 수천 명이 길에 복병(伏兵)하였다가 일시에 돌출하여 양진(兩陣)이 서로 접전하였다. 이때 일한병(日韓兵) 10여 명이 중상을 당하니 저 무리가 감당하지 못하고 대패하여 도주하는 고로 군량미와 군복을 다수 습득하였다.[27]

이상의 승전곡전투에 관한 기록을 정리하면 1)동학농민군은 선봉 척후의 보고를 듣자마자 승전곡 양쪽 산등성이에 미리 매복하였다. 2)진압군은 1차로 동학농민군의 척후병 400~500명을 삼웅리에서 격파하고 본격적으로 승전곡 안으로 진격하여 돌파하고자 하였다. 3)진압군이 먼저 총을 쏘며 승전곡 서쪽 능선을 따라 돌파하려 애를 써 봤지만 산 위에 매복한 동학농민군이 물러서는 법 없이 대응하였고, 4)마침 서풍이 불자 화공까지 전개하였으며 이에 진압군들이 당황하기 시작하자 천지가 진동하게 고함을 질러 대며 우레와 같이 산 아래로 쏟아져 내려가며 돌격하였다.[28] 동학농민군은 턱없이 부족한 무기와 보잘것없는 전투력에도 불구하고 유리한 지형지물과 수적 우세를 십분 활용하여 전투를 유리하게 이끌었다. 승전곡 양쪽 산등성이에 매복한 동학농민군의 전술을 들여다보면 1)보란 듯이 산 위에 빼곡하게 깃발을 꽂아 놓고 수적 우위를 보이고, 2)꽹과리도 치고 징도 치고 북

---

27 조석헌, 『북접일지』, 2006, 태안군, 109쪽.
28 「피란록」에 의하면 '승전우(僧田隅)'에서 총소리와 고함이 천지를 진동하였으며 화염과 연기가 골짜기를 가득 메웠고 몇만 명이나 되는지 모를 비류들이 온 산과 들을 가득 메우고 발로 차고 짓밟으며 면천읍으로 몰려들었는데 그 속도가 비바람처럼 빨랐으며… 이하생략'이라 하여 당시의 동학농민군의 전략과 전술 그리고 전투장면을 연상할 수 있게 한다.

도 치면서 연이어 함성을 질러 위엄을 과시하면서, 3)일부에서는 화승총을 가지고 응사하기도 하였다. 이날 일본 공사관의 기록에 의하면 산 위 각처에 5,000명씩 매복해 있었고 그들에게 포위되고 공격당해서 부득불 퇴각하였다고 한다. 이렇게 기꺼이 전부를 노출하여 수적 우위를 버젓이 과시함으로써 적들에게 겁을 먹도록 유도하는 것, 이것이 바로 동학농민군들이 펼친 최고의 전술이었다. 그래야만 피아의 피해를 최소화하고 승리까지 챙길 수 있기 때문이었다.

> 우리들은 수는 많으나 대개 죽창을 가진 농군들로서 앞으로 갓! 뒤로 갓! 한 마디도 못해 본 군사들이요. 저들은 새로운 무기를 가진 조련한 군사들이니 접전을 한다면 어찌 되겠습니까. 실로 야단났습니다.[29]

위의 내용은 당시 전투에 참여했던 홍종식의 증언이다. 그들이 무기와 군사훈련 등에서 연합군과 맞서기에 턱없이 부족했음은 말하지 않아도 알 수가 있다. 그럼에도 불구하고 승전곡전투는 동학농민군의 첫 승이자 압승이었고 이후 내포 지역 동학농민군이나 일본군에게도 엄청난 영향을 충격을 안겨 준 대사건이 되었다. 왜냐하면, 동학농민군의 입장에서 보면 이날의 전투는 일본 정규군을 상대해서 전면전을 치르고 얻어 낸 첫 번째 승리이자 가장 빛나는 전투였음이 분명하고, 반대로 일본군을 중심으로 한 진압군 측 입장에서 보면 초전에 당한 굴욕적인 대사건이었기 때문이다. 따라서 승전곡전투[30]는 동학농민전쟁기를 통틀어서 가장 의미 있는 대사건으로 기록되

---

29 홍종식, 앞의 글, 46~47쪽.
30 『주한일본공사관기록』 권 1, 206~208쪽에 의하면 이날의 전투에서 진압군들은 군인용

어야만 한다.

그럼에도 불구하고 승전곡전투가 널리 인정받지 못하는 이유는 무엇일까? 그것은 첫째, 그동안 내포 지역 동학농민전쟁에 관해 관심과 연구가 소홀했기 때문이며, 둘째, 쌍방 간 인명 피해가 발생하지 않았기 때문일 것이다.[31] 하지만 인명의 피해보다 더 중요한 것은, 첫째, 동학농민군이 교전하여 승리한 최초의 전투이고 완벽한 승리라는 점과, 둘째, 동학농민군이 이후 예산 관작리에서 한층 확대되고 조직화된 동학농민군으로 탄생할 수 있었던 힘이 생겼다는 것이다. 셋째, 이후 홍주성을 함락하고 서울로 진격할 수 있다는 자신감이 여기에서 얻어졌다는 것이다. 이런 의미에서 승전곡전투는 동학농민전쟁사에 매우 중요한 전투로 기록되어야 하며, 반드시 그 의미도 분명하게 인정받아야만 한다.

그렇다면 승전곡전투에서 동학농민군이 승리할 수 있었던 요인은 무엇일까? 그것은, 첫째, 진압군 특히 일본군이 지리에 어두우면서도 동학농민군의 전력을 얕본 탓이 크다. 사실상 진압군은 정규군으로 편성되었고, 그 때문에 우수한 무기와 전투력까지 겸비하였으므로 동학농민군을 상대로 패배한다는 생각을 전혀 하지 못했을 것이다. 둘째, 동학농민군이 유리한 지형지물을 이용하여 효율적인 방어 전술을 펼친 덕분이다. 우수한 현대식 무기와 조직적인 군사훈련을 받은 일본군이라 할지라도 이곳의 지형을 잘 알고 펼치는 방어 전술에 별다른 대응 방법을 찾지 못했기 때문이다. 셋째, 이미 동학농민군의 조직력이 이미 이전의 독립적, 개별적으로 활동하던 결사

배낭 78개, 상하 겨울 내의 78벌, 휴대식량 312인분, 일대(日袋) 78개, 수첩 78개, 깡통과 소금 각각 78개, 쌀자루 78매, 반합 78개, 구두 78켤레를 잃어버렸다고 하였다.

31 홍건, 앞의 글, 10월 25일 기록에 보면 '새벽쯤에 경군과 일본군이 면천에서 포위를 뚫고 밤새 달려서 홍주에 도착하였는데 다행스럽게도 피해가 없었다.'라고 기록하고 있다.

의 시기 시위 형태의 동학농민군과는 사뭇 달라졌다는 사실이다. 무기와 조직 그리고 훈련 면에서 보면 그야말로 죽창으로 무장한 초보적인 군사 집단이긴 하였으나, 그들의 조직적인 대응을 살펴보면 이전에는 익히 볼 수 없었던 전술·전략을 사용하기 시작하였음을 확인할 수 있다.[32] 넷째, 동학농민군의 일치단결된 결연한 의지와 용기가 있었기 때문이다. 여미평에서 동학농민군이 탄생하고 치르는 첫 번째 전투였지만 일본 정규군을 맞이하면서도 한 치의 흔들림이 없었으며 완벽한 방어 전술까지 펼친 것은 서로가 서로를 의지하는 믿음과 용기가 있었기 때문이다.

4. 내포 동학농민군 최고의 수접주 이창구

『피란록』에서 언급된 내포의 동학 지도자들 중에는 단연 으뜸은 이창구(李昌九)이다.[33] 『피란록』에는 "호남 지방의 거괴 전녹두(전봉준-필자)와 김개남은 가장 유명한 자들이다. 호중(湖中)의 거괴는 최제우(崔時亨의 오기-필자)·박덕칠·박도일·이창구·손사문·안교선·황하일·이종필·이성시였다."라고 기록되어 있다. 이렇듯 이창구는 전봉준·김개남·최시형 등과 그 이름을 나란히 하고 있었다. 그런데 면천 출신으로 알려진 그가 왜 스스로 면포라 부르지 않고 산천포 혹은 목포라고 불렀을까? 그것은 바로 이창구가 면천의

---

32 박인호는 훗날 앞의 글에서 '아무 훈련이 없었던 동학군이었지만 두령들의 지휘 아래 통제가 잘되어서 모두 결사 항전의 각오로 임하여 날카로운 무기를 가진 진압군들을 맞아 맨주먹으로 굽힘 없이 싸워주었다'라고 회고하였다.

33 「피란록」에서는 박인호가 4회, 박희인이 4회 언급되어 있으나 이창구는 13회 언급이 되고 있다. 이는 현제가 피란을 하던 장소가 현 당진 지역이고 이곳에 가장 크게 영향력을 끼친 인물이 이창구였기 때문일 것이다.

또 다른 지명이었던 산천[34]을 포명(包名)으로 사용했기 때문이다. 실제로 이창구는 면천 읍내로부터 신암-기지시-송악산-창택산(송산)으로 이어지는 길목에서 주로 활동하였다. 그렇다면 면천의 출신이었고 산천포 수접주라 불리던 이창구가 스스로 '목포의 수접주'라고 자청한 것은 어떻게 설명할 수 있을까? 이것은 '밋내'라는 옛 지명을 살펴보면 금세 실마리가 풀린다. 백제 시대 면천 지역의 지명이 혜군(槥郡)이었고 통일신라 시대에는 혜성군(槥城郡)이었으며 조선 시대에는 추군(橻郡)이었는데 모두가 나무 목(木)변의 글자였기 때문이다. 이창구는 이러한 의미에서 밋내를 나무 목(木)변의 글자를 가진 현(縣)이라는 의미로 목포(木包)라 칭한 것으로 추론할 수 있다.[35]

그렇다면 이창구는 어떤 인물이었으며 주로 어떠한 활동에 주력했는지 살펴보자.

> 그런데 면천 이북은 이른바 이창구라는 놈이 목포 수접주를 자청하면서 월곡에 적의 소굴을 만들어 놓고 있었으며, 이른바 강·편·윤(姜·片·尹) 세 놈도 적괴(賊魁)로 경내에서 못된 짓을 하고 다니고 있었다.[36]

이창구는 주로 월곡리(마을 사람들은 지금도 '달아실'이라고 함)에 도소를 설치하고 송악산 농보성(農堡城)[37]과 국수봉(國守峰, 송악읍 기지시리)을 중심으

---

34 장수덕, 「沔川의 地名考」, 『당진미래』 19호, 2020, 15~17쪽 참조.

35 장수덕, 「沔川의 地名考」, 15~17쪽 참조.

36 김현제, 앞의 글.

37 향토문화전자대전에서는 『조선환여승람』이나 일제강점기에 발행된 『당진군사』(1936년) 산성 조에 따르면 김명배가 1894년 8월 12일 송악산에 농부를 창립하여 흙과 돌을 운반해 성을 쌓았다'라고 기록되어 있다. 『피란록』에는 송악산이 숭악산(崇嶽山)으로 기록되어 있다.

로 면천 일대에서 주로 활동하였다. 그의 부하들 즉 강종화·편중삼·윤치상세 사람[38]을 시켜서 주로 면천 일대를 돌아다니며 무기와 식량을 거두고 창고를 봉고(封庫)하는 데 주력하였다. 아래에 또 다른 이야기를 들어 보자.

> 동학군 10여 명이 증조부[安種喆]가 계시던 사랑채를 찾아와서 예를 갖추고 쌀 30섬을 내주십사하고 요구하였는데 당시 증조부께서 말씀하시길 "자네들이 어제 내 동생네 집에 들러서 쌀 50섬을 무단히 가져갔다고 하는데 내 집에서도 그냥 가져가면 되지 왜 달라고 하는가?"라고 하자 동학군들이 하는 말이 "우리 접주가 지금 달아실[月下室, 월곡리]에 와 있는데 식량이 부족하여 긴히 청하게 되었다면서 감역 어른 댁은 득인심(得人心)하신 집안이어서 우리가 마음대로 할 수는 없다."라고 말했다고 한다.[39]

이는 19세기 중반 의금부도사를 지낸 안기원(安基遠)의 두 아들이 겪은 이야기이다. 이 대목에서 주목되는 점은 내포의 동학도들도 득인심(得人心)한 댁에 들어가서는 절대 함부로 약탈하거나 갈취하지 않았다는 사실이다. 이와 같은 사례는 산천포들 역시 보국하고 안민하려는 동학의 근본정신을 충실히 이행하려 노력했다는 중요한 근거이기도 하다. 이렇게 이들은 이창구의 지휘 아래 전국의 동학도들과 매한가지로 지역의 인심을 향배에 따라 거

---

38 이 세 사람의 이름은 「피란록」에서는 강·편·윤(姜·片·尹)으로 나왔으나 「홍양기사」의 내용을 근거로 분석·대입하면 강종화, 편중삼, 윤치상임을 확인할 수 있었다.
39 이 이야기를 증언한 안승환(1944년 생)은 당진시 송악읍 고대리 113번지 출신으로 광주안씨 시조 안방걸의 39세손이다. 안방걸의 24세손 안담이 신평면 부수리에 이주하여 살기 시작한 이후로 그의 아들 안민도와 안민학이 고대리에 세가를 이루었고 1894년경에는 안민학의 후손인 안종선이 고대리에 안종화는 오곡리에 정착하여 살았다. 안승환은 바로 안종선의 증손이다.

스르지 않고 함께하려 노력하였음을 확인할 수가 있다. 다음 이야기를 들여다보자.

> 면천 북쪽에 숭악산(崇嶽山)이 있는데 곧 월곡의 뒤에 있는 산봉우리이다. 근처의 동학에 가입하지 않은 모든 집들이 유회하고 모의하여 산 위에 축성하고 농보로 삼았다. 그 지역 내의 양반과 상민을 막론하고 구름처럼 다투어 몰려들었으니 이 또한 한 군데 의지할 곳이었다.[40]

위의 내용은 당시 이창구가 빼앗아 차지하였던 농보성을 이야기하고 있다. 당시 면천 이북에서는 유회를 중심으로 반동학적인 백성들이 모여서 송악산에 농보성을 축조[41]하고 이곳을 근거하여 동학의 핍박을 피하고자 하였으나 이를 이끌어 갈 사리에 밝고 지략이 있는 우두머리가 없었다. 더구나 바로 지척에 월곡이 있어서 자칫 애써서 곡식이라도 저장했다가 이창구에게 빼앗긴다면 오히려 낭패가 될 수 있었다. 게다가 이곳은 여러 가지로 문제점을 가지고 있는 그런 곳이었다.

그럼에도 불구하고 이곳에 농보성을 구축할 수밖에 없었던 이유는 이곳 가까이에 바로 한양과 홍주를 이어 주는 관문인 안섬[內島]이 있었으며, 내

40　김현제는 앞의 글에서 농보성의 결점을 "적의 소굴과 매우 가까운 것이 첫 번째 결점이었고, 성내에 물이 없는 것이 두 번째 결점이었고, 지세가 협소한 것이 세 번째 결점이었다. 해문(海門)과 붙어있어서 독장(毒瘴)과 악무(惡霧)가 북쪽으로 향해 있는 뒷산으로 밀려들어 사람들이 병에 많이 걸리는 것이 네 번째 결점이었다. 또, 성을 쌓을 돌은 큰 것이 거의 드물며, 다만 주먹만 한 돌로 1장에 불과하게 쌓았으니 만약 대포를 쏜다면 반드시 우박처럼 흩어질 것이므로 도리어 토성을 단단하게 쌓는 것보다 견고하지 못하다." 등으로 지적하였다.
41　『당진군사』(1936년) 산성 조에 의거하면 김명배가 "1894년 8월 12일 송악산에 농보를 창립하여 토석을 운반해 성을 쌓았다"라고 기록하고 있다.

포 지역으로 들락거리는 세곡선이 한눈에 보이는 조망 지역이었으며, 방어하기 가장 적합한 산악 지역이었기 때문이었다. 실제로 이창구의 움직임으로 내포의 세곡이 한양에 당도하지 않아 조정으로서는 매우 난감하다 하였다. 결국에 농보성은 초기 국수봉에 본거지를 두고 활동하던 이창구의 무력에 의해 강제로 탈취당했다. 이후 이창구의 세력이 5,000이니 50,000이니[42] 하게 된 것도 바로 이곳을 차지했기 때문에 가능했던 것으로 보인다. 이곳을 장악한 이창구는 지리적인 이점을 이용해서 조정과 홍주의 긴밀한 연락을 차단할 수 있었으며, 반대로 수많은 정보를 수집할 수 있었음은 물론이고 손쉽게 세곡까지 탈취하여 식량으로 확보할 수가 있었다. 식량을 조달하지 못하고는 그 어디서도 그 많은 인원을 감당할 수가 없었기 때문이다.

이른바 이창구란 자가 수천 명을 거느리고 국수봉 아래에 모여 있었다. 그들이 매일 하는 일은 재물을 탈취하고, 졸개들을 시켜 촌가의 창고를 봉하게 하고, 관청의 창고나 개인 집을 막론하고 무기를 모두 찾아내는 것이었다. 그래서 이른바 비류의 졸개들이 어떤 마을에 들어가면 봉고하고 무기를 탈취하였을 뿐만 아니라 그 밖의 소소한 폐단들도 저지르지 않는 것이 없었다.[43]

---

42 『駐韓日本公使館記錄』1. 「동학당에 관한 건-부순사 파견의 건」, 국사편찬위원회, 1986, 169쪽. 내용에는 "내포의 이창구가 많은 적도를 거느리고 숭학산송악산 민보를 탈취하여 내포의 열읍이 모두 해독을 입게 되었다. 내포로 말하면 곡물 생산지로 겨울과 봄 사이에 서울에 식량을 공급해 왔다. 그러나 적도들이 이곳을 장악하여 조운이 불통되고 있다"라고 하였다.
43 김현제, 앞의 글.

하여 이창구의 활동은 주로 면천 지역과 당진 지역에서 거침없이 이루어졌고 경내에서는 그를 제지할 수 있는 사람이 아무도 없었다. 그 때문에 내포 지역에서 "양반들은 대부분 기세가 꺾이지 않을 수가 없었고, 어리석은 백성들은 입도하지 않은 자가 없었다."라고 할 정도로 그냥 그의 세상[44]이었다. 또 다른 기록을 살펴보자.

　　이창구란 놈은 국수당에서 수천 명을 거느리고 농보성을 빼앗아 차지하고 있었으며, 이른바 윤치상이란 자는 천한 검으로 농보의 우두머리를 찔러 두목이 사경을 헤매게 했으니 놀랍고 분하였다.[45]

이창구의 부하 윤치상은 농보성을 공격하여 탈취할 당시 유회군의 우두머리를 직접 칼로 찔렀다고 한다. 이렇게 10월 13일 송악산에 있는 농보성은 이창구에 의해 장악되었다. 이렇듯 이창구의 세력은 전투력 면에서나 수적인 면에서는 당연히 최고의 조직이었으며, 내포 동학당 12두령 중에 단연 으뜸이라 할 만했다. 『홍양기사(洪陽紀事)』 8월 19일 자에 의하면 "동문에 나가 보니 어떤 이가 10리의 길에 가득 동학도 행렬을 이끌고 가는데 알고 보니 그가 곧 이창구였다."라는 기록도 보인다. 이렇듯 그의 활동 지역은 면천 이북뿐만 아니라 홍주·광천에 이어 보령까지 미치고 있었다. 그의 부하

44　김현제, 앞의 글에 의하면 '당나귀와 말을 타고 통영갓을 쓰고 사치한 의복을 입고 안경을 착용하고 말을 거침없이 하며, 양어깨를 우쭐대며 얼굴의 생김새가 증오스러운 자는 반드시 적괴(賊魁)이며, 의관이 남루하고 걸음걸이가 조심스러우며, 말을 더듬고 얼굴이 흙빛인 자는 반드시 일반인이다.'라고 하여 이미 경내는 동학의 세상이었음을 알리고 있다.
45　김현제, 앞의 글.

이며 심복이었던 정원갑은 보령의 수영(水營)을 공격하여 군기를 모두 탈취하기도 하였다.[46] 이렇게 내포의 전역에서 가장 큰 동학농민군 세력을 이끌며, 많은 무기와 군량까지 확보하고 다가올 동학 총기포에 대비하였던 그가 어느 날 밤 홀연히 체포[47]되어 처형당하는 초라한 신세가 되고 말았다. 그가 처형된 뒤로 농보성은 다시 농민들의 차지가 되었고 '응봉(鷹峰)·원봉(圓峰)과 서로 표리를 이루어 호응하였다.[48] 그러나 덕포와 예포의 동학도들은 여전히 살아서 움직이고 있었으며, 흩어졌던 이창구의 휘하의 산천포들도 여미평으로 모여들어 수접주의 원수를 갚겠다고 공언하였다.[49]

다음으로 당진 지역에서 활동하였던 소접주들에 대해서 정리해 보자.

북촌의 강·편 두 놈이 근처에서 기포하였는데, 만약 그들을 따르지 않으면 그 자리에서 창칼로 도륙을 내고 있습니다. 그래서 이른바 지난날에 동학을 등졌던 무리들이 다시 적당으로 들어가지 않는 자가 없습니다. 그 형세는 바람과 우레처럼 신속하고 병의 물을 거꾸로 쏟아붓듯이 순조로워 순식간에 수삼천 명이 모였습니다. 현재 월곡의 본 소굴에서 집회를 가지고 있습니다.[50]

---

46 『錦營啓錄』, 10월 8일.
47 홍건, 앞의 글, 10월 22일에 의하면 당시 이창구가 송악산의 농보를 차지하고 있었는데 홍주목사가 이창구가 새로 얻은 애첩을 잡아다가 인질로 삼고 김석교를 보내어 회유하자 그가 귀화를 원하면서 첩을 돌려주길 간청하였다. 이에 홍주목사는 이창구의 심복 강종화, 편중삼, 김영배 등 3명을 몰래 회유해놓고 애첩을 풀어주는 척 유인하자 이창구를 산에서 내려와서 첩과 함께 머물게 되었는데 이때 김창기 이근영 등이 달려들어 결박하고 홍주로 압송하여서는 북문 앞에서 목을 베었다.
48 김현제, 앞의 글.
49 김현제, 앞의 글.
50 김현제, 앞의 글.

강·편 두 사람은 북촌(면천의 북쪽-필자) 출신으로 유동과 갈산에서 기포하였는데, 그들의 움직임에 순식간에 수삼천 명이 모였으며 월곡에서 집회를 가지고 있다라고 기록된 것으로 보아 이창구의 휘하의 인물들임이 분명하다. 그들은 주로 이 지역에서 포덕하고 군량과 물자를 모으는 일에 종사하였던 것으로 보인다.[51] 이곳 갈산에서 활동하고 있었던 또 한 명의 인물은 이봉회(李鳳會)였다. 『피란록』에 의하면 이봉회는 본래 불량배였는데 지금은 괴수(이창구-필자)를 따라다니며 대장을 자칭하고 부근의 마을에서 갖은 못된 짓을 하고 다녔다는 것이다. 그도 역시 당진에서 포덕하고 군량과 물자를 모으는 일에 가담하고 있었던 것으로 추정된다. 또 한 사람 윤치상이 있었다. 그에 관한 기록을 『피란록』에서 살펴보면 다음과 같다.

> 비류들이 수 리에 걸쳐 장사진을 펼치고 조금도 구애받지 않고 곧장 백치 앞들로 들어갔다. 무리를 이끄는 자는 윤치상이었다. …(중략)…그가 지금 또 들어와서 마을 앞에 이르러 여러 겹으로 에워쌌는데 항오(行伍)나 부대도 없이 단지 철통같이 서서 하나의 덩어리를 이루고 있었다. 이것이 곧 동적(東賊)의 진법이었다.[52]

위의 내용에 의하면 윤치상은 임시로 백치에 거처하면서 주민들에게 피해를 주었는데, 그가 백치에 우거하였던 이유는 바로 대나무가 많았기 때문

---

51 이들은 자신들이 거주하는 갈산에서 양반인 박송도(朴松都)를 입도시켜 접주를 맡기었으나 송도가 몰래 도망치자 밤중에 무리를 이끌고 찾아와서는 처자를 묶어서 형을 가하고는 집에 불까지 질러버렸다. 이에 박송도는 하는 수없이 나아가 다시 동도에 가담하였으니 딱한 일이라고 하였다.
52 김현제, 앞의 글.

이다. 그가 신암산을 거처 수리에 장사진을 펼치면서 순식간에 백치 앞에 이르렀고 백치에 들어와서는 마을을 여러 겹으로 에워쌌는데 항오 부대는 없었으나 철통같았다는 이야기는 그가 바로 동학도들을 이끄는 선봉장이었고 그에게는 죽창을 확보하고 동학도들을 훈련시켜야 하는 중책이 맡겨져 있었던 것으로 보인다.

합덕 지역에서는 전복록·박명돌·김준약이 무리를 이끌고 활동하고 있었으며, 그중에서 온정동(합덕 옹정리)에 사는 전복록은 갈산의 동학도 수백 명을 이끌고 있었고 저자에게 산송의 문제를 가지고 앙심을 품고 있었으며, 이 때문에 많은 사람들을 이끌고 저자를 직접 핍박하러 온다는 소문이 있었다는 기록으로 보아 전복록과 갈산의 동학도들이 밀접하게 연관되어 있음을 짐작하게 한다. 그리고 이성안 아들 형제가 불량한 짓을 하고 다녔다는 기록이 있으나, 이들이 사는 곳이 율리라고 한 점을 보면 면천 율사리의 인물로 보이나 확인할 수 없었다. 또한 석교와 율리 등 합덕과 면천 지역에서 활동하던 한명순(韓明順)에 대해서도 석자의 이름 외에는 확인할 수가 없었다.

5. 맺음말

지금까지 19세기 후반 전국을 석권하였던 동학농민전쟁이 당진지역에서도 예외없이 치열하게 전개되었음을 확인하였다. 이로써 당진 지역 역시 동학농민전쟁사에서 결코 변방이 아니었음이 입증되었고 더불어 치열하게 전개되었던 동학농민전쟁의 중심지였음도 확인되었다. 이를 글에 구성에 따라 세분하여 정리하면 다음과 같다.

제2장에서는 1894년을 전후하여 이 지역에 목사와 재지양반 그리고 아전들의 포흠이 만연하여 합덕민란이 발생하였으며 민란에 참여했던 민중들이

훗날 관의 선처를 받지 못하여 두려움을 느끼고 동학에 입도하였고 박인호의 덕포 세력에 가담하여 원평도회의 주역으로 또한 산천포라는 내포 최대 세력에 참여하여 농민전쟁에서 분명히 한 축을 담당하였음을 확인하였다.

제3장에서는 승전곡전투의 관련 기록 전부와 『피란록』의 내용을 더하여 김현제가 직접 보고 들고 기록한 내용을 중심으로 실체적 접근을 새롭게 시도하여 승전곡전투의 실상을 재정립하는 것은 물론 승전곡전투가 동학농민전쟁사에서 가장 빛나는 전투로 기록되어야 하는 이유까지 분명하게 정리하였다. 여기에 승전곡전투의 승리 요인과 의의까지도 분석적으로 정리하였다.

제4장에서는 기지시와 송악산성을 중심으로 활동하였던 이창구 세력의 규모와 활동에 대하여 자세히 정리하였고, 『피란록』을 비롯한 여러 곳에서 언급된 당진의 소접주들의 행적에 대해서도 정리하였다. 그리하여 이들의 활동과 역할에 대한 올바른 평가가 이루어질 수 있는 단초를 제공하였다.

그동안 동학농민전쟁에 관한 연구물을 들여다보면 대부분이 호남 지역을 중심으로 정리되었다고 해도 과언이 아니다. 그러나 우금치로 향하던 호남 농민군들 숫자만큼이나 대규모 조직을 갖추고 활동하였던 내포 동학농민군들의 의기나 움직임 역시 뒤쳐지지 않았다. 오히려 당진 지역 민중들이 동학농민전쟁 내내 전국적인 움직임의 한 축을 거대하고도 치열하게 담당하였다는 사실이 '합덕민란'과 '승전곡전투' 그리고 '이창구의 활동' 등으로 명확하게 드러났다. 이창구라는 최고의 수접주를 한층 깊이 알게 된 사실도 큰 성과 중에 하나라고 할 수 있다.

이와 같이, 본 연구에서 추구했던 시도들이 이후 내포지역 동학사 연구에 초석이 되고 당진 지역의 역사를 올바로 기억하는 데 새로운 지평이 되길 기대한다.

『高宗實錄』   『錦營啓錄』   『駐韓日本公使館記錄』
『天道敎會史草稿』   『忠淸道觀察使趙狀啓』
김윤식, 「沔陽行遣日記」, 『동학농민혁명 국역총서』 10, 2010.
김현제, 『避亂錄』, 동학농민혁명기념재단, 『동학농민혁명사료총서』 9.
문장준, 「文章峻歷史」, 동학농민혁명종합지식정보시스템.
박인호, 「갑오동학기병실담」.
조경달, 『갑신갑오기의 근대변혁과 민족운동』, 청아출판사, 1983.
조경달, 『이단의 민중 반란』, 역사와 비평사, 2008.
조석헌, 「북접일기」, 1909.
조석헌, 「曺錫憲歷史」, 1909.
이두황, 「兩湖右先鋒日記」, 『동학농민혁명 국역총서』 7, 2010.
이헌영, 「錦藩集略」, 『동학농민혁명 국역총서』 4, 2010.
이복영, 「南遊隨錄」, 『동학농민혁명 국역총서』 4, 2010.
홍 건, 『洪陽紀事』, 『동학농민혁명 국역총서』 4, 2010.
홍종식, 「東學亂實話」, 『신인간』, 1929.
당진군, 『당진군사』, 1936.

김남석, 「1894년 충남 면천지역의 동학농민전쟁 연구」, 『충청문화연구』 5, 2010.
박걸순, 「1894년 합덕농민항쟁의 성격」, 『한국독립운동사연구』 28, 2007.
배항섭, 「충청도지역 동학농민전쟁과 농민군지도부의 성격」, 1995.
성주현, 「내포지역의 동학과 동학농민혁명」, 갑오동학농민혁명 120주년 기념세미나, 충청
      남도/충청남도 역사문화연구원, 2014.
양진석, 「1894년 충청도지역의 농민전쟁」, 한국사연구회, 『1894년 농민전쟁연구 4-농민전
      쟁의 전개 과정』, 역사와 비평사, 1995.
이도행, 「충남 서북부 지역의 동학농민전쟁」, 공주대석사학위논문, 1993.
이진영, 「忠淸道 內浦地域의 동학농민전쟁 전개 양상과 특성」, 『동학연구』 14, 15호, 한국동
      학학회, 2003.
장수덕, 「'갑오동학란피란록' 저자 탐구와 사료적 가치의 재평가」, 『한국근현대사연구』 제
      86집, 2018.
장수덕, 「내포지역 동학농민전쟁 연구」, 공주대학교 박사학위 논문, 2020.
채길순, 「충청남도 서북지역의 동학혁명사 연구」, 『동학학보』 17호, 2009.
표영삼, 「충청 서부지역 동학혁명운동」, 『천도교중앙총부 교사교리연구』 제5호, 2000.
히사마 겐이치(久間健一), 「合德百姓一發の 硏究-朝鮮農民一揆の 事例-」, 『朝鮮農民の 近代的
      樣相』, 東京 西ヶ原刊 行會, 昭和10.

당진의 3·1운동

김남석
—
호서고등학교 교사

1. 머리말

20세기 들어와 일제의 침략이 본격화되면서, 우리 민족은 정치·경제·사회·문화의 모든 부문에서 자주권을 침탈당하였다. 일제는 우리 민족의 항쟁을 무력으로 억압하면서 우리의 주권을 침탈하는 각종 조약을 강요하더니 끝내 국권마저 강탈하여 식민지로 만들었다. 그리고 일제는 조선총독부를 비롯한 각종 식민통치기관을 설치하여 우리 민족을 억압하였으며, 조선교육령과 같은 각종 악법을 제정하여 민족교육을 금지하였다.

충청남도의 서북단에 위치한 당진지역에도 야만적이고도 불법적인 일제 식민통치가 전개되었다. 당진은 풍요로운 고장이었다. 내포의 수로가 발달해 곡창지대가 즐비하였고, 드넓은 개펄은 풍부한 먹거리를 제공했다. 비록 철도와 같은 교통시설이 미비하여 외지인의 접근성이 떨어졌지만, 포구의 발달로 주민들은 경향 각지와 자유롭게 왕래하였다. 물산이 풍부했던 만큼, 당진지역도 일제의 무력적 강제 점령과 착취에서 자유로울 수 없었다.

당진 사람은 나라의 주권을 바로 세우기 위해서라면 귀중한 목숨도 기꺼이 버렸다. 이미 동학농민혁명을 통해 반봉건·반외세의 기치를 드날렸던 당진 사람들은 을사늑약을 계기로 본격적인 항일의병 대열에 참여하였다. 당진 의병은 육지와 바다를 넘나들며 일본군과 교전하였다. 당진 의병의 시야는 크고 넓었다. 당진 의병은 서산은 물론 아산을 넘어 경기도 의병과 연합전선을 구축했다. 이들은 당진 의병이라기보다 충청 의병이었고, 대한제국의 의병이었다. 당진 의병은 우리 민족의 의병이었다.

일제강점기에 즈음하여, 당진 사람의 항일운동 결정판은 3·1운동이었다. 식민지를 경험한 지 10년이 지날 때, 우리 민족은 드디어 '독립'을 선언하였다. 그리고 '만세'로서 화답하였다. '독립만세'는 일제 식민통치의 상징인 '헌병의 총칼' 앞에서 외쳐졌다. '경찰주재소'가 그곳이다. 만세운동은 당진의 전 지역에서 일어났다. 주민들은 야간에 산에 올라 봉화를 올렸다. 봉화는 산에서 산으로 이어졌고, 동시에 수많은 횃불이 타올랐다. 또 그렇게 주민들은 산이 떠나가도록 '독립만세'를 외쳤다. 외침의 바탕에는 당진 사람들의 자긍심이 있었다. '3·1운동'은 당진 사람의 가장 위대한 역사가 되었다.

그동안 당진지역 3·1운동은 많은 분의 연구 노력으로 그 실체가 밝혀졌다. 이들은 만세운동의 전모를 밝히는 한편으로, 선양사업도 꾸준히 추진하였다. 그 결과, 당진지역의 3·1운동은 한말 항일의병과 함께 당진의 중요한 정체성으로 자리매김하였다. 당진지역은 한말 의병에서 3·1운동으로 계승되는, 전국에서도 몇 안 되는 민족운동의 성지가 되었다. 그 한가운데 면천공립보통학교(현 면천초등학교) 3·10학생만세운동과 대호지·천의장터 4·4 독립만세운동이 있다. 본고는 당진의 정체성을 제고하는 측면에서 당진지역 3·1운동을 재정리하고자 한다.[1] 이를 통해 당진지역 주민의 항일 정신에 기초한 치열한 투쟁 정신을 다시 한번 돌아보고자 한다.

---

1   당진지역 3·1운동은 김남석, 「일제강점기 당진지역 민족운동연구」, 충남대학교 대학원 박사학위논문, 2010 참조.

2. 당진의 지역적 배경

당진시는 충남의 서북부에 위치하며 해발 400m의 낮은 구릉지를 형성하고 있다. 차령산맥이 북동에서 남서로 달리며 충청남도를 크게 양분하고 있는 관계로, 충남 지방은 동남부의 공주와 서북부의 홍성, 양 지역을 중심으로 별도의 독자적인 문화권을 이루고 있었다. 조선 시대 당진은 행정적으로 충주나 공주 감영의 지배를 받았지만, 홍주목의 월경지(越境地)가 현재의 당진시 송악읍과 신평면, 그리고 우강면과 합덕읍에 많이 남아 있는 것으로 알 수 있듯이 홍주목의 강력한 영향권 내에 있었다.

당진은 지형적으로 '비산비야(非山非野)'의 구릉성 지대로 높은 산도 없고 깊은 물도 없다. 구릉지를 중심으로 작은 하천이 만들어졌고 이들이 모여 바다로 나간다. 썰물 때에는 담수가 흘러나가고 밀물 때에는 담수가 나간 하천을 따라 해수가 내륙 깊숙이 들어온다. 조수간만의 차가 큰 서해안의 특성상 사리 때에는 바닷물이 한없이 들어오고 작은 하천은 기다란 만이 된다. 반대로 바닷물이 빠지면 천변은 개펄과 갈대가 무성한 해택지(海澤地)가 된다.[2] 이 때문에 당진의 많은 곳은 조수간만의 차이에 따라 섬이 되기도 하고 또 육지가 되기도 하였으며 손쉽게 건너갈 수 있는 곳이 있었는가 하면 반대로 길이 끊기기도 하였다.

이처럼 바다에서 내륙으로 깊숙이 들어온 만(灣)에 들어선 포구를 '내포(內浦)'라고 한다. 내포는 우리말로 '안개'라고 하는데, 충남의 서북부 지역을 통칭하여 부르는 명칭이다. 당진도 내포의 한 부분에 속해 있다. 이중환의 『택리지』에 보면 "갯벌이 많아 만조가 되지 않으면 배를 사용할 수 없고, 큰

---

2 박찬승, 『근대이행기 지역엘리트 연구(Ⅰ)』, 경인문화사, 2006, 10쪽.

길목에 해당하지 않아서 임진·병자의 두 차례의 난도 미치지 않았으며, 토지는 비옥하고 물고기·소금이 넉넉하여 부자가 많다."라고 하였다. 육로 교통이 발달한 오늘날과는 달리 수로 교통이 중요했던 전통 시대에는 산은 길을 막고 물은 길을 이어 주었다고 했듯이 주민들은 크고 작은 포구를 중심으로 삶을 영위해 나갔다.

고려 시대와 조선 시대의 당진은 해상 교통이 발달하였고 포구의 기능도 주로 세곡의 운반에 비중을 두었다. 이때 선박들의 활동 범위는 내포 지역은 물론 서울의 한강에 이르렀다. 하지만 조운 기능이 점차 쇠퇴하면서 자연히 물산의 교역과 함께 인근 지역으로 이동하기 위한 교통수단의 기능을 더 중시하게 되었다. 특히 근현대에 들어서 물자 구매와 자녀 교육이 충남의 중심지인 대전보다도 인천이나 서울에서 이루어지는 경우가 많았는데 이는 모두 해상 교통의 발달로 인한 결과였다. 이 때문에 한진을 비롯한 각 포구는 고향을 떠나 서울, 인천 등 대도시로 나가는 인구 이동의 기능을 담당했다.

하지만 선박을 이용한 해로는 계절과 기후, 조수간만에 따른 불편함이 컸다. 특히 충남의 곡창지대라고 할 수 있는 소들·강문 평야가 있었음에도, 당진이 경제적으로 낙후된 것은 육로 교통의 문제점에 그 원인이 있었다. 이 때문에 일제강점기부터 꾸준히 '신작로'를 개설하려고 노력하였다. 그 결과 1915년경 예산에서 당진을 거쳐 서산으로 넘어가는 국도 32호선이 건설되면서 교통상의 큰 변화를 맞게 되었다.

도로의 개설이 지역 발전에 얼마나 많은 영향을 끼치는지는 인근 지역인 예산과 홍성의 사례를 통해서도 알 수 있다. 즉 예산과 홍성은 천안을 기점으로 충남 서부를 관통하는 경남선(장항선)이 개통되면서 경남선 연변의 중심지로 크게 발전한 것이다. 예산은 삽교천 유역을 중심으로 형성된 평야

지대에서 막대한 양의 미곡을 생산하고 있었다. 예산은 미곡의 유통 거래에 교통을 활용하였고, 중개 시장으로서 크게 번성하고 있었다. 홍성도 경남선의 혜택을 충분히 얻고 있었다. 특히 종전까지는 인천과 군산 지역의 물자 교환에 광천의 선박을 이용했는데, 철도의 부설과 함께 해륙 물산의 집산지로 확장되기에 이르렀다.

결국, 철도의 개통으로 예산과 홍성 지방이 중앙의 변화에 빠르게 적응하면서 충남 지방 민족운동의 선도적 역할을 수행해 나갈 수 있었다. 이에 비하여 당진의 도로 사정은 지극히 어두웠고 지역 발전을 가로막고 있었다. 그 결과 당진 사람들은 해로를 이용한 물자 유통에 전적으로 힘쓸 수밖에 없었다. 당진지역의 민족운동은 바다와 연결된 지역적 환경과 밀접하게 연결되었다. 한말에 전개된 당진의 항일의병은 바다와 육지를 넘나들었고, 경기도와 당진을 연결하는 연합 의병의 성향을 보여주었던 것도 지형적 배경과 연결되어 있었다.

특히, 당진지역 3·1운동이 한 달여에 걸쳐 지속적으로 전개될 수 있었던 것은 당진지역의 지역적 특수성에 연유한 것이었다. 당진은 천도교의 교세가 다른 지역에 비하여 강한 지역이었고,[3] 한말 의병 전쟁이 활발하게 전개된 지역이었다. 당진지역은 1894년 갑오농민전쟁 당시, 합덕전투와 승전곡(목)전투가 큰 규모로 발발하였던 곳이다. 동학의 항일 투쟁은 1900년대 초

---

3   당진지역 천도교에 관해서는 정을경,「일제강점기 충남지역 천도교단의 민족운동」, 충남대학교 대학원 박사학위논문, 2019와 장수덕,「내포지역 동학농민전쟁연구」, 공주대학교 대학원 박사학위논문, 2020 참조.

기 활빈당 활동으로 계승되었고,[4] 그 맥은 1905년 을사의병으로 이어졌다.[5] 이처럼 당진지역은 다른 지역과 다른 강력한 배일사상을 가지고 있었다.

당진지역에서 만세운동이 일어날 수 있었던 또 다른 배경은 다양한 성씨의 입향과 집성촌의 발달에서 찾을 수 있다. 당진지역은 구릉지로 형성되어 있는데, 주민들은 산을 개간하여 밭을 일구고 하천 주변에 폭넓게 형성된 논을 경작하면서 자급자족의 농경을 영위할 수 있었다. 또한, 당진지역은 대도시에서 멀리 떨어진 원격지로 교통의 사각지대라 할 수 있었다. 이러한 불리한 지형 조건은 오히려 집성촌의 발달을 가져왔다. 조선 중기 이래로 많은 인물이 가문의 안정과 자손의 번창을 기원하며 당진지역에 집성촌을 형성시켰다.

각 성씨의 입향조들은 자신의 지위를 활용하여 안정적인 경제력을 확보하였고, 양반이라는 신분을 유지하려는 방법으로 학문을 권장하였다. 이들은 '종숙(宗塾)' 개념의 서당을 세워 가문의 어린이들을 교육했다. 그리고 명망 있는 한학자를 초빙하여 강학을 맡겼다. 가장 대표적인 서당이 '도호의숙(桃湖義塾)'이다. 도호의숙은 1860년대 대호지면 도이리에 세워진 의령 남씨의 종숙이었다. 이들은 충장공(忠壯公) 남이홍(南以興)의 상무 정신을 계승하기 위해 노력하였다. 당시 20여 명의 도호의숙 출신 유생들이 무과에 급제하였다고 한다. 또한, 1906년 유진하(兪鎭河, 1846-1906)를 초빙하여 성리학을 강의하도록 하였다. 유진하는 화서(華西) 이항로(李恒老, 1792-1868)의 학통을 계승한 화서학파의 정통 학자였다. 도호의숙 학생들은 유진하에 의

---

4 활빈당에 관한 내용은 박찬승, 「활빈당(活貧黨)의 활동과 그 성격」, 『한국학보』 10권 2호, 1984 참조.
5 한말 당진지역 의병 항쟁은 김상기, 『의병 전쟁과 의병장』, 경인문화사, 2019 참조.

4·4독립운동기념탑. 천의주재소가 있던 자리에 1995년 4월 4일에 세웠다
(당진시 정미면 천의리 시장 앞)

하여 위정척사에 바탕을 둔 항일 정신을 체계화할 수 있었다.[6]

당진지역 3·1운동의 마지막 배경으로는 근대 학교의 설립을 들 수 있다. 학교는 주로 근대화에 개명한 애국계몽 운동가들에 의하여 사립의 형태로 세워졌고, 천주교 성당에서도 매괴학교라는 종교학교를 세웠다. 특히 을사늑약이 강제 체결되면서 그 치욕을 극복하는 방법으로 민족교육 운동을 전개하였다. 학교 설립의 주체는 민족주의 운동가들이었다. 대표적인 학교로 면천공립보통학교(현, 면천초등학교)의 근원이 되는 면양학교(沔陽學校)와 당진공립보통학교(현, 당진초등학교)의 근본이 되는 당성학교(唐城學校), 그 외에 통명학교, 명신학교가 있었다. 이러한 학교들은 어린이들에게 근대 의식

6 도호의숙에 관한 내용은 김상기, 「도호의숙과 대호지 3·1운동」, 『사학연구』 90, 한국
   사학회, 2008 참조.

은 물론 민족의식을 교육하는 전당으로 자리 잡았다.

3. 3·1운동의 전개

1) 면천 3·10학생만세운동

당진의 3·1운동은 3월 10일, 면천공립보통학교 학생시위운동에서 비롯되었다. 운동의 계기는 서울 3·1운동에 참여한 학생과 유생들이 귀향함으로써 이루어졌다. 면천공립보통학교 학생시위는 충남 지방 3·1운동의 전개 과정에서 처음으로 발생한 학생시위운동으로 기록되고 있다.

당진에는 일찍이 서울 3·1운동에 참여하였다가 귀향한 박쾌인과 강선필이라는 2명의 학생이 있었다. 박쾌인(朴快仁, 1898-1950)은 경성고보 3년생으로 당시 당진면 읍내리에 거주하고 있었다. 그는 서울 3·1운동 당시 학생 활동을 주도했던 장채극(張彩極)·김원벽(金元璧)·김극평(金極平, 柏枰) 등과 교류하면서 3·1운동의 준비 과정에서 활동하였고 3·1운동에도 직접 참가하였다. 부친이 서울 3·1운동에서 학생들이 대거 참여하였다는 소식을 듣고 3월 4일 상경하여 자식이 참가한 것을 확인하고, 다음 날인 5일에 동행하여 귀향했다. 그의 집이 당진경찰서와 이웃하였고 경찰서장의 주의와 일경의 감시로 인하여 외부 출입을 금지당하다가 4월 3일에 체포되었다. 그 후 징역 8개월을 선고받고 복역하였다.[7]

---

7 「박쾌인 신문조서」, 『한민족독립운동사자료집』16권, 3·1운동VI. 국사편찬위원회 한국사데이터베이스(http://db.history.go.kr) '박쾌인' 검색. 정부는 박쾌인의 공훈을 기려 1993년 건국훈장 애족장을 추서하였다.

강선필(姜善弼, 1898~1976)은 1895년 당진군 순성면 성북리 478번지에서 태어났다. 면천공립보통학교를 졸업하고 경성고등보통학교에 진학하여 3학년 재학 시에 3·1운동을 맞게 되었다. 강선필은 같은 반 박노영(朴老英)·박수찬(朴秀燦)과 함께 한위건(韓偉鍵)이 지은 '동포여, 일어나라'라는 유인물을 만들어 배포하려 하였다. 이를 위해 기독청년회 전도사 유석우(分錫祐)가 1919년 3월 7일 밤, 김세룡(金世龍)의 집에서 등사판을 이용하여 유인물 800매를 등사하는 데 협조하였다. 이때 김세룡·박수찬은 그 발행을 맡았다. 그 후 박수찬은 인쇄물 약 250매를 3월 8일 밤 서울 견지동과 인사동 방면에 배포하였다. 강선필은 특히 1919년 3월 7일경 숙소인 서울 간동 122번지 민부훈의 집에서 박수찬에게 독립운동 자금으로 10원을 지급하여 박노영으로 하여금 인쇄물에 필요한 백지를 구매케 하였다.[8] 강선필은 일경에 체포되어 옥고를 치렀다.

일제의 전문(電文) 기록에 의하면 3월 10일과 16일 당진면 읍내리에서 만세시위의 움직임이 있었으나 미연에 이를 방지하였다고 한다.[9] 이 움직임이 당진에 귀향한 박쾌인으로 인한 것인지는 밝혀지지 않았다. 하지만 3월 10일의 면천공립보통학교 독립만세시위운동은 강선필의 영향을 크게 받았다.

면천공립보통학교 3·10운동의 결정적 계기는 면천공립보통학교 4학년인 원용은(元容殷, 1902~1951)이 형인 원용하(元容夏)와 함께 서울의 고종 황제 인산에 참례한 것에서 비롯되었다. 귀향한 원용은은 동급생인 박창신(朴昌信, 1900~1950)·이종원(李鍾元, 1899~1985)과 만세운동을 전개할 것을 비밀리에

8   「박수찬 신문조서」, 『한민족독립운동사자료집』 16권, 3·1운동Ⅵ. 국사편찬위원회 한국사데이터베이스(http://db.history.go.kr) '박수찬' 검색.
9   국사편찬위원회 삼일운동 데이터베이스(http://db.history.go.kr/samil/home), '당진' 검색.

상의하였고 이를 전교생에게 공지하였다. 시위 준비에는 강선필도 가담하였다고 전하는데, 그가 서울 시위 때 사용하였던 '독립의 노래'를 가져다 등사판으로 등사하여 시위에 활용하였다. '독립의 노래'는 다음과 같다.

> 터졌구나. 터졌구나. 대한 독립성
> 십년(十年)을 참고 참아 인제 터졌네.
> 피도 조선, 뼈도 조선, 이 피 이 뼈는
> 살아 조선, 죽어 조선, 조선 것이다.[10]

3월10일학생독립만세운동기념비. 기념비는 2009년 3월 10일 세웠다 (당진시 면천면 성상리 군자정 앞)

원용은은 옷감을 구입하여 태극기를 만들었고, 현수막과 15척 이상의 장대를 구하여 면천 시내의 동문 밖 솔밭에 숨겨 두었다. 한편 이들은 인접한 당진공립보통학교와 덕산공립보통학교 학생들에게 만세시위에 참여할 것을 요청하였으나 거절되었다.

1919년 3월 10일, 오후 4시경 동문 밖 저수지를 지나 산골짜기에 전교생 200여 명을 집합시킨 후 원용은을 독립만세시위를 선동하였다. 그리고 태극기와 '대한독립만세'라고 쓴 현수막을 들고 면천 시내로 진입하였다. 반장인 이종원은 행렬의 질서를 유지하고 이탈자를 막기 위해 대열의 선두에 섰고, 부반장인 박성은(朴性殷, 1899~1942)은 대열의 후미에 섰다.

면천 시내로 행진 중에 면천으로 귀가하던 덕산공립보통학교 훈도인 심

---

10 이종원의 회고담(박상건, 「당진지역 항일독립운동사」, 당진문화원, 1991, 377쪽).

상열(沈相烈)이 시위 광경을 보고 독립만세를 외쳤다고 한다. 시위대가 면천공립보통학교 정문 앞에 도착하자 면천공립보통학교의 여러 훈도가 뛰어나와 이들을 저지하였다. 결국, 경찰주재소 앞을 지나는 과정에서 일경에 저지당했고 이들은 태극기를 압수당하였다. 이어서 뒤쫓아온 박내윤·이홍로·안인식·이돈하 등 훈도의 저지로 해산하게 되었다.[11]

만세운동을 전개한 다음 날, 주동자인 원용은과 박창신은 면천주재소에 자진 출두하였다. 그리고 당진경찰서 유치장에 갇혔다가 공주형무소로 이감되어 약 4개월간 수감되었다가 석방되었다. 그는 3·1운동을 주동하였다는 이유로 면천공립보통학교의 졸업장과 학적이 말소되었고, 후일 공주사범학교 합격도 사상 불온이라는 이유로 취소되었다. 그 후 원용은은 보성전문학교 법과에 합격하였으나 입학을 포기하였고, 1925년 사법서사 자격시험에 합격하여 합덕에서 개업하였다. 그리고 6·25동란기에 고향인 성북리에서 피난 생활을 하다가 사망하였다.[12]

만세운동의 중심인물이었던 박창신도 원용은과 함께 면천공립보통학교를 졸업하지 못하였다. 박창신은 합덕면 신석리에 거주하였고, 1919년 3월 31일 원용은과 함께 대전지검 공주지청에서 불기소처분을 받았다. 박창신은 이후 합덕을 중심으로 지역사회운동을 전개하였다. 1928년 당진청년동맹 창립 시 집행위원, 1928년 당진기자동맹 창립 시 집행위원, 1929년 신간회 당진지회 정기대회 시 대표회원에 선임되었다. 박창신은 이후 사회주의 사상가로 일경의 감시를 받으며 고통스런 삶을 살았다.

그 외에 반장이었던 이종원(李鍾元, 1901-1987)은 순성면 본리 출생으로 면

---

11 이종원의 회고담(박상건, 「당진지역 항일독립운동사」, 374쪽).
12 원춘희의 증언(박상건, 「당진지역 항일독립운동사」, 383쪽).

천공립보통학교를 졸업하고 양정고등학교와 서울사범학교를 졸업하였다. 이후 당진초등학교·당진중학교 초대 교장(1946-1951), 서산여중·홍성여중고·예산중학교 교장을 역임하였고, 충남 교육위원을 거쳐 당진여고 교장을 끝으로 정년 퇴임하였다. 부반장인 박성은(朴性殷)은 신평면 운정리 출신으로 특별한 행적은 나타나지 않으나, 일제강점기에 민족운동을 전개하다가 사망한 것으로 전해진다.

2) 대호지·천의 장터 4·4독립만세운동

1919년 4월 4일, 대호지면 조금리에서 출발하여 정미면 천의리 장터에서 전개된 대호지·천의 장터 4·4만세운동은 대호지면사무소의 면장과 면직원, 대호지면의 유림층, 동리 구장 및 전 주민이 참여한 조직적이고도 공세적인 만세운동이었다. 이 운동은 일제 경찰에 맞서 한 치의 주저함도

남상락 자수 태극기(南相洛 刺繡 太極旗).
태극기는 남상락의 부인 구홍원(具鴻瑗) 여사가 직접
수를 놓아 제작한 것이다.(출처: 독립기념관)

없었으며 총과 기물을 빼앗고 주재소를 파괴하는 등 폭력을 수반한 적극적인 시위로서 서산과 당진지역의 만세운동 중에서는 가장 치열한 것이었다.

만세운동의 준비는 여러 방향에서 추진되었다. 우선 1919년 3월 고종의 장례일이 발표되면서 지방의 유생들이 인산에 참례하기 위하여 서울로 모여들 때, 2월 28일경 대호지 지역 유생들도 상경하게 되었다. 이때 상경한

인물은 남주원(南柱元, 1893~1947)을 중심으로 남상락(南相洛, 1892~1931)·남
상직(南相直, 1894~1941)·남계창(南啓昌, 1903~1957) 등이었다. 이들은 서울
에서 3·1만세운동을 목격하고 같이 참여하게 되었다. 그리고 대호지에서도
만세운동을 전개할 것을 결의하고 남상락은 태극기와 독립선언서 1통을 얻
어서 귀향하였다. 남상락은 태극기와 독립선언서를 숨기기 위하여 일본인
이 경영하는 백화점에서 최신 램프(목이 긴 램프—竹桶램프)를 샀고 그 안에
넣었다. 그리고 백화점 포장지로 덧씌워 경찰의 감시를 피할 수 있었다.[13]

두 번째의 준비는 천도교 측에서 이루어졌다. 당시 천도교 교세가 강한
지역은 대호지면 송전리였다. 이곳에는 당진 천도교 중심인물인 백남덕(白
南德, 1871-1933)이 살고 있었다. 그는 천도교인인 홍순국·김장안 등과 상의
하여 만세운동을 계획하였다. 특히 만세운동의 장소를 정미면 천의리를 지
나 당진 읍내로 정하였다. 그러나 남주원을 중심으로 대호지 유림들은 이미
만세시위운동을 추진하고 있었고, 이 사실이 송전리에 거주하던 면사무소
직원 민재봉에 의하여 백남덕에게 전해졌다. 결국 백남덕은 천도교 주체의
만세운동을 포기하고, 송전리 주민들을 동원하여 대호지 만세운동에 가담
하였다. 하지만 만세운동 당일인 4월 4일, 백남덕은 부친상을 당하여 친형
인 백남주와 함께 만세운동에 참여할 수 없었다.[14] 어쨌든 대호지면 송전리
에 근거지를 둔 천도교는 대호지 만세운동 전개에 중요한 역할을 한 것만은
틀림없다. 그리고 이러한 사실들이 복합적으로 어우러져 대호지·천의 장터

13 일제 램프는 남상락의 아들인 남선우가 보관하고 있다가 자수태극기와 함께 1986년 10
    월, 독립기념관에 기증하여 전시되고 있다. 이 자료는 '남상락 태극기', '남상락 램프'라
    고 불리기도 하며 작은 장도(충렬도)를 합하여 8종 13점이다. 이들은 2008년 8월 12일
    등록 문화재 제386호로 지정되었다.
14 자세한 내용은 박상건, 『당진지역 항일독립운동사』, 607~609쪽 참조.

4·4독립만세운동이 일어나게 된 것이다.

대호지 유생들은 만세운동을 전개하기 위해 구체적인 준비에 들어갔다. 이들은 두 차례에 걸쳐 모의를 했는데 그 과정에서 '독립운동추진위원회'를 구성하였다. 1차로 이춘응(李春應)·남상집(南相集)·이대하(李大夏)·남상돈(南相敦)·민재봉(閔在鳳)·한운석(韓雲錫) 등이 참여하였다. 이들은 고종의 인산에 참례한 유생을 중심으로 구성되었다. 2차 모임에는 김홍균(金烘均)·이인정(李寅正)·홍월성(洪月星)·남창우(南昌祐)·송재만(宋在萬)·김홍진(金烘辰) 등을 추가하였고, 거사 단계로 들어가 만세시위의 일시와 장소를 논의하였다. 그 결과 1919년 4월 4일(음 3.4)에 정미면의 천의리 장터에서 만세운동을 일으키기로 하였다.

거사일과 장소는 오일장이 열리는 천의 장을 이용하였다. 당시 대호지면에는 오일장이 열리지 않았다. 이 때문에 주민들은 대호지면 소재지인 조금리에서 약 7㎞ 떨어진 정미면 천의리 장에 나가 물품을 팔거나 살 수밖에 없었다. 4일과 9일에 열리는 천의 장은 인근의 정미면, 대호지면, 고대면의 주민이 참여하는 곳으로 매우 번성한 장이었다. 천의리는 정미면의 면 소재지이면서 대호지로 들어가는 교통의 요지였다. 또한 천의리에는 대호만이 깊이 들어와 있고, '똑데기 터'라고 불리는 작은 항구가 있었다. 이곳에서는 미곡과 화목, 여객을 인천으로 수송하고 있었다. 한편, 이들은 '독립운동추진위원회'를 거치면서 연락을 담당할 인물을 다음과 같이 선정하였다.[15]

조금리 ─ 송재만(宋在萬), 두산리 ─ 김홍수(金洪壽)

---

15 대호지면 3·1운동 선열추모비건립추진위원회, 「대호지 기미독립운동약사」, 1972, 8쪽(이하 「약사」).

장정리 ─ 최연식(崔連植), 사성리 ─ 백성일(白聖日)

적서리 ─ 김부복(金夫卜), 도이리 ─ 남신희(南信熙)

송전리 ─ 최정천(崔正天), 마중리 ─ 윤남(尹南)

인접한 각 마을에 관한 연락은 거사 전야에 봉화를 올려 알리기로 하였다. 그리고 청년들로 하여금 선봉 행동대를 구성하여 시위 대열의 앞장에 서게 하였다. 선봉 행동대는 송봉운·최연식·심능필·김팔윤·차재덕·송재만·김홍진·김

송재만의 수형기록카드(일제 감시대상 인물카드)
(출처: 국사편찬위원회)

찬용·남태우·고수식·송무용·안상춘·김순철·김형배·김금옥·김길성·남상은·남성우·남윤우·전성진·김장안 등이 맡았고, 행동 총책임자는 송재만으로 정했다.

그 후 송재만은 4월 2일부터 3일까지 면사무소 직원인 김동운·강태원 등과 모의하여 도로와 나무를 정리 작업한다는 구실로 「도로수선병목정리(道路修繕並木整理)의 건(件)」이라는 공문 8통을 제작하여 각 구장에게 전달하였다.[16] 이때의 각 리별 구장으로는 출포리 구장 임용규·송전리 구장 민두훈·도이리 구장 남상현·사성리 구장 박희택·적서리 구장 차영열·두산리 구장 대리 김홍록·장정리 구장 정원우·마중리 구장 남상익 등이다. 이들은 공문의 내용을 주민들에게 알렸고 4월 4일 이른 아침에 약정 구역의 도로를 보

16 「민재봉 판결문」(1920년 10월 22일, 경성복심법원).

수하도록 하였다.[17]

송재만은 4월 3일 밤, 한운석(韓雲錫)을 대호지면사무소에 초청한 뒤 주민들이 부를 애국가를 지어 달라고 하였다. 당시 한운석은 도호의숙의 한문 훈장과 남주원의 반곡서당 훈장을 겸하고 있었고, 특히 송재만과 함께 조금리 364번지에 거주하고 있었다. 한운석은 다음과 같은 애국가를 지었다.

〈애국가〉

간교한 일본은 강제로 합방을 주장해 드디어 내 나라를 약탈했다.

우리들은 이렇게 통탄할 지경에 이르니 살아서는 설 곳이 없고

죽어서는 묻힐 땅도 없다.

이 원수를 갚지 않고 어찌하랴 !

각인은 동심일체 힘을 다하여 불구대천의 원수를 갚아

무궁전세의 내 국가를 독립하자[18]

송재만은 면사무소 등사기를 이용하여 애국가 약 400매를 인쇄하였다.

17 「이인정 등 34명 판결문」(1919년 12월 24일, 경성복심법원, 이하 「판결문」).
18 「판결문」참조.「판결문」이 발견되기 전에 구전되어 내려오던 애국가의 내용은 다음과 같다.
　　① 백두산 정기가 한라에 솟았으니,
　　　 한반도와 사해는 우리의 터전이다.
　　　 반만년 역사와 삼천리 금수강산
　　　 빛나는 백의민족 만방에 자랑하도다
　　② 무궁화 동산을 하느님이 도우시니
　　　 태극기 물결이 세계로 뻗어 가도다
　　　 2천만 동포여 피로 뭉쳐서
　　　 억만년 내 나라를 가꾸어 가세(「약사」, 9쪽).

또한 송재만은 자신의 상의를 장만할 예정으로 사 두었던 흰 광목 3척(90㎝ ×135㎝)을 가지고 면사무소에 모여 있던 사람들과 더불어 대형 태극기를 제작하였다. 각 가정에서는 주민들이 태극기를 따로 제작하였다.

1919년 4월 4일 아침, 운동을 계획하였던 유생들과 행동 대원, 그리고 도로 보수를 위해 참여한 주민들이 대호지면사무소 앞에 모여들기 시작하였다. 운집한 인원은 400여 명에 달하였다. 송재만은 30척 죽간(竹竿)에 자신의 옷감으로 만든 태극기를 달고 김순천에게 주어 높이 매달게 하였다. 그리고 대호지 면장 이인정은 민중을 향하여 "여러분을 모이게 한 것은 도로보수를 하고자 함이 아니라 조선독립운동을 일으키고자 하는 것이니 여러분은 이에 찬동하여 조선독립만세를 힘차게 부르며 정미면 천의 시장으로 향하라."라는 취지의 연설을 하였다. 이어서 남주원은 독립선언문을 낭독하였고, 한운석이 제작한 애국가를 이대하의 선창으로 제창하였다. 그리고 송재만의 선창에 따라 다음과 같은 선서문을 제창하였다.

〈선서문〉

① 우리는 조국의 독립을 위하여 최후의 일각까지 몸 바쳐 싸우자.

② 우리는 끝까지 행동을 통일하고 생사를 같이한다.

③ 우리는 우리 독립운동의 기밀을 누설하지 않는다.[19]

주민들은 천의 시장으로 향하기에 앞서 질서를 유지하기 위한 목적으로 1편대, 2편대, 3편대로 편대를 나누어 편대장을 임명하였다. 태극기를 세우고 이인정 면장이 말을 타고 선두에 선 가운데 천의 시장을 향하여 행진을

19 「약사」, 12쪽. 「판결문」에는 선서문이 나오지 않는다.

시작하였다. 도로 연변에는 대호지면 주민들이 도로 정비를 위해 나와 있었다. 송재만은 다른 사람들과 함께 인쇄한 애국가 400여 장을 민중들에게 나누어 주었다. 대호지면 조금리에서 출발한 행렬은 대호지면 장정리와 정미면 승산리를 거쳐 천의리에 이르게 되었다. 약 7km에 달하는 정미면 천의 시장까지 가는 사이에 주민의 수는 900여 명이 넘었다. 이 행렬이 천의 시장에 이르러 태극기를 시장 광장에 세우자 시장에 모여 있던 장꾼, 인근 주민들, 여타 군중이 합세하여 독립만세를 외치게 되었다. 군중은 곧 1,000명을 넘게 되었다.[20]

천의에 도착한 군중은 일시 흥분을 진정시킨 후 남주원을 중심으로 몇 명의 연설을 들은 후 시가행진에 들어갔다. 이때 천의주재소에는 순사 우에하라(上原當定八), 순사보 이재영(李在榮)·유익우(柳翼祐) 등이 있었으며, 거주 일본인으로는 다지리(田尻)가 있었다. 시가행진 도중 우에하라 순사·이 순사보 등이 나타나 시위를 제지하고자 할 때 군중은 이들을 잡아 대열에 참여시켜 만세를 부르도록 종용하였다. 결국 이들도 함께 만세를 부르다가 도망하였다. 그리고 가까운 당진경찰서에 보고하여 구원을 청하였는데 당진경찰서에서는 무장 경관 2명을 천의로 급파하였다.[21]

만세시위는 오후 4시경까지 이어졌다. 그 과정에서 군중들은 사성리의 남주원과 송전리의 홍순국이 제공하는 음식을 먹었다. 군중들의 일부는 식사하고 또 일부는 염건피장(화렴 만드는 곳)에 모여 앉아 의논하는데 당진에서 출동한 순사들이 나타났다. 즉 니노미야(二宮)·다카지마(高島) 등 두 순사가 도착하여 대형 태극기를 탈취하고자 하였다. 이 과정에서 군중과 일제

---

20 「약사」, 12쪽.
21 「판결문」.

순사들 간에 다툼이 벌어졌고, 남태우(南泰祐)·김팔윤(金八允) 군중들은 당진 순사들을 논 가운데로 밀어 넣어 버렸다. 이때 두 순사가 권총을 발사하였고 시위대 4명이 중상을 입었다.[22]

총소리가 나고 부상자가 발생하자 군중은 크게 격분했다. 군중들은 그들을 향해 돌을 던지기에 이르렀다. 이들의 투석전은 전쟁을 방불케 하였으며, 일제 순사들을 잡아 구타하고 환도를 빼앗기도 하였다. 결국, 주재소가 파괴되고 천의 순사 및 당진에서 온 순사도 구 시장 쪽으로 도망하고 그 뒤를 군중 수십 명이 쫓아가는 등 격렬한 싸움이 벌어졌다.

이때, 일본인 다지리는 순사가 매를 맞고 주재소가 파괴되는 것을 말리려다가 군중의 분노를 사게 되었다. 결국, 군중에 쫓겨 집에까지 왔으나 송재만과 이대하가 다지리의 집을 부수고 들어가 집을 파괴하고 엽총 1정과 권총 1정, 그리고 탄약 약간을 탈취하였다. 그 후 엽총은 이대하가, 우에하라 순사의 환도는 김동운이, 권총은 송재만이 휴대하고 일단 철수하였다.[23]

4월 4일이 저물고 있었다. 일본 경찰은 도망치고 주재소는 완전히 파괴되었으며 다지리의 무기도 탈취되었다. 시위 군중은 만세를 부르고 다음의 거사 연락이 있을 때까지 일단 귀가하기로 하였다. 탈취한 무기는 다음을 위해 사성리 이대하의 집에 모았고, 송재만은 이를 대호지의 가장 오지라고 하는 적서리의 한적한 숲속에 숨겨 두었다. 송재만은 사성리에 돌아와 남주원과 만나고 송전리로 갔다.[24]

4월 4일 밤, 거사의 주동자들은 송전리 민재봉의 집에 모여 재차 거사를

22 「판결문」.
23 「판결문」.
24 「판결문」.

논의하였다. 이후 모의가 몇 번 더 진행되었던 것으로 추정되는데, 여기에 는 당진 천도교의 중심인물이며 이 지역의 책임자인 백남덕·백남주 형제가 친상 때문에 4·4독립만세운동에 가담하지 못한 점을 의식하여 더욱 적극적 으로 참여하였다고 한다. 그러나 이러한 움직임은 홍성수비대의 출동과 이 들의 검거 작업으로 어려움을 겪게 되었다.

일제는 3·1운동을 한국인의 민족운동으로 인식하지 않고 자신들의 식민 지 지배 체제에 대한 도전으로 받아들였다. 조선총독부는 3·1운동이 발발 했을 때부터 강력하게 무력적 진압을 하는 동시에 총독의 훈시, 경고 및 경 령(警令) 등을 통하여 억압과 회유를 시도하였다. 3·1운동은 요원의 불길과 같이 지방으로 확산되었고 일제의 무력 진압도 더욱 강경해졌다.

홍성에 주둔하였던 홍성수비대 보병 5명, 서산경찰서와 당진경찰서 경관 8명으로 구성된 일제 군경이 천의로 출동한 것은 4월 4일이었다. 이들은 당 시 서산군 정미면 여미리에 이르렀다. 그런데 다리가 무너져 차량 통행이 어렵게 되자, 당시 구장(이장)인 이연종(李年鍾)에게 보수를 명하였다. 이때 정미면 대운산리 이연종 구장은 운동을 진압하기 위해 서두르는 수비대를

구울미교. 정미면 대운산리 이장 이연종의 복구지연술이 있었던 다리 터

보고 작업 지연술을 폈다. 결국, 교량 복구는 한없이 늦어졌고, 이들이 천의를 거쳐 대호지에 도착한 것은 4월 5일 새벽이었다.[25]

수비대가 대호지면사무소가 있던 조금리에 도착하였을 때 만세운동에 참여하였다가 대호지면사무소 앞 광장을 거닐던 송봉운(宋逢云, 1891~1919)과 처음 마주치게 되었다. 그곳에서 송봉운은 일제 헌병에게 폭행을 당했다. 그리고 이들은 송봉운을 서산으로 연행한다며 앞세우더니 면사무소 앞 200여 미터 거리에서 송봉운에게 일제사격을 가하였다. 이로써 최초의 순국자가 등장하게 되었다. 그 후 수비대는 사성리의 남주원 집에 근거지를 확보하고 주모자 색출에 나섰다.

대호지·천의 장터 4·4독립만세운동이 끝나자 일제는 운동에 참여한 주민을 탄압하기 위해 체포에 들어갔다. 하지만 대호지의 주민들은 만세운동을 멈추지 않았다. 즉 4월 8일 오후 6시 대호지면 송전리에서 20여 명이 경계 중인 경찰관을 폭행하는 시위를 일으켰고, 같은 날 오후 7시 조금리에서도 70여 명이 시위를 전개하였다. 송전리의 재봉기는 일제 경관 6명, 보병 2명의 출동으로 사망자 1명, 부상자 1명이 발생하였다. 이후 일제는 주모자를 색출하기 위해 더욱 혈안이 되었고, 많은 주민이 체포되어 서산경찰서로 압송되었다.

서산경찰서에서는 경미한 참여자에 대하여 즉결처분으로 태형 90도를 집행하였다. 그리고 주동한 인사들은 공주로 이송하였다. 공주지청에 이송된 주모자급 인물은 50여 명에 달했다. 이들은 약간의 시차를 두고 재판에 넘겨졌다. 이들은 9월 10일경 검찰에 송치되었으며, 10월 24일 공주지방법원에서 형량을 받게 되었다. 공주지방법원에서의 판결 결과는 다음과 같

---

25 박상건, 「당진지역 항일독립운동사」, 156쪽.

창의사. 대호지·천의장터 4·4독립만세운동에 참여하였다가 고초를 겪으신 애국지사 603위의 위패를 봉안한 사당으로 1992년 2월 25일 세웠다(당진시 대호지면 조금리).

다.[26]

    ① 징역 5년(3명): 송재만·고수식·한운석

    ② 징역 4년·벌금 30원(1명): 이대하

    ③ 징역 4년(2명): 남태우·송무용

    ④ 징역 1년 6개월(1명): 이인정

    ⑤ 징역 1년(29명): 고울봉·권재경·권주상·김금옥·김길성·김부복·김양칠·김장안·김찬용·김형배·김팔윤·남기원·남상돈·남상락·남상은·남상직·남상집·남용우·남윤희·남주원·송봉숙·신태희·안상춘·원순봉·이완하·이춘응·전성진·최정천·홍월성

    ⑥ 태형 90도(10명): 고한규·김홍진·남신희·남인우·윤남·이규순·이상익·차세순·천학선·최봉준

26 《매일신보》 1919년 11월 19일자, 「서산소요범인불복공소」 참조.

⑦ 태형 60도와 30도(6명): 강춘삼·남계창·문영산·민재학·박희용·유동렬

⑧ 징역 8개월(1명): 남성우

위 명단에 의하면, 10월 24일의 공판에서 태형 처분을 받은 인원이 16명이고, 다른 수형인들은 모두 징역 8개월 이상의 중형이 선고되었음을 알 수 있다. 이들은 공주지방법원의 판결에 불복하였다. 그리고 남주원(징역 1년)과 남기원(징역 1년), 남성우(징역 8개월)를 제외한 34명에 달하는 인사들은 즉각 경성에 있는 복심법원에 항소했다. 항소심 공판은 1919년 12월 24일 경성복심법원에서 열렸는데 이곳에서 선고된 내용은 다음과 같다.[27]

① 징역 5년(1명): 송재만

② 징역 1년(10명): 고울봉·권주상·고수식·김장안·김팔윤·남태우·송무용·이인정·전성진·한운석

③ 징역 8월(7명): 남상돈·남상락·남상은·남상집·남윤희·이대하·홍월성

④ 항소기각(16명): 권재경·김금옥·김길성·김부복·김양칠·김찬용·김형배·남용우·남상직·송봉숙·신태희·안상춘·원순봉·이완하·이춘응·최정천

그 후 이인정·한운석·김양칠·송재만 등 4명은 다시 고등법원에 상고하였는데 1920년 2월 7일 기각됨으로써 징역 5년과 1년의 형량이 확정되었다.[28]

1919년 4월 4일에 발생한 대호지·천의 장터 만세운동과 관련하여 일제에 의해 형벌을 받은 수형인은 모두 199명에 이른다. 현장 순국자는 1명이고,

---

27 「판결문」.
28 「이인정, 한운석, 김양칠, 송재만 판결문」(1920년 2월 7일, 고등법원).

서산경찰서로 연행되어 태형 90도를 즉결처분당한 인원이 72명, 대전지방 검찰청 공주지청에 이송되거나 명단이 드러난 분이 126명이다. 공주지청에 서 다시 태형 90도를 받은 분이 16명, 불기소처분 및 면소 방면된 분이 68명, 옥중 순국한 분이 3명, 징역 8개월에서 5년형까지의 선고를 받은 분이 모두 39명이다.

3) 기타 지역의 3·1운동

독립만세운동은 3월 10일과 3월 16일, 당진면 읍내리에서도 일어났다. 『조선소요사건일람표』(1919년 4월 말 조사)에 의하면 '3월 10일과 16일, 당진 군 당진읍 읍내리, 미연방지(未然防止)'라고 기록되어 있다.[29] 10일과 16일에 당진 읍내리에서 독립만세를 외치려는 시도가 있었고, 이를 사전에 탐지한 당진경찰서 일제 경찰에 의하여 만세운동이 사전에 진압되었다는 의미다.

당진면 읍내리에서의 독립만세운동은 현재 주모자와 전개 과정을 전혀 알 수 없다. 당시의 정황을 고려할 때, 당진면 읍내리에서도 독립만세운동 이 발생할 수 있는 여건은 충분했다. 특히 두 번씩이나 독립만세를 외치려 는 시도가 있었다는 점에서 주동자들의 운동 의지가 매우 강했던 것으로 추 정된다. 당시 당진면 읍내리에서 독립만세운동을 전개하였을 것으로 추정 되는 세력은 두 부류가 있었다. 하나는 박쾌인의 영향을 받은 학생 세력이 고, 또 하나는 천도교 세력일 것으로 추정된다.

한편, 당진시 합덕읍에서도 독립만세운동이 전개되었다. 당시의 《매일신 보》와 『조선소요사건일람표』에 의하면, 만세운동이 4월 2일과 6일 범근 장

---

29 국사편찬위원회 삼일운동 데이터베이스(http://db.history.go.kr/samil/home), '당진' 검색.

터와 우강면에서 발발하였다고 한다.[30] 만세운동은 치열하게 전개되었다. 하지만 당진 군수와 합덕 면장이 제지하고 경찰주재소 순사들이 억압함으로써 종료되었다.

합덕 독립만세운동을 일으킨 운동 세력은 매우 조직적인 인사들로 추정되는데, 아마도 매괴학교 학생들이 주도하였을 것으로 판단된다. 매괴학교는 1908년 6월에 설립되어 1924년 4월에 폐교된 사립학교였다. 이 학교는 크렘프(Krempff) 신부가 천주교 선교를 목적으로 합덕성당에 세운 학교였다.

매괴학교의 학생들은 천주교 교리 교육은 물론 엄혹했던 일제강점기를 당하여 민족의식을 고취하는 교육도 받았다. 이들은 한말에서 1920년대에 이르는 동안 합덕과 우강 지역 민족운동의 구심체 역할을 한 젊은 지식인들로서, 오일장에 나온 장꾼과 주민들을 일깨워 두 차례에 걸쳐 독립만세운동을 전개하였다.

송악면 기지시리에서도 만세운동이 일어났다. 기지시리는 당진지역에서 가장 큰 규모의 오일장이 섰던 곳이다. 조선 후기의 기지시 장은 10일에 4회가 개시될 정도로 활성화되었고, 당진군과 면천군을 아우르는 핵심적인 상거래 장소였다.

기지시리의 만세운동도 4월 5일과 13일에 발발하였다.[31] 이곳에서는 수백 명의 주민이 참여하여 독립만세를 외치고 해산되었다. 4월 5일의 시위에서는 4명의 주동자가 체포되었는데, 그중에 여자도 1명 포함되어 있었다. 특히 4월 13일의 운동에서는 8명의 주동자가 송악면사무소에 방화함으로써

---

30 《매일신보》 1919년 4월 14일자 「당진」 및 국사편찬위원회 삼일운동 데이터베이스 (http://db.history.go.kr/samil/home), '당진' 검색.
31 《매일신보》 1919년 4월 14일자, 「당진」.

항일의 투쟁 의지를 구체화하였다는 것도 특별한 점이다. 면사무소는 조선 총독부 식민통치의 최전방 행정관서로, 3·1운동의 전개 과정에서 농민의 주요 공격 대상이 되었던 곳이다.

역사적으로 송악면 기지시리는 항일의병의 거병지였다. 당진지역의 대표적 항일의병장인 최구현(崔九鉉, 1866-1906)은 1906년 4월 송악읍 기지시리에 병오창의도소(丙午倡義都所)를 설치하고 의병을 일으켰다.[32] 그는 송악면 기지시리가 당진지역과 면천 지역의 중심이며, 사람들이 몰리는 오일장을 갖춘 지역으로 의병항쟁의 최적지로 인식한 것이다. 이처럼 항일의병의 거병지라는 사실은 주민에게 큰 자긍심을 가져다주었고, 3·1운동으로 계승되는 자산이 되었다.

대호지·천의 장터 4·4독립만세운동이 전개되던 4월 4일 밤과 그 전날 밤에 순성면과 면천면에서도 봉화시위가 발발하였다.[33] 순성면 주민들과 면천면 주민들은 마을에 있는 산에 올라가 봉화를 올리고 독립만세를 외친 것이다. 당시 순성면에는 면사무소가 있는 봉소리를 비롯하여 모두 11개의 동리가 있었고, 면천면에도 면사무소가 있는 성상리를 중심으로 11개의 동리가 있었다. 그중에서 순성면 10개 리와 면천면 8개 리의 주민이 참여함으로써 거의 전체 면민이 봉화시위에 참여한 것으로 볼 수 있겠다.

면천은 3월 10일 면천공립보통학교 학생독립만세운동이 일어났던 지역이다. 만세운동의 항일적 분위기가 주민들에게도 팽배해 있었다고 할 수 있다. 순성면도 같은 분위기 속에 있었다. 면천공립보통학교 독립만세운동의 핵심 인물들이 순성면 출신이었기 때문이다. 이러한 학생만세운동의 영향

---

32 송악면지편찬위원회, 「송악면지」, 2009, 167쪽.
33 《매일신보》 1919년 4월 14일자, 「면천」.

으로 4월 3일과 4일, 주민들은 산 위에 올라가 봉화를 올리며 독립만세를 외치는 봉화시위를 전개하게 된 것이다.

한편 1919년 4월 8일, 대호지·천의 장터 4·4독립만세운동이 발생하였던 정미면에서 또다시 봉화시위가 발발하였다. 즉, 8일에는 정미면 신시리에서도 주민 300명이 격렬한 시위를 전개하였다. 그 과정에서 주민과 일제 경찰 간에 폭행이 있었고, 일제의 총격으로 주민 1명이 사망하였다.[34]

정미면 신시리의 독립만세운동에 이어, 밤 10시에 정미면 수당리 주민 300명이 봉화시위를 전개하였다. 이들은 안국산 봉수대에 불을 피우고 독립만세를 외치는 횃불만세운동을 전개하였다. 이에 경계 중이던 일제 경찰 4명과 보병 2명이 출동하였다. 하지만 주민들은 일제 경관에게 돌을 던지며 맞섰다. 이 과정에서 주민 1명이 일제의 총격으로 사망하였다.

횃불만세운동의 주동자는 정원환이다. 정원환(鄭元煥, 1864-1939)의 자는 호연(浩然), 호는 죽사(竹史)다. 그는 만세운동 당시 만 55세로, 수당리에 집성촌을 형성하고 있던 함평 정씨 문중의 대표 인물이었다. 그 후 정원환은 일제 경찰에 체포되었고, 일제의 갖은 고문에 인사불성이 되었다. 그리고 고문의 여독으로 평생을 고생하다가 1939년에 사망하였다.[35]

이처럼 정미면 주민들은 4월 4일 천의 장터에서의 독립만세운동과 4월 8일 신시리에서의 독립만세운동을 전개하면서 일제와 치열하게 항쟁하였다. 그리고 4월 8일 밤, 수당리 주민들은 봉화산(안국산)에 올라 봉수대에 횃불을 피워 올렸다. 수당리의 봉화산은 인근 지역에서 가장 높으면서 대표적인 산이었다. 봉화산의 정상에는 조선 시대 봉수대(烽燧臺)가 설치되어 있었

---

34 국사편찬위원회 삼일운동 데이터베이스(http://db.history.go.kr/samil/home), '당진' 검색.
35 정미면지편찬위원회, 「정미면지」, 2012, 155~156쪽.

다. 국가의 위급 시에 봉수대에 횃불과 연기를 피워 올려 긴밀한 연락을 꾀하였던 전통을 살려 나라의 독립을 절규하였다. 이로써 당진지역 독립만세운동과 횃불만세운동의 대미를 장엄하게 장식하였다.

4. 당진 3 · 1운동의 성격

당진의 3·1운동은 1919년 3월 10일에 발생한 면천공립보통학교 학생시위에서 시작하여 4월 2일에는 면천면 주민들의 만세운동, 합덕 면민의 만세운동이 있었다. 그리고 4월 3일과 4일에는 순성면의 10개 마을 주민들이 횃불시위를 전개하였고, 4일에는 당진 군내 8개소에서 횃불시위를 전개하였다. 특히 4일에는 대호지면에서 봉기하여 정미면 천의리 시장에서 시위를 전개한 대호지·천의장터 4·4 독립만세운동이 발발하였다. 그리고 4월 13일 송악면 기지시리에서의 만세운동으로 대단원의 막을 내렸다. 이같이 지속적이면서도 치열하게 전개된 당진의 3·1운동은 특별히 다음과 같은 몇 가지 성격이 있다.

첫째, 당진의 거의 전 지역 주민들이 만세운동에 참여하였다는 점이다. 현재 당진시는 3행정동 2읍 9면을 관할하고 있지만, 예전에는 12개 면으로 구성되어 있었다. 이것은 당진 읍내를 비롯하여 합덕·우강·신평·송악·송산·순성·면천·고대·석문·대호지·정미면 등이다. 이 가운데 만세운동은 신평·고대·석문을 제외한 전 지역에서 발생하였다. 물론 당진면의 만세운동은 사전에 발각되어 실패로 끝났고, 우강면과 송산면의 만세운동은 일제 경찰의 탄압 없이 종료되었지만, 12개 면 가운데 9개 면에서 만세운동이 발발하였다는 사실은 거의 전 주민이 만세를 외친 것으로 간주해도 무리가 없을 것이다.

둘째, 학생들이 당진지역 3·1운동의 선두 주자로 나섰다. 면천공립보통학교 학생들이 일으킨 3월 10일의 만세운동은 충남 최초의 학생독립만세운동이었고, 전국적으로도 매우 드물게 일찍 일어난 만세운동이었다. 면천에 이어서 3월 11일, 아산의 온양공립보통학교 학생들이 학교 운동장에서 만세를 불렀다. 예산에서도 3월 13일, 대흥공립보통학교 300여 학생들이 독립만세운동을 일으켰다. 3월 14일에는 천안 목천에서 목천공립보통학교 학생들이 만세를 외치고, 시장으로 이동하여 독립만세를 불렀다. 이처럼 3월 중순이 되면서 충남의 각 보통학교 학생들이 만세운동을 전개하였다. 하지만 그 선구는 면천공립보통학교 학생들이었다.

셋째, 3·10 면천공립보통학교 독립만세운동은 매우 치밀한 준비 속에서 전개되었다. 이들은 '독립의 노래'를 제작하였고, 이를 등사하여 학생들에게 배포하였다. 또한 태극기를 미리 준비하였고 학생들을 비밀리에 집결시킨 후에 면천 시내로 들어와 독립만세를 외쳤다. 비록 학교 훈도의 간곡한 만류로 만세운동은 종료되었지만, 훈도의 만류를 뿌리치고 곧바로 일본 경찰과 맞섰다면 엄청난 인적 피해가 날 가능성이 컸다. 게다가 인근 공립보통학교인 당진공립보통학교와 덕산공립보통학교와 연대를 시도하였다는 점에서 매우 조직적이고 탈지역적인 학생만세운동이었다.

넷째, 주민들의 주요 항쟁 방법은 봉화시위였다. 당시 당진지역에는 10개 면이 있었다. 이들은 대부분 봉화시위를 전개하였다. 야간에 마을의 대표적인 산에 올라 봉화를 올리고 횃불을 들고 만세를 불렀다. 4월 4일에 당진군 8개소에서 봉화시위를 동시에 전개한 사실에서, 주민들끼리 사전 연락을 취했을 것이라고 추정할 수 있다. 국가에 변란이 발생하였을 때 봉화를 올리던 전통을 계승하여 독립만세운동에도 적절히 활용한 것이다. 봉화시위는 충청도 독립만세운동의 대표적인 방법이었다.

다섯째, 대호지·천의장터 4·4독립만세운동은 유림과 대호지면사무소 직원들이 통합하여 전개한 운동이었다. 물론 주민 대부분은 농민이었다. 『형사사건부』에는 참여인들의 직업이 대부분 농민으로 기록되어 있다. 하지만 대호지 4·4독립만세운동은 농민이 주도한 것이 아니었다. 이 운동은 대호지 유림과 대호지면 사무소 지원들이 주도한 것이다. 특히 면장과 면직원 4명이 만세운동을 조직화하는 데 크게 기여하였다. 면장이 앞장에 서서 시위대를 이끌었다는 점은 4·4독립만세운동의 가장 큰 특징이라 하겠다. 충남지역의 3·1운동을 살펴봐도 면장이 시위운동을 주도한 사례는 거의 나타나지 않기 때문이다.

여섯째, 대호지·천의장터 4·4독립만세운동은 매우 조직적으로 준비하였고 만세운동을 치밀하게 진행시켰다. 충남의 3·1운동은 다양한 형태로 전개되었다. 일반적인 형태는 단순히 독립만세만을 부르는 경우이고 태극기를 흔들면서 독립만세를 외치기도 하였다. 또한 독립선언서를 배포하면서 독립만세를 고창하거나 연설과 같은 의식을 거행하고 독립만세를 외치기도 하였다. 하지만 대호지 4·4독립만세운동과 같이 독자적으로 애국가를 제작한 사례는 드물다. 대호지 4·4독립만세운동의 지도자들은 태극기를 제작하였고, 애국가를 지었으며, 선서문을 만들어 제창하였다. 또한 공문서를 제작해 주민을 동원하였다. 이처럼 치밀하게 만세운동을 전개하였다.

일곱째, 유림을 비롯하여 천도교와 기독교의 역할이 매우 컸다는 점이다. 4·4만세운동의 주축이 되는 도호의숙 유생들은 척사론에 바탕을 둔 유진하(兪鎭河)의 학풍을 계승하고 있었다. 유진하는 화서 이항로(李恒老)의 학통을 정통으로 계승한 학자였다. 면천 3·10운동의 주역인 원용은과 강선필, 박창신, 이종원, 박성은도 해당 지역에서 대표적인 문중의 후손들이었다. 이들도 유학적 분위기 속에서 성장한 학생들이었다. 그런 가운데 당진 3·1운동에 천도교가 상당한 역할을 하였다는 것은 매우 주목되는 사실이다. 대호지면 송전리에 거점을 둔 천도교 신자들이 4·4만세운동에 참여하였고, 이 만세운동이 치열하게 전개되는 데 지대한 역할을 하였다. 최근에는 면천 지역 개신교 신자들이 3·10학생독립만세운동에 영향을 주었다는 주장이 있어서 매우 주목된다.[36]

마지막으로 대호지·천의 장터 4·4만세운동은 단일 만세시위로서, 다수의 피체와 수형자가 발생하였다. 도시가 아닌 바닷가 시골 마을, 장도 서지 않는 벽지 마을에서 주도한 만세시위로 199명이 피해를 받았다. 그중 4명이 순국하고, 88명이 태형 90도를 받았으며, 39명이 징역 8개월 이상 5년 형까지 받은 것은 3·1운동사에서 매우 특기할 사례. 더욱이 만세운동에 참여한 주민의 규모에 비교한 수형자 비율은 4·4만세운동이 전국에서 가장 높다.[37] 그 결과 2021년 3월 현재, 125명에 달하는 애국지사들이 정부로부터 건국훈장을 추서받았다.[38] 면 단위 규모로 볼 때, 이 같은 공훈 실적은 매우 기록적인 것으로 판단된다.

5. 맺음말

충남의 서북부 내포에 있는 당진은 지극히 평범한 시골 고을이었다. 서북

---

36 박용완, 「면천 3·10 학생만세운동의 배경과 기독교적 의미」, 「당진 3·1독립만세운동의 재조명」 발표문(2019.6.28, 당진문화원) 참조.

37 박걸순, 「당진 대호지·천의장터 3·1운동의 성격과 특징」, 『한국근현대사연구』 제84호, 2018, 205~207쪽 참조.

38 현재 당진시 전체 독립운동가의 건국훈장 추서 현황은 157명에 이른다. 이는 충남의 시·군 가운데 홍성군과 청양군에 이어 세 번째에 해당하는 많은 인원이다.

쪽은 개펄이 발달한 바다에 접하고, 동남쪽은 드넓은 평야 지대를 한 아름에 담고 있다. 당진지역은 육로 교통이 미비하여 오지로 인식되었지만, 수많은 포구를 바탕으로 해로가 번성하였다. 당진 사람들은 이 뱃길을 이용하여 경인 지역으로 손쉽게 나갈 수 있었다. 이들은 뱃길을 활용하여 각종 물자를 유통하고 정보 교류와 근대 교육 활동을 전개하였다. 한말에서 일제강점기를 거치는 동안, 당진 사람들의 근대 의식과 일제 침략에 항쟁하는 항일 정신은 이 해로를 통해 얻은 소통과 배움의 산물이었다.

당진의 3·1운동이 치열하게 전개될 수 있었던 배경도 당진의 지역적 환경에 기인된 바가 컸다. 경기도와 바다로 연결되는 해로의 특성은 한말 항일의병이 치성하는 원인이 되었고, 당진 의병들은 경기도 의병과 연합작전을 수행하면서 일제 침략에 대항하였다. 이들은 당진시 석문면에 있는 소난지도를 거점으로 활빈당 활동을 거쳐 본격적인 의병 전쟁을 치렀다. 당진지역 3·1운동을 계획하고 수행하였던 대호지면 지역의 유생들도 해로를 통해 서울에 들어갔고, 다시 인천을 거쳐 귀향하였다. 바다는 당진지역 민족운동과 독립운동의 전개 과정에서 가장 중요한 모티브를 제공하였다.

한편, 당진지역 3·1운동을 전개하는 데 강렬했던 정신적 자산도 빼놓을 수 없다. 그것은 전통적 위정척사에 바탕을 둔 성리학, 근대화의 물결과 함께 넘실대던 근대 교육, 동학에 뒤이은 천도교, 한말 당진지역에 뿌리내린 천주교와 개신교 등으로 대표된다. 이들의 생성과 발전 과정은 제각각 달랐지만, 일제강점기 3·1운동을 전개하는 데 늘 함께하였다. 당진 사람들의 투쟁 의지는 천천히 달궈져 깊게 끓고 오랫동안 온기를 머금는 가마솥과도 같았다. 이들의 지역 성향이 원래 그랬다.

당진의 3·1운동은 1919년 3월 10일에 전개되었던 면천공립보통학교 독립만세운동과 4월 4일에 전개된 대호지·천의 장터 4·4독립만세운동, 그리고 여타 지역에서 발생한 만세시위와 봉화시위로 정리할 수 있다. 특별한 사실은, 만세운동을 일으킨 분들이 모두 고종의 장례에 직접 참례하고 귀향하여 만세운동을 추진하였다는 점이다. 누가 독립선언서를 전달해 주거나, 운동을 일으키도록 지시하여 일으킨 것이 아니다. 이들은 주체적으로 만세운동을 일으켰고, 어느 지역보다도 치밀하고도 극렬하게 만세운동을 전개하였다. 뒤이어 다른 지역 주민들은 산상에서 봉화를 올리고 횃불시위를 전개하였다. 전 주민이 이토록 합심하여 행동한 것은 유사 이래 처음 경험한 일이었다. 이들은 목놓아 '독립만세'를 외쳤다.

당진의 3·1운동은 전형적인 궁벽한 농촌에서 발생하였지만, 전 주민이 조직적이고도 공격적으로 궐기하여 일제 식민통치의 무모함을 적나라하게 고발하고 독립의 의지를 천명한 대규모 항쟁이었다. 이들은 치밀하게 준비하여 조직을 갖춘 뒤에 만세운동을 전개하였다. 특히 대호지·천의 장터 4·4 독립만세운동에서는 주민 199명이 일제 경찰에 체포되었다. 이 가운데 한 분이 현장에서 순국하였고, 세 분이 옥사하였다. 또한 다른 분들은 항고와 상고를 거듭하면서 독립운동의 당위성을 주장하였다. 이들은 결코 일신의 편안함만을 추구하지 않았다. 이들에게 가장 중요한 것은 우리 민족의 진정한 독립이었다. 일제강점기를 극복하기 위한 당진 사람들의 항일운동은 이토록 강렬하였다.

「박수찬 신문조서」, 『한민족독립운동사자료집』16권, 3·1운동VI.
「박쾌인 신문조서」, 『한민족독립운동사자료집』16권, 3·1운동VI.
대호지면 3·1운동 선열추모비건립추진위원회, 『대호지 기미독립운동약사』, 1972.
송악면지편찬위원회, 『송악면지』, 2009.
정미면지편찬위원회, 『정미면지』, 2012.
김상기, 『의병 전쟁과 의병장』, 경인문화사, 2019.
박찬승, 『근대이행기 지역엘리트 연구(Ⅰ)』, 경인문화사, 2006.

김상기, 「도호의숙과 대호지 3·1운동」, 『사학연구』 90, 한국사학회, 2008.
김남석, 「일제강점기 당진지역 민족운동연구」, 충남대학교 대학원 박사학위논문, 2010.
박상건, 「당진지역 항일독립운동사」, 당진문화원, 1991.
박찬승, 「활빈당(活貧黨)의 활동과 그 성격」, 『한국학보』 10권 2호, 1984.
장수덕, 「내포지역 동학농민전쟁연구」, 공주대학교 대학원 박사학위논문, 2020.
정을경, 「일제강점기 충남지역 천도교단의 민족운동」, 충남대학교 대학원 박사학위논문,
       2019.

《매일신보》
「민재봉 판결문」(1920년 10월 22일, 경성복심법원).
「이인정 등 34명 판결문」(1919년 12월 24일, 경성복심법원).
「이인정, 한운석, 김양칠, 송재만 판결문」(1920년 2월 7일, 고등법원).
국사편찬위원회 한국사데이터베이스(http://db.history.go.kr).
국사편찬위원회 삼일운동 데이터베이스(http://db.history.go.kr/samil/home).

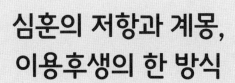

심훈의 저항과 계몽, 이용후생의 한 방식

유진월

한서대학교 미디어문예창작학과 교수

1. 서론

심훈(1901-1936)은 한국 근대문학사의 소설가이고 시인이며 언론인이자 영화인이다. 그는 나라를 잃은 비참한 시기에 일본에 대한 치열한 저항과 그 일본을 통해 유입되는 근대화의 물결이 혼재하는 이율배반적인 시대를 살았던 지식인이다. 그의 다양한 삶의 범주에도 불구하고 그동안 심훈은 〈상록수〉로 대표되는 농촌소설을 쓴 작가로만 규정되었으며 그에 대한 연구도 대체로 농촌문학과 〈그날이 오면〉으로 대표되는 저항문학의 범주 안에서 이루어졌다.

심훈에 관한 연구로는 200여 편 정도의 논문[1]이 있다. 장르별로는 소설에 관한 연구가 가장 많고 문학 전반을 종합적으로 연구한 학위논문도 있으며 최근에는 영화 쪽 연구가 증가하는 추세이다. 〈상록수〉를 표제로 삼은 연구는 40여 편 정도 되지만 소설론이나 작가론 등의 포괄적인 논문에서도 거의 다룬 것을 고려하면 〈상록수〉에 관해서는 이미 상당히 많은 연구

---

1   그동안의 연구목록은 『심훈 전집』에 작가론, 시, 소설, 영화, 학위논문 등으로 분류 정리되어 있다. 또한 정은경, 「심훈 문학의 연구현황과 과제-2000년대 이후 새로운 연구 동향을 중심으로-」, 『국어문학』 67, 2018.은 그간의 연구를 주제별로 분류하고 있다.

가 이루어졌다고 할 수 있다. 관련 논문들은 농촌문학[2]·계몽문학[3]·실존 인물과의 관계[4]·민족의식[5]·여성상[6]·영화[7] 등에 관한 연구로 구분할 수 있고, 기독교와의 접점을 탐구한 연구도 있다. 기독교의 희생정신을 비롯한 사상적 원류에 관한 논의들에서는 심훈의 작품이 낭만주의나 소시민성과는 구별되는 공동체 지향성을 확고히 지니고 있다[8]고 본다.

본고는 기존의 논의와는 다른 방향에서 심훈의 생애와 예술을 보려고 한다. 근대가 태동한 일제강점기에 많은 작가들이 문학작품을 창작하고 당대의 민중에게 지대한 영향을 미쳤지만 심훈은 그중에서도 독보적인 실천적 삶을 보여주었다. 당시 일본 유학을 한 인텔리 계층이나 작가들이 민족의 현실에 대한 문제의식을 보여주기도 했으나, 단지 개인적인 차원에 머물거나 오히려 변절하여 일제의 앞잡이가 되어 버린 사례들이 있었다. 반면 당대의 대표적인 지식인이자 예술가로서 심훈이 보여준 삶과 예술의 실천적 과정은 정조 대의 실학파가 민생 중심의 새로운 의미로 내세웠던 이용후생이라는 키워드와 연결하여 집약해 볼 수 있다.

'이용후생'의 출전은 『서경(書經)』이다. 우(禹)가 순(舜)에게 올리는 간언

---

2   정한숙, 「농민소설의 변용과정」, 『아세아연구』 15(4), 고려대학교, 1972.
3   김윤식, 「문화계몽주의의 유형과 그 성격: 〈상록수〉의 문제점」, 『언어와 문학』, 역락, 2001.
4   류양선, 「심훈의 〈상록수〉 모델론」, 『한국현대문학연구』 13, 2003.
5   김화선, 「한글보급과 민족형성의 양상: 심훈의 〈상록수〉를 중심으로」, 『어문연구』 51, 2006.
6   이상경, 「근대소설과 구여성: 심훈의 〈직녀성〉을 중심으로」, 『민족문학사연구』 19, 2001.
7   김종욱, 「〈상록수〉의 '통속성'과 영화적 구성원리」, 『외국문학』 1993, 봄.
    박정희, 「영화감독 심훈의 소설 〈상록수〉 연구」, 『한국현대문학연구』 21, 2007.
8   정은경, 앞의 글, 246쪽.

으로 '군주가 선정하고 양민하여 백성의 덕을 바로잡는 정덕(正德), 백성의 물화가 넉넉해지는 이용(利用), 삶이 윤택해지는 후생(厚生)이 조화를 이룰 것'이라는 내용이다. 여기에서 정덕·이용·후생은 바른 정치의 결과물이자 서로 조화를 이루어 순서를 따질 수 없는 가치 개념[9]이었다. 조선에서는 국왕의 수신이 올바른 정치 행위의 기초라는 사고가 일반적이었으므로 국왕의 정덕이 근본이고 그것을 통한 양민의 효과가 이용과 후생이라는 논리가 자연스러웠다. 곧 정덕은 교화를 담당하는 국왕이나 사대부에게 해당하고 이용후생은 생산을 담당하는 백성에게 해당하는 것이었다.

그런데 실학파의 연암 박지원은 '이용한 후에 후생할 수 있고, 후생한 후에 정덕할 수 있다'고 순서를 새롭게 정함으로써 기존의 주자학적 용례를 전복하였다. 하지만 이것은 공자, 맹자의 원사유가 정신으로의 회귀였다.[10] 윤리적 도덕적 측면을 앞세우기 이전에 백성이 기본적으로 먹고사는 문제가 삶의 근본이라는 실용적인 의식의 발현이었다. 연암은 이러한 유교 초기 정신회복을 위하여 생활의 도구를 삶에 이롭게 활용해서 백성의 삶이 넉넉해진 다음에야 도덕과 윤리를 바로 세울 수 있다고 믿었다. 연암이 이용후생을 정덕보다 앞에 내세운 것은 절대적인 빈곤에 시달리는 백성들의 삶에 주목한 결과였다. 연암은 가난에 허덕이는 백성의 삶이 회복되어야 이들이 도덕과 인간다움에 관심을 갖게 될 것[11]이라 생각한 것이다.

정조 대에는 특히 이용후생이 민생을 구체적으로 살피는 일에 빈번히 사

9　『書經』, 「大禹謨」, "禹曰, 於, 帝念哉. 德惟善政, 政在養民, 水火金木土穀惟修, 正德利用厚生惟和.", 이경구, 「조선 후기 '주자주의'의 동향과 이용후생 개념의 부상」, 『개념과 소통』 10호, 2012, 83쪽.
10　이 책 〈총론〉 17쪽 참조.
11　박수밀, 「진정한 이용후생의 꿈」, 『샘터』, 2019.1. 56쪽.

용되었다. 각 지역의 경작이나 특산물과 관련한 정책을 결정하는 데 있어서 이용후생은 백성들의 고통을 해결하기 위한 명분으로 작용하였고 이용후생을 내세우며 민생 개선을 적극적으로 도모하였다. 결국 이용후생이란 실용을 중시했던 정조대 왕이나 양반들의 윤리적 의식이나 도덕적 측면보다는 백성들의 구체적이고 현실적인 삶의 경제와 복지에 대한 관심으로 강조점이 이동한 획기적인 문제의식의 대두라는 측면에서 근대성과 연결된다고 할 수 있다.

1920~1930년대는 새로운 소비문화 경험이 확산되면서 한국 근대문화 형성의 토대를 마련한 시기였다. 모던 세대는 식민지 근대문화에 가장 빠르게 편입된 세대[12]였다. 외국 유학의 경험도 있고 연극이나 영화와 같은 신문명과 가까이에 있던 심훈은 새로운 시대와 문화의 최전선에 있던 모던 보이였다고 할 수 있다. 그러나 심훈은 일제강점기 도시에서의 한계를 느끼고 농촌에서 문제를 극복하려는 선택을 하게 되었다. 도시 생활을 정리하고 당진으로 낙향하여 농촌의 현실에 적극적인 관심을 갖고 농촌계몽운동에 동참하면서 〈상록수〉를 썼고 민족에게 새로운 삶의 방향성을 제시하였다. 특히 당진이 심훈에게 새로운 희망의 공간이 되었던 1933년은 농촌계몽운동인 브나로드운동이 전국적으로 확산되던 시기였다. 심훈은 농촌계몽운동 참여를 통해 민중들과 더불어 이용후생의 실천적 삶을 보여주었고, 당진 지역은 〈상록수〉의 창작 공간으로서의 명성을 통해 심훈과 상생의 의미를 갖게 되었다. 본고에서는 심훈의 삶의 방향성이 점차 이용후생으로 수렴되어 가는 과정을 생의 시기별로 비교 분석하고자 한다.

12 주창윤, 「1920-1930년대 모던세대의 형성」, 『한국언론학보』 52(5), 2008, 186쪽.

2. 일제강점기와 저항 의식

심훈의 시대는 다양한 가치가 충돌하는 격변기였다. 나라를 빼앗겼다는 패배감이 팽배한 일제강점기였고 인간으로서의 기본권이 박탈된 비극적인 시대였다. 그러나 역설적이게도 일본을 통해 서구의 문물이 유입되기 시작했고 이는 근대의 발흥으로 요약된다. 그것과 연결되어 신문학이 시작되면서 서구에서 긴 시간에 걸쳐 이룩된 다양한 문학 사조가 동시다발적으로 유입되는 동시에 급격한 모방이 시작되었다. 일본에서 서구 문학을 받아들인 청년들에 의해서 새로운 형식의 문학이 시작되고 신문과 잡지의 발간을 통해 글 쓰는 사람이 지식인의 전범이 되어 사람들에게 영향을 미치는 신문학의 시대가 열렸다. 한편으로 대부분의 사람들이 농촌에 거주하던 시기인 만큼 사회의 변화에 대한 요구는 농촌계몽운동으로 연결되었다.

심훈은 1919년 경성제일고등보통학교 재학 중 3·1만세운동에 참여했다가 체포되었는데 이 일로 퇴학당하고 중국으로 가서 지강대학을 다니는 한편 독립운동가들과 교류했다. 귀국 후에는 동아일보와 조선일보 기자로 일했고 '이수일과 심순애'로 알려진 〈장한몽〉에서 이수일 역을 맡으면서 영화 관련 활동을 시작했다. 1927년 일본의 니카츠 촬영소에 가서 영화를 공부했고 귀국 후 영화 〈먼동이 틀 때〉의 시나리오를 쓰고 연출해서 단성사에서 개봉했다. 조선일보에 입사한 후 중국에서의 경험을 살려 창작한 장편소설 〈동방의 애인〉과 〈불사조〉를 연재하였으나 일제의 검열로 인해 중단되었다. 1932년에는 충남 당진으로 낙향하여 〈영원의 미소〉와 〈직녀성〉 등의 소설을 집필했고, 1935년에 〈상록수〉가 동아일보 창간 15주년 기념 현상공모작으로 당선되어 《동아일보》에 연재되었다. 〈상록수〉를 영화로 만들기 위해 팀을 꾸리고 동분서주하였으나 1936년 장티푸스에 걸려 갑자기 사망했다.

1) 독립운동 참여와 문학의 길

심훈은 경성고보 시절 3·1만세운동에 참가함으로써 자신의 정체성을 확립하게 된다. 거국적인 만세운동에 참여하고 서대문형무소에 투옥되는 체험을 통해 나라 잃은 현실에 대한 문제의식을 갖게 되었으며 이것은 향후 개인으로서 작가로서 예술가로서 삶의 방향성을 정하는 계기가 되었다. 그의 문학 활동은 시종일관 그러한 정신을 계승하였고 어디서 무엇을 하든 조국과 민족을 생각하는 실천적 지식인의 삶을 이어 갔다.

투옥 중에 쓴 〈감옥에서 어머님께 드리는 글월〉이 심훈의 첫 작품[13]이라는 것은 심훈의 작가로서의 사상적 기반과 문학의 지향점을 명확하게 한다. "저는 어머님보다도 더 크신 어머님을 위하여 한 몸을 바치려는 영광스러운 이 땅의 사나이외다."에 나타난 '어머님-사나이'로 연결된 단어의 조합은 어머니-조국을 위해 모든 것을 바치려는 각오가 되어 있는 강인한 남성성을 드러낸다. 당시의 문학작품에 보이는 여성적 페르소나의 뒤에 숨은 화자들과 비교할 때 심훈이 당당하게 드러내는 '사나이'라는 단어는 만세운동에도 적극적으로 앞장섰던 그의 기개를 보여준다. '사나이'로 집약되는 남성성은 〈그날이 오면〉으로 대표되는 그의 저항문학의 출발점이 되며 심훈 문학을 특징짓는 한 경향이 된다.

일반적으로 심훈 문학을 저항문학·계몽주의 문학·농촌문학 등으로 요약하는데, 이는 그의 문학을 당대의 흔한 문학 현상으로 일반화하거나 천재성이나 개성이 결여된 다소 단조로운 문학으로 폄하하는 시각을 담고 있기도

---

13 이 외에도 감옥에서 장기림의 옥사를 둘러싼 경험을 반영하여 최초의 소설 〈찬미가에 싸인 원혼〉을 창작하고 『신청년』 1920년 8월호에 발표했다. 『심훈 전집』 9권, 398쪽.

하다. 그러나 그의 저항 의식과 계몽 의식은 그의 문학을 몰개성한 작품의 기준으로 획일화하려는 근거가 될 수도 없을 뿐만 아니라 오히려 당대 지식인의 진정성 있는 자세를 반영한다는 점에서 의미가 있다. 그의 예술가로서의 기질과 다양한 성취는 종합 예술인으로서 시대의 한계를 초월한 것이며, 요절로 인한 짧은 작가 생활에도 불구하고 풍성한 성과물을 남긴 것은 성실한 예술가의 자세를 보여준 것이다. 민중에 대한 일관된 관심과 시대에 대한 고민은 당대의 인텔리 조선인에게서 흔히 볼 수 없는 이용후생의 자세와 연결된다.

2) 중국 유학과 독립운동의 실상

심훈은 3·1만세운동 참여와 투옥으로 인하여 고등학교에서 퇴학을 당한다. 처음에는 일본으로 유학 갈 생각도 했으나 집안의 여러 가지 상황으로 인하여 실행이 어려웠고 그에 따른 내적 갈등도 심했다. 그러던 중 1920년 말에 중국으로 가서 이듬해에 지강대학에 입학하고 영어·중국어·불어 등을 공부했다. 심훈이 북경에서 상해로 이동하는 과정이 그의 경성고보 동창생인 박헌영의 동선과 겹친다는 사실과 상해 시절 그가 여운형과 밀접한 교류를 나누었다는 점을 고려할 때 그의 중국행은 단순히 유학만을 목적으로 한 것이 아니라 식민지 청년으로서 조국 독립을 위한 정치적 목적을 수행하기 위한 과정이기도 했을 것으로 유추[14]하는 견해도 있다. 3·1만세운동 참여로 인하여 조국의 현실에 대한 자각이 뚜렷해졌다는 것과 항일 의식을 가진 동창들과의 관계를 고려할 때 그러한 가능성을 열어 둘 수 있다. 중국에

---

14 하상일, 「심훈의 상해시절과 〈동방의 애인〉」, 『국학연구』 36호, 2018, 519쪽.

머무는 동안 무정부주의자 신채호와 이회영을 비롯하여 공산주의자 여운형·박헌영, 민족주의자 이시영·이동녕 등과 교류했다. 조선의 독립이라는 목표는 같았으나 구체적인 실천의 차원에서는 저마다 생각이 달랐고 추구하는 노선도 달랐기에 중국에서의 독립운동은 하나로 통일되지 못하고 있었다. 독립운동가들의 면모를 가까이에서 지켜본 이때의 생생한 경험을 바탕으로 후에 〈오월비상〉·〈동방의 애인〉·〈불사조〉 등의 독립운동과 관련된 행적이 드러나는 작품들을 창작하게 되었다.

항주에서 쓴 〈항주유기〉 연작은 심훈의 초기 시에 해당되는 시들로 조국을 떠나 살아가는 망향객으로서의 비애와 향수 등 개인적 정서를 표현[15]했다. 표면적으로는 개인적 서정성이 극대화되어 있는 시편들이지만 심층적으로는 당시 중국 내 독립운동의 분열과 갈등이라는 정치적 상황에 대한 비판을 담고 있다. 지식인으로서 책임감과 무력감을 많이 느끼던 시절의 이 시들은 현실에 대한 열패감과 울분을 솔직하게 토로하면서도 미래에 대한 희망을 저변에 깔고 있다. 중국 유학을 통해 그는 희망과 절망을 동시에 경험하였고, 영화와 문학 창작 활동 등의 다양한 분야에서 자기만의 방식으로 독립운동을 전개하겠다는 새로운 결심[16]을 하게 되었다.

1923년 4월 30일에 귀국하면서 본격적으로 문학 활동을 하기 시작했고 여러 장르에서 새로운 시도를 했다. 1925년 계급문예 단체인 염군사와 중견 좌익 문학인들 모임인 파스큘라는 카프(KAPF) 곧 조선프롤레타리아예술가동맹을 결성하였고 심훈도 이에 발기인으로 참여했다. 신극 연구 모임인 〈극문회〉를 조직하기도 했고 일본 작가 오자키 고요의 〈금색야차〉를 번안

---

15 하상일, 「심훈의 〈항주유기〉와 시조창작의 전략」, 『비평문학』 61권, 2016, 210쪽.
16 하상일, 「심훈의 생애와 시세계의 변천」, 『동북아문화연구』 49집, 2016, 102쪽.

한 영화 〈장한몽〉에 출연함으로써 예술에 대한 방향 전환이 일어나게 되었다. 연극과 영화의 대중적 호소력에 매료되고 계급투쟁을 강조하는 카프와는 지향하는 바가 달라졌기에 점차 결별의 수순으로 가게 되었다. 이념보다는 실질적인 삶과 현실에 대해 더욱 관심을 갖게 되면서 균형과 조화를 추구하게 된 것이다.

3) 근대와 도시, 계몽 의식의 실천

근대란 여러 가지 차원에서 다양한 의미가 있다. 정치적으로는 관료제가 도입되고 민주주의적 참정권이 발달하게 되며, 경제적으로는 자본주의적 생산양식이 발달한다. 사회적으로는 평등한 사회체제가 도입되고 도시화가 일어나며, 문화적으로는 과학과 기계가 보급되고 합리주의·개인주의·실용주의 등의 가치관이 중시된다. 곧 근대는 신과 왕 중심의 세계인 봉건주의에서 벗어나는 개인이 탄생하고 인권이 대두되는 시대라 할 수 있다. 이 땅의 근대는 아이러니하게도 일제강점기와 나란히 시작되었다. 당대의 조선은 국가 만들기와 외세 물리치기라는 이중적 과제를 안고 고군분투하는 상황이었으며, 한편으로는 신문명의 시대가 열려 새로운 사상이 유입되는 혼돈의 시기였다. 새로운 세계에 눈을 떴으나 무력함과 패배감만을 경험해야 했던 지식인의 절망과 혼란이 두드러졌고, 독립의 희망을 잃어버린 민족의 지도자들은 줄줄이 친일로 돌아섰다. 당시는 다양한 가치관이 뒤섞인 혼돈의 상황 그 자체였고 저마다 길 찾기에 골몰하던 대혼란의 시대였다. 이러한 시대적 상황에서 심훈 또한 자신의 길을 찾기 위해 치열하게 노력하고 있었다.

심훈은 1926년 11월 9일부터 12월 14일에 《동아일보》에 영화소설 〈탈춤〉

을 연재했다. 이때부터 본명 '심대섭' 대신 '심훈'이라는 필명을 사용하기 시작했다. 영화소설이란 소설에 삽화 대신 영화의 스틸 사진을 결합한 것이다. 이는 소설에 영화적 흥미를 더하기도 하지만 나중에 영화로 찍을 것을 미리 계획해 본다는 의도도 있는 새로운 서사 양식이었다. 당시에 거금 2천원 정도가 필요했기 때문에 영화로 제작히지는 못했지만 소설 〈탈춤〉을 각색한 시나리오 〈탈춤〉이 전해진다.

문학은 문자로 완성되는 예술인데 당시의 문맹률을 고려하면 실제로 문학작품을 향유할 수 있는 사람은 극소수였다. 결국 문학이란 한정된 사람들에게만 허용된 예술이었다. 반면 새롭게 들어온 영화라는 예술은 동시에 많은 사람들과 소통할 수 있고 즉각적인 반응을 끌어낼 수 있는 강력한 영향력을 가진 매체였다. 배운 자나 못 배운 자나 동시에 감상할 수 있는 영화의 힘을 인식한 심훈은 영화에 매료되었다. 그래서 소설에 사진을 접목한 영화소설이라는 새로운 장르를 개척했다. 새로운 장르를 빠르게 수용하고 장르 간 결합을 시도한 것은 심훈이 오늘날 요구되는 통섭과 융합의 인재였음을 보여준다.

심훈은 1927년 일본 교토의 니카츠 촬영소로 유학 갔다가 돌아와서 〈먼동이 틀 때〉의 시나리오를 쓰고 영화를 제작하여 단성사에서 개봉했다. 이는 나운규의 〈아리랑〉(1926)과 함께 초기 영화사의 대표작으로 꼽힌다. 1938년에 열린 조선일보 영화제에서 무성영화 베스트 10 중 5위[17]에 오를 정도로 흥행에 성공한 영화였고 이는 심훈이 영화인으로 인정받는 계기가 되었다.

---

17 유현목, 『한국영화발달사』, 책누리, 1997, 275면. 박정희, 「영화감독 심훈의 소설 〈상록수〉 연구」, 『한국현대문학연구』 21호, 2007, 115쪽에서 재인용.

〈먼동이 틀 때〉가 개봉된 1927년은 나운규의 〈들쥐〉, 〈금붕어〉를 포함하여 10편의 영화가 발표된 해였다. 한설야는 만년설이라는 필명으로 영화가 계급을 위한 것이 되어야 한다고 주장하면서 〈먼동이 틀 때〉를 상징적으로나 표현적으로나 실패한 작품이라고 했다. "이경손·심훈·나운규 등은 모두 괴뢰의 조종사로서는 제 스스로가 일등 면허장을 들고 다닐지 모르나 가소로운 날탕패에 불과하다."[18]라고 혹평했다. 이에 대해 심훈은 '마르크시즘의 견지로서만 영화를 보고 이른바 유물사관적 변증법을 가지고 키네마를 척도하려는 예술의 본질조차 터득하지 못한 고루한 편견'[19]이라고 반박했다. 그러자 임화는 다시 비판의 글을 연재하면서 심훈·이경손·나운규 등을 비판하고 조선 민중이 진정으로 원하는 영화를 키워 나가기 위하여 나아갈 것[20]을 요구했다. 이 논쟁에서 심훈은 영화를 계급투쟁의 도구로 삼아야 한다는 한설야의 주장을 비판하면서 오락과 위안이라는 예술의 본래 목적이 자기 작품의 목적이라고 강변했다. 예술이 사상이나 주의를 전달하기 위한 도구로 사용되는 것이 아니라 그 자체가 목적이 되어야 한다는 것을 강조함으로써 카프와는 결별하게 되었다.

　이후 암울한 시대적 현실 앞에서 무력감에 대한 한탄에 머물지 않고 시대에 대한 민족의 통곡으로 확대된 작품이 〈그날이 오면〉이다. 심훈은 1932년 시집을 발행하기 위해 조선총독부에 원고를 제출했고, 일제는 검열 끝에 '삭제' 도장을 찍어 출판을 불허했다. 이 시는 조국의 독립을 간절하게 바라는

18　만년설, 「영화 예술에 대한 관견」, 《중외일보》, 1928. 7. 1.-9. 『전집』 9권, 158-173쪽.

19　심훈, 「우리 민중은 어떠한 영화를 요구하는가?-를 논하여 만년설 군에게」, 《중외일보》, 1928. 7. 11.-27. 『전집』 8권, 73-95쪽.

20　임화, 「조선영화가 가진 반동적 소시민성의 말살-심훈 군의 도량에 항하야」, 《중외일보》, 7. 28.-8. 4. 『전집』 9권, 174-188쪽.

마음을 강렬한 어조로 그려낸 식민지 시대의 대표적인 저항시다. 조국의 독립을 이루기 위한 일이라면 죽음조차 두려워할 것 없다는 강인한 의지를 표방한 것이다.

3. 저항과 계몽의 이용후생

1) 당진과 농촌계몽운동, 저항과 계몽의 연합

1939년 여름 홋카이도 제국대학 농학부 학생인 안병렬은 자신의 고향인 충청남도 당진군 송악면 오곡리에서 두 달에 걸쳐 농민 생활의 전반적인 실태를 조사하고 그 내용을 다음 해 봄 《동아일보》에 총 11회에 걸쳐 발표[21]하였다. 조선총독부에서 조사한 통계가 있기는 하지만 마침 심훈이 낙향하던 무렵 당진 송악면을 대상으로 한 희귀한 연구이기에 일반적 통계와는 달리 생생한 상황을 알려 준다는 점에서 참고할 만하다.

이 보고서에 의하면 조사 대상은 61호로 가구당 6.8인이 거주하였고 소작농이 절대 다수였다. 각 가구당 평균 부채액은 140원 정도로 상당히 많았는데 대부분 양식과 생필품을 구입하기 위해 빚을 졌으며 이자는 연 30%에 달하는 고리였다. 7~15세의 아동의 경우 23%만이 학교에 다녔고 농사·아이보기·가사 등 1인당 세 종류 이상의 노동에 동원되고 있었다. 의복의 경우 옷이라고 부를 수 있을 만한 외출복은 10%밖에 안 되었고 어른이고 아이고

---

21 安秉烈,「農村生活及兒童의 發育健康狀態(一~十一)」,《東亞日報》, 1940년 3월 9일~3월 23일자. 조명근,「1930년대 후반 식민지 조선 농민 생활상의 재구성—충청남도 당진군 오곡리 사례를 중심으로-」,『역사와 담론』7호, 2015, 238쪽.

거의 헐벗고 다니는 수준이었다. 식량은 주식인 쌀의 경우 1인당 소비량이 0.4석으로 당시 조선의 평균치인 0.6석보다도 낮았다. 대부분의 주택은 천장과 벽지 등이 미비하고 채광과 통풍이 불량하여 환경이 비위생적이었다. 의료 기관이 절대적으로 부족하고 진료비가 비싸 평생 동안 의료 혜택을 거의 받지 못하고 있었다. 출산에 있어서는 사망·유산·조산의 비율이 높았는데 이는 모체의 영양불량 상태와 임신 기간 중 과도한 노동 때문이었다. 특히 90%가 넘는 아동에게 기생충이 있었고 전 인구의 97.7%에게 2종 이상의 기생충이 있었는데 이는 상하수도 등의 위생 시설을 갖추지 못한 농촌 지역의 현실이 반영된 것이다. 안병렬의 조사는 조선 농민의 다양한 삶의 양태를 보여주고 있다는 점에서 당국의 조사와는 질적으로 다른 의미와 내용을 가진 것[22]이다.

이러한 생생한 연구 결과를 참고하면 도시에서 모던 보이로 생활하던 심훈의 낙향이 개인적으로나 지역적으로나 얼마나 큰 결단인지 알 수 있다. 심훈은 왜 도시에서 당진으로 낙향하게 되었는지 〈필경사잡기〉에서 다음과 같이 썼다.

나는 생어장(生於長)을 서울서 한지라 외모와 감정까지 '서울놈'을 못 면한다. 거두절미하고 놀고먹는 도회인의 타입인 것을 나 스스로 인정한다. 도회는 과연 나의 반생에 무엇을 끼쳐 주었는가! 술과 실연과 환경에 대한 환멸과 생에 대한 권태와 그리고 회색의 인생관을 주었을 뿐이다. 나이 어린 로맨티스트에게 일찌감치 세기말적 기분을 길러 주고, 의지가 굳지 못한 희뚝희뚝하는 예술청년으로 하여금 찰나적 향락주의에 침윤케 하고, 활사

---

22 조명근, 앞의 글, 237-238쪽.

회(活社會)에 무용의 장물(長物)이요, 실인생(實人生)의 부유층인 창백한 인텔리의 낙인을 찍어서 행려병자와 같이 아스팔트 바닥에다가 내어버리려 들지 않았던가.

도시에서의 생활을 부정적으로 집약한 심훈은 향락주의에 빠진 창백한 인텔리의 삶에서 벗어나려는 희망을 품고 도시에서 탈출한 것으로 보인다. 농촌에서 생활하며 심훈은 다음과 같은 시를 썼다.

이 손으로 너는 장차 무엇을 하려느냐,. 네가 씩씩하게 자라나면 무슨 일을 하려느냐,. 붓대는 잡지마라, 행여 붓대만은 잡지 말아라. 죽기 전 아비의 유언이다. 호미를 쥐어라! 쇠마치를 잡아라!

'재건이 낳은 지 넉 달 열흘 되는 날'이라는 부제가 달린 시 〈어린 것에게〉(1932.9.4.)에서 심훈은 아들에게는 일제강점의 현실을 물려주지 않겠다는 의지를 드러냈다. 조국의 비참한 현실을 극복하려면 무기력하고 약한 모습으로 흔들리는 인텔리 계층보다는 직접적으로 투쟁할 수 있는 호미와 쇠마치를 잡은 세력이 필요하다는 것을 강조한 것이다. 도시와 농촌의 삶을 비교한 후에 도시적인 삶 곧 인텔리의 힘으로는 식민지 조국을 구할 수 없다는 뼈저린 깨우침과 함께 실천적 삶의 중요성에 대한 자각을 보여준다. 이는 환멸과 향락과 권태에 침윤된 허구적 지식인의 사상보다는 농촌의 실천적 삶에 내재된 가능성을 중시한 변화된 인식을 보여준다. 그리고 이러한 자각은 경제성장을 이루고 이를 통해 백성들의 삶을 풍족하게 한다는 이용후생과 연결된다.

조선 시대의 실학파는 청의 발달된 문물인 북학을 배워서 상공업의 진흥을 통한 경제성장인 이용과 사회 복지인 후생을 달성하려 했다. 이러한 실학파의 중심 사상은 이후 개화사상에 영향을 주었으며 대표 학자인 박지원의 사상은 〈양반전〉, 〈허생전〉, 〈열하일기〉 등에 잘 반영되어 있다. 특히 『면양잡록』은 박지원이 당진의 면천 군수 시절에 정조에게 보고하기 위해 쓴 글이다. 이와 같이 박지원을 중심으로 이미 당진에는 이용후생의 사상이 뿌리 깊게 자리 잡고 있었고 심훈의 새로운 길 찾기의 방향성 또한 이와 궤를 같이하게 된 것이다. 조국을 빼앗은 일제에 대한 강렬한 저항 의식과 당시 암울한 농촌 현실에서 계몽운동의 가치에 대한 일종의 합일점을 찾은 심훈의 이용후생은 현실과 예술에서 합치된 양상으로 나타나게 된다.

2) 〈상록수〉의 창작과 당진의 이용후생

심훈의 고향은 서울 흑석동이다. 심훈은 1932년 부친의 토지가 있는 당진에 낙향하여 〈직녀성〉의 원고료로 필경사를 짓고 새로운 마음가짐으로 창작에 몰두했다. 나라를 되찾으려는 이들이 중국에서 미국에서 각기 독립의 길을 모색하는 동안 피폐한 농촌에서 민중의 삶을 일으키려는 농촌계몽운동을 하는 이들도 있었는데 당시의 농촌계몽운동은 사실 독립운동에 버금가는 것이었다. 왜냐하면 나라의 잃어버린 주권을 되찾는 것도 중요하지만 당장 굶어 죽어 가는 민중들을 보살피고 살길을 만들어 주는 것 또한 나라를 지키는 일이었기 때문이다. 이것이 바로 민중의 경제와 복지를 살피는 이용후생과 직결되는 지점이다.

심훈은 소설에서 일제의 검열을 피하기 위해 '국가'를 '고향'으로 변형시키고 독립운동을 계몽운동으로 바꾸는 현실 대응 전략을 선택했다. 이러한 서사의 변형 방식을 통해 그의 소설은 식민지 내부에서 허용 가능한 생존의 길을 모색했다. 당시 사회의 모순을 간접적으로 비판하려는 저항적 의도를 숨겨 검열을 넘어서기 위한 우회 전략이었다. 또한 시 분야에서는 시조 창작으로 방향을 전환했다. 시조라는 장르는 전통적으로 자연과 고향을 주요 소재로 삼는 특성이 있으므로 식민지의 모순을 우회적으로 담아내면서 검열도 피할 수 있다고 생각한 것이다. 그의 시조 창작은 식민지의 모순을 극복하는 대안의 정신으로 생명 미학의 가능성을 제시하고 있으며 그 안에 저항 정신이 내재되어 있다. 1930년대 심훈의 시조는 농촌 계몽 서사에 은폐된 비판적 현실 인식과 마찬가지로 자연 은둔의 방식으로 식민지의 모순을 드러내고자 했던 시적 전략의 결과[23]라고 할 수 있다.

심훈은 30여 편의 영화비평을 남겼다. 그는 영화의 독자적인 예술성을 인식하고 있었지만 영화 제작자로서의 욕망과 절망은 조선이 처한 식민지 상황을 재인식하는 계기로 작용했다. 그는 '절대영화'를 추구하면서도 어려운 상황에 놓인 대중들에게 위안과 오락물의 역할이라도 할 수 있는 영화가 필요하다[24]고 주장했다. 그 이면에는 식민지 조선의 현실에 대한 절망감이 투영되어 있었다.

심훈은 시 장르에서는 신체시와 시·시조, 소설 장르에서는 소설과 영화 소설, 영화 분야에서는 시나리오와 평론 등 장르를 가리지 않고 다양한 종류의 창작을 할 수 있는 천재성을 가진 작가였다. 역사의식을 낭만적 감수성으로 드러내려고 했고 대중이 재미있게 작품에 접근할 수 있어야 한다는 오락과 위안으로서의 예술관을 갖고 있었다. 심훈이 작품을 창작한 과정과 방법은 오늘날의 관점에서 보아도 매우 뛰어나다. 작품을 한 번 창작한 것

---

23 하상일,「심훈의 〈항주유기〉와 시조 창작의 전략」,『비평문학』 61호, 2016, 203쪽.
24 박정희,「영화감독 심훈의 소설 〈상록수〉 연구」,『한국현대문학연구』 21호, 2007, 110쪽.

으로 끝나지 않고 장르를 서로 교섭하면서 계속해서 변형시키고 재창작했다. 창작 과정에서 고정관념에 얽매이지 않은 선구적이고 실험적인 작가이자 예술가였다.

당진에서 심훈은 그의 대표작 〈상록수〉를 완성하는데, 이는 당시 동아일보사가 시행하여 대중적으로 크게 지지를 받으며 본격화되었으나 1935년 일제의 탄압과 규제로 인해 중단되었던 브나로드운동을 토대로 하고 있다. 농촌계몽운동에 헌신하는 청년 지식인들의 모습을 통해 당시 농촌의 실상을 그린 〈상록수〉는 이광수의 〈흙〉(1932), 김유정의 〈봄봄〉(1935)과 더불어 농촌문학의 대표작으로 꼽힌다. 〈상록수〉는 동아일보가 창간 15주년을 기념하여 시행한 장편소설 공모 당선작인데 《동아일보》 1935년 8월 13일 자에는 다음과 같은 소설 공모의 취지가 실려 있다. '첫째, 조선의 농·어·산촌을 배경으로 하여 조선의 독자적 색채와 정조를 가미할 것, 둘째, 인물 중에 한 사람쯤은 조선 청년으로서의 명랑하고 진취적인 성격을 설정할 것, 셋째, 사건을 흥미 있게 전개시켜 도회인 농·어·산촌을 물론하고 열독할(수 있도록 할) 것' 등이다. 결과적으로 이것은 당선작인 〈상록수〉의 특성이기도 하다.

〈상록수〉는 1935년 9월 10일부터 1936년 2월 15일까지 128회에 걸쳐 《동아일보》에 연재되었다. 심훈은 이 소설을 영화로 제작하기 위해 시나리오로 각색하여 고려영화사에서의 제작을 추진하면서 자신이 감독을 맡으려 하였으나 뜻을 이루지는 못했다. 등장인물들은 암울한 현실에도 불구하고 무너지지 않고 현실 극복의 의지를 적극적으로 다지고 있다. 아는 것이 힘이고 배워야 산다는 〈상록수〉의 주인공 영신의 외침은 조국을 잃은 무지한 민중들을 일깨우려 한 심훈의 의지를 반영한 것이다. 영신을 억압하던 고리대금업자는 일제의 하수인으로 그에 대한 저항은 독립투쟁과 다를 바 없다. 점점 거세지는 일제의 탄압을 피해 독립운동을 농촌계몽운동으로 바꾼 것이

1930년대에 당진으로 낙향한 심훈이 택한 나름의 독립운동[25]이라 할 수 있다. 중국에서 본 독립운동의 분열상과 문화예술계에서 본 획일화된 프로문학론에 실망한 심훈은 이런 방식의 실천으로 선회하였고, 영신의 희생과 동혁의 강인함을 통해 이상을 향해 나아가는 젊은이들의 의지를 그려 냈다.

소설의 주인공 채영신과 박동혁은 안산에서 농촌계몽운동을 했던 최용신과 당진에서 농촌계몽운동을 펼쳤던 심훈의 장조카 심재영을 모델로 했다. 심재영은 당진군 송악면 부곡리 청년 12명과 함께 공동경작회를 만들었으며 1935년 야학당인 상록학원을 세웠다. 심훈은 이 청년들과 함께 어울리며 자신의 지식과 사상을 전하고 구체적으로 이들의 활동에 참여했다. 그리고 당진의 한진포구와 부곡리를 합쳐 한곡리라는 가상의 마을을 세우고 이상적인 청년상을 상상했다. 1935년 그렇게 구상한 〈상록수〉가 《동아일보》에서 당선된 후 상금 500원을 받아 그중 100원을 상록학원을 건립하는 데 기부하기도 했다. 심훈의 소설이 상상에만 의지한 것이 아니라 실제 현실의 체험을 바탕으로 하고 실존 인물을 모델로 하여 창작된 것은 그의 실천적 삶과 연결되어 있는 예술 세계의 지향점을 보여준다.

심훈이 1930년대 부곡리의 청년농우회 활동에 깊은 관심을 갖고 심재영을 비롯한 회원들과 함께 농촌계몽운동에 참여했다는 사실을 통해서 당진은 심훈 콘텐츠의 역사적 가치를 획득한다. 이 지역이 〈상록수〉라는 문학작품이 지닌 문학사적 의의의 기반이 된다는 자긍심은 심훈을 지역의 문화 콘텐츠로 의미화하려는 공동체의 자연스러운 목표가 된다. 또한 〈상록수〉가 빈궁한 농촌 지역의 경제부흥을 야기한 정신적 동력으로 작용했다는 믿음

---

25 졸고, 「상록수 콘텐츠의 크로스미디어 스토리텔링 전개양상」, 『한국문학과 예술』 31 집, 2019, 14쪽.

도 상록수 정신을 공동체의 표상으로 삼게 한다.[26]

  〈상록수〉는 1930년대 농촌의 현실을 직시하고 직접 민중 속으로 뛰어들어 함께 행동하는 선구자를 중심으로 자력으로 농촌을 재건하려는 의지를 강조한다는 점에서 의의가 있다. 이것은 곧 심훈이 당진에서 이용후생을 실천했다는 것과 일맥상통하며 이 소설의 리얼리즘적 가치는 작가의 실천적 삶과 연동된 결과라고 할 수 있다. 채영신의 희생양적 이미지에 작품의 대중성을 의지하고 있으며 계몽적 예술관으로 인해 진정한 리얼리즘 작품으로 나아가지 못한다는 평가를 받기도 하지만, 계몽주의를 통해서 민중의 삶을 살피고 구제하려는 이용과 후생의 덕목을 실천했다는 점에서 오히려 가치를 부여할 수 있다. 그동안 심훈 문학을 고정적인 틀 안에서 보고 작가가 지닌 풍부한 개성과 다양한 사유를 총체적으로 파악하지 못했다면, 앞으로는 심훈의 역동적인 활동에 주목함으로써 새로운 시각에서 연구가 이루어져야 할 것이다.

4. 결론

  심훈은 일제강점기에 문학, 언론, 영화계에서 활동한 예술인이다. 예술과 현실을 접목시켰고 대중과의 소통을 중시했다. 그동안 심훈에 대해서는 천재성이나 개성이 부족한 다소 평범한 작가라는 편견도 있었으나, 그의 생애와 활동, 작품 등을 종합적으로 보면 다양한 평가가 가능하다. 특히 식민지 시대에 급선무이자 최고의 가치일 수 있는 저항과 계몽이라는 두 가지의 핵심 가치를 실천한 그의 삶과 예술 활동은 지식인에게 요구되는 사명과도

---

26 졸고, 앞의 글, 26쪽.

직결되는 시대정신의 구현이었다. 심훈이 일생 동안 견지했던 저항 의식과 농촌계몽에 대한 의지는 바로 이용후생이라는 실학파의 가치를 실천한 것이다.

그는 길을 모색하는 과정에서도 자신의 신념과 맞지 않으면 노선을 변경할 수 있는 용기가 있었다. 프로문학에서 순수예술로의 전향이 그 한 예이다. 억압적 현실을 넘어서는 낭만주의적 지향성은 그의 문학에 대중과의 공감대를 형성하게 했고, 다양한 장르를 넘나드는 실험 정신은 오늘날에도 돋보인다. 그의 이국 체험과 많은 인물들과의 교류는 소설에서 생동감 있는 인물과 언어로 구현되었고 그의 작품은 실천적 문학이 되었다.

심훈은 디아스포라 지식인이라고 할 수 있다. 디아스포라는 자기 땅에서 살지 못하고 밀려난 사람들이라는 부정적이고 패배주의적인 역사를 담고 있었지만, 오늘날에는 한곳에 머물기를 거부하고 새로운 곳으로 떠나는 개척자이자 선구자라는 긍정적 의미가 있다. 닫힌 세상에서 출구를 모색하는 몸부림, 떠남에의 의지와 신세계를 향한 열망은 그를 평생 여기가 아닌 다른 곳을 향하게 했다. 3·1만세운동에 참여한 일 때문에 학교에서 퇴학당한 후 중국으로 떠났고, 중국에서 많은 체험을 한 후에는 다시 조국으로 돌아왔다. 영화라는 신문명을 만난 후에는 그것을 배우기 위해 일본으로 떠났다. 작가의 길에서도 그에게는 장르의 한계란 존재하지 않았다. 그리고 영화를 제작하고 기자 생활과 작가 생활을 병행했지만 도시에 대한 환멸이 밀려온 순간 모던 보이로서의 삶을 내던지고 당진으로 향했다. 도시인에서 향토인으로의 변화를 통해서 이념을 실현하는 길을 찾고자 했고 본격적인 농촌문학의 장을 열었다. 농민과 민중의 삶을 진실하게 표현하며 새로운 길을 열어 간 작가 생활 또한 이용후생의 실천이라 하겠다.

심훈은 현실과 한계에 대해서 저항한 인물이다. 도시 생활에서 떠나 낙후된 농촌 생활을 하는 동안 경제적으로 어려워서 아들에게 엿 하나도 사 주지 못하는 아버지의 딱한 마음을 쓴 글도 남아 있다. 농촌의 궁핍한 생활을 체험하며 동고동락한 그의 삶은 농촌계몽운동을 통한 경제부흥의 요구나 당위성과 연결되고 그 실천에의 의지를 강화했다. 민중 속에서 더불어 사는 경험이야말로 이용후생의 의지를 촉발한 지점이 되었다. 심훈은 쉬지 않고 사건을 일으킨 인물이었다. 그것은 들뢰즈가 말한 경계를 넘는 인물 곧 새로운 영역을 개척하여 삶의 지평을 넓히는 인생의 주인공이라는 의미를 담고 있다. 생의 막다른 국면에 처할 때마다 낯선 세상으로 떠나기를 두려워하지 않은 그의 결단과 실천은 감정의 역동과 교훈을 주고 시대를 넘어선 공감대를 형성한다.

지식인으로서 역사에 대한 문제의식과 민중의 삶에 대한 관심을 기반으로 한 저항과 계몽의 실천적 삶은 이용후생의 가치 실현이라는 의의가 있다. 당시의 농촌계몽운동이 독립운동과 동일한 정도로 의미가 있었다는 것을 생각하면 심훈의 생은 처음부터 끝까지 '어머님보다 더 크신 어머니-조국'을 생각한 '사나이'의 일생이라고 할 수 있다. 그의 대표작 〈상록수〉가 당진에서 창작됨으로써 심훈과 당진은 상생의 장을 이루고 역사의 장에 함께 남게 되었다.

본고는 심훈의 삶과 문학 전반을 실학의 중심 사상인 이용후생의 측면에서 고찰하려 했다. 앞으로 〈상록수〉를 비롯한 여러 작품을 대상으로 하여 이러한 사상이 구체적으로 드러나는 부분을 집중적으로 분석함으로써 이용후생과의 연관성을 더 명확하게 논증하는 연구를 후속 과제로 삼고자 한다.

김종욱, 박정희 편,『심훈 전집』, 전8권, 글누림, 2016.
유현목,『한국영화발달사』, 책누리, 1997.

김종욱,「〈상록수〉의 '통속성'과 영화적 구성원리」,『외국문학』1993, 봄.
김화선,「한글보급과 민족형성의 양상: 심훈의 〈상록수〉를 중심으로」,『어문연구』51,
    2006.
김윤식,「문화계몽주의의 유형과 그 성격: 〈상록수〉의 문제점」,『언어와 문학』, 역락, 2001.
류양선,「심훈의 〈상록수〉 모델론」,『한국현대문학연구』13, 2003.
만년설,「영화 예술에 대한 관견」,《중외일보》, 1928.7.1.-9.
박수밀,「진정한 이용후생의 꿈」,『샘터』, 2019.1.
박정희,「영화감독 심훈의 소설 〈상록수〉 연구」,『한국현대문학연구』21호, 2007.
심훈,「우리 민중은 어떠한 영화를 요구하는가?-를 논하여 만년설 군에게」,《중외일보》,
    1928.7.11.-27.
안병렬,「農村生活及兒童의 發育健康狀態(一~十一)」,《동아일보》, 1940.3.9.~3.23.
유진월,「상록수 콘텐츠의 크로스미디어스토리텔링 전개양상」,『한국문학과 예술』31
    집, 2019.
이경구,「조선 후기 '주자주의'의 동향과 이용후생 개념의 부상」,『개념과 소통』10호, 2012.
이상경,「근대소설과 구어성: 심훈의 〈직녀성〉을 중심으로」,『민족문학사연구』19, 2001.
임화,「조선영화가 가진 반동적 소시민성의 말살-심훈 군의 도량에 항하야」,《중외일
    보》, 7.28.-8.4.
정은경,「심훈 문학의 연구현황과 과제: 2000년대 이후 새로운 연구 동향을 중심으로」,『국
    어문학』67, 2018.
정한숙,「농민소설의 변용과정」,『아세아연구』15(4), 고려대학교, 1972.
조명근,「1930년대 후반 식민지 조선 농민 생활상의 재구성-충청남도 당진군 오곡리
    사례를 중심으로-」,『역사와 담론』7호, 2015.
주창윤,「1920-1930년대 모던세대의 형성」,『한국언론학보』52(5), 2008.
하상일,「심훈의 생애와 시세계의 변천」,『동북아문화연구』49집, 2016.
하상일,「심훈의 〈항주유기〉와 시조창작의 전략」,『비평문학』61권, 2016.
하상일,「심훈의 상해시절과 〈동방의 애인〉」,『국학연구』36호, 2018.

제3부

■ ◆ ■

빙해(冰海)에서
평화의 관문도시
당진으로

당진의 문화유산 현황과 활용 정책

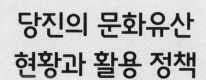

남광현

—

당진시청 문화관광과 문화재팀장

1. 당진의 역사적 정체성과 문화유산 현황

당진은 예로부터 한반도의 중서부에 위치하여 비옥한 곡창지대와 발달된 내륙수로, 해양항로를 끼고 있어 지정학적으로 중요한 위치에 있었다. 중국과의 접근성이 용이하고 수도권(개경, 한양)과 지근거리에 있어 정치·군사·경제적으로 중요한 지역으로 인식되었다. 불교와 천주교 등이 이곳을 통해 유입되었고, 외세의 군사적 개입이 있을 때마다 격전의 장이 되었으며, 민족통일기 및 외란기에 지정학적 위치로 말미암아 군사적 보급기지 역할을 담당하였다. 안전한 뱃길을 통해 국가 재정의 핵심적 역할을 담당하여 왔고, 내륙 깊숙이 발달한 수로와 밖으로 열려 있는 해양항로는 내륙의 물류와 해양의 물류가 교차하여 풍족한 도시로 발전하는 계기가 되었다.

이러한 해양 문화적 특성을 반영하듯 당진에는 면천읍성·당진읍성·몽산성·성산리산성·당진포진성·대진포 만호부·난지도 유수부·봉수 유적 등 다양한 해양 관방성들과 영랑사·영탑사·안국사 등 고찰들이 아름다운 전설과 함께 존재한다. 또한 소들평야를 중심으로 합덕제·조운 유적·간척 유적·천주교 유적들이 있어 내포 문화권의 상징점 역할을 하고 있다. 근대기에는 동학농민혁명, 승전목전투, 소난지도 의병항쟁, 대호지·정미·면천의 3·1만세운동 유적지들이 학계의 조명을 받고 있다. 해양 문화적 특성이 들어 있는 기지시줄다리기·안섬 풍어제·면천두견주 등 다양한 무형유산이 당진의 옛이야기를 배가시켜 주고 있으며, 복지겸·박술희·구예·이첨·이행·이식·이안눌·송익필·남이홍·박지원·김대건·심훈 등 인물들의 유적과 이야기가 남아 있다. 당진은 이렇게 곡창지대를 낀 해양 입지성으로 인하여 조선 후기까지 역사의 중심부에 존재하였으나, 일제의 식민지 수탈을 위한 철도와 신작로 등의 건설정책에 의하여 식민지 반출항 위주로 항만이 발전하면서 쇠퇴하여 갔다.

2. 문화유산 진흥정책과 도시 이미지 개선 필요성

1986년 당진항의 개설과 2000년대 서해안고속도로, 대전-당진 간 고속도로가 개통되면서 당진은 다시 한 번 동북아 해상 물류기지 및 해상 교통로로서 서해안권의 핵심 도시로 성장하고 있다. 그러나 당진의 이러한 급격한 도시 발전은 자칫 공업 도시의 이미지를 고착화할 수 있는 위기에 당면해 있기도 하다. 해양 문화의 역사적 정체성을 중심으로 다양한 문화예술, 관광정책을 수립하여 역사와 문화가 살아 숨 쉬는 균형 있는 도시로의 발전이 요구되는 시점이다.

필자는 2002년부터 당진시 문화재 업무를 담당하게 되면서 당진의 역사적 정체성이 무엇인지 고민하고 연구해 본 결과, 당연히 해양 문화적 특성이 당진을 대표하는 문화적 특성이라는 것을 인식하게 되었다. 그 당시 당진 시민들 대부분은 당진 문화유산에 대해 백제문화권, 신라문화권의 주변부 정도밖에 안 되는 패배주의적 문화의식을 가지고 있었고, 당진을 대표할 만한 문화재도 없고 지정문화재 숫자도 다른 도시에 비해 적었던 것이 현실이었다. 따라서 이러한 문화적 소외의식을 탈피시키기 위해서는 당진시만의 문화적 특성을 반영한 문화유산 정책 개발이 절실히 필요하였다.

3. 문화유산 정책의 기본 방향

　문화적 패배주의와 소외의식을 탈피시키기 위해서 가장 필요한 것은 자신감이었다. 우리 시만의 특성을 가진 문화유산들에 대해 한국과 세계인들이 주목할 수 있는 스타문화재 발굴 육성을 전략적으로 한다면 시민들의 자존감은 물론, 문화도시 이미지를 확보할 수 있었기 때문이다.

　그리고 문화재를 정비하는 목적이 무엇이냐에 따라 문화유산의 가치성이나 확산성이 달라지기 때문에 최초 계획 시 어떤 관점으로 시작하는지는 중요한 화두가 될 수 있다.

　문화유산을 정비하는 목적은 우리 조상들의 삶의 모습을 원형적으로 보존하여 후세에 계승하는 것은 물론, 문화유산의 정체성을 확보함으로써 미래의 윤택한 삶을 추구하는 데 있다. 단지 보존만을 추구한다면 그것은 벽장 속에서 박제화된 모습으로 현재와 공감되지 않는다. 시민들과 소통하며 활용될 때만이 과거로부터 단절되지 않고 정신이 면면히 이어져 미래의 윤택한 삶과 연결되는 것이다. 따라서 당진의 문화유산 정책의 최우선 과제는 진정성과 정체성을 확보해서 미래자원으로 육성하여, 지속 가능한 문화를 창조하는 데 있는 것이다.

　그것을 위해 선행되어야 할 과제는 당해 문화유산과 주변적 요소에 대한 학술사업과 고증사업을 통해 유산의 진정성을 기초로 연차적인 사업계획안을 마련하는 기본계획 용역이 필요하였다. 또한, 시민들과 공감대를 이루기 위하여 추진위원회를 구성하고 사안마다 의견을 수렴하여 기본계획에 반영해서, 사업의 추진력 확보와 확산성에 대한 사전 준비를 하였다.

　당진시의 스타문화재 육성 추진사업은 위와 같은 기본 전제하에 사업의 확산성과 균형성을 확보하기 위해 면천권(면천읍성, 두견주), 우강·합덕권(성지문화, 합덕제), 송악권(필경사, 기지시줄다리기), 석문·대호지·정미권(4·4독립 만세운동, 소난지도 의병항쟁)으로 분류하여 사업을 진행하였다.

4. 스타문화재 육성과 지속 가능한 문화유산 체계 마련

1) 기지시줄다리기(무형문화유산의 유형화 사업)

(1) 지역의 역사를 포용하며 이어 온 줄다리기

줄다리기는 동아시아 수도작 문화권의 나라들에서 정월 첫 보름에 풍요와 화합, 지역의 안녕을 기원하며 연행되어 왔다. 기지시줄다리기는 오랜 역사를 통해 소규모의 줄다리기 형태로 이어지다가, 500여년 전 아산만의 거대한 해일 등 자연재해를 당해 재해를 극복하는 과정에서 지기를 눌러 주는 지신밟기 형태[1]로 그 규모가 커지고, 250여년 전 기지시 시장이 생겨나면서[2] 시장 활성화를 위해 난장 이벤트로 행하면서 대규모 행사로 발전한 것으로 보인다.

기지시 장은 내포 지역에서 한양으로 가는 주요 길목으로 조선 후기에는 한 달에 12번 장[3]이 설 정도로 커다란 장시였다. 기지시 난장은 소금과 곡물, 해산물, 우시장 등 다양한 물산들이 집합하는 곳으로 사당패와 줄다리기를 가미하고 특설 시장을 마련하여 현물 교환을 통해 커다란 이익을 남길 수

---

1   남광현, 「기지시줄다리기 현황과 발전방안」, 『당진문화』 44호, 당진문화원, 2016, 34쪽.
2   1782년 「증보 동국문헌 비고」 機池場으로 표기. 기(줄틀), 지(틀을 보관하는 연못), 場(시장)이 있어 최소한 205여년 전부터 시장 줄다리기를 한 것으로 보임. 6년 전까지 기지초등학교 앞에 틀못이 있었다.
3   임원경제지 「홍주관내 장시표」 機池場 12장 표기.

〈사진 1〉 1972년 기지시줄다리기(기지시 시장)

있었다. 내포 보부상 중심의 행사로 발전하면서 많은 인파가 몰리자 줄 제
작 방식도 해안가의 닻줄 만드는 방식이 도입되었다. 이렇게 커다란 호황을
누리던 기지시줄다리기는 일제의 줄다리기 폐지 정책에 따라 지속되지는
않았지만 기지시줄다리기는 간간이 이루어진 것으로 보인다. 해방 후 기지
시줄다리기는 지속적으로 전승돼 오다가 1972년 충남도무형문화재, 1982년
국가중요무형문화재 제75로 전승 시스템을 마련하게 되었다.

(2) 세계인이 주목하는 기지시줄다리기 문화
① 시연행사에서 체험축제로 전환
기지시줄다리기는 윤년(10년에 4번) 행사로 2001년 행사 시 군부대와 학생
을 동원하여 줄나가기·줄다리기를 시연한 바 있다. 한국의 무형문화재 단
체종목 행사는 1970년대를 중심으로 급격하게 쇠퇴하며 자생력을 잃어 국

가나 지방의 지원을 받아 매년 시연행사의 형태로 운영한다. 전통 시대에 기지시줄다리기는 주민들 스스로 연행하던 거대 이벤트 행사였다. 당진시에서는 2004년 행사 준비 시 동원 행사가 아닌 주민·관광객 참여 행사로 전환하고 관광객을 모집하여 길이 200m, 무게 40t의 줄을 500m 끌고 가서 수천 명의 사람들과 줄을 다렸다. 행사 결과는 대성공이었고 무형문화재의 생명력을 확인할 수 있었다. 2006년에도 똑같은 형태로 줄다리기 행사를 추진하였는데 이번에는 사전 홍보에 힘써서 관광객 수가 4일간 5만 명 수준으로 다시 한 번 가능성을 확인할 수 있었고, 축제 평가에서도 일본의 마쓰리, 스페인의 토마토 축제와 같이 일상에서 탈출함으로써 일탈적 카타르시스를 얻을 수 있는 축제라고 평가되었다. 모니터링 결과에서도 줄나가기·줄다리기에 참여한 관광객들은 거대한 줄을 의여차! 의여차! 하며 2시간 동안 끌고 가면서 줄에 동화되고 사람에 동화되었다. 연출되지 않은 한국인의 엄청난 공동체 문화를 보는 순간이었다. 이에 당진시에서는 2007년 기지시줄다리기 세계화 프로젝트를 계획하여 2009년부터 윤년 행사를 매년 행사로 전환하게 되었고 축제 조직을 보존회와 축제위원회로 구분하여 역할을 분담하게 되었다.

② 영구전승 기반 구축(무형문화재의 유형화 사업 전략)

기지시줄다리기 전승 공간은 당제 지내는 장소(국수봉)·줄 제작장·마전굿 하는 곳(시장)·용왕제 지내는 곳·줄 다리는 곳(홍척동)·줄틀 보관하는 곳(틀못)으로 구분된다. 한국의 무형문화재 정책은 이러한 무형 종목의 특성상 워낙 범위가 넓다 보니 행위하는 장소에 대해 유형문화재처럼 보호구역을 지정하여 법적으로 규제할 수 없다. 기지시리 마을은 서해안고속도로 당진 톨게이트와 인접된 지역으로 도시개발이 추진되고 있었다. 이미 시장에서는 50일간의 줄 꼬는 행위에 대해 교통, 먼지공해로부터 자유롭지 못해 전통 시대처럼 너그러울 수도 없어 상인들과의 마찰이 빈번하였다.

영구전승 공간을 마련하기 위해 국도시비 60억 원과 도시개발 업체의 민자 88억 원, 총 148억 원을 확보하여 현 기지시줄다리기 전수교육관 공간으로 이전하였다. 이 과정에서 기지시 원주민과의 마찰이 많았지만 설득을 통해 사업을 추진하였고, 줄다리기 테마박물관·전수교육관·줄 제작장·시연장·줄 전시관을 갖추게 되었다. 지금은 전승자들이 전수교육관 활성화 사업·생생문화재 활성화·짚풀문화 전수·농악 전수 등 다양한 목적으로 활용하고 있고, 주민들의 휴식 및 행사 장소로도 병행 사용되고 있다.

③ 세계인이 공유하는 줄다리기 문화 확산

줄다리기는 세계 각국에서 다양한 형태로 나타나는데, 동양에서 농사와 관련된 민속이라면 서양에서는 전쟁에서 성문을 여는 행위, 군사들의 체력 단련 목적으로 성행하여 스포츠로 발전하였다. 서양의 줄다리기(Tug of war)는 1900년부터 1920년도까지 올림픽 종목으로 있었고, 현재는 회원국이 70여 개국인 세계줄다리기협회(TWIF)가 있다. 당진시에서는 거대한 기지시줄다리기를 해외로 가지고 나가 홍보할 수 없어 세계적으로 인기 있는 스포츠 줄다리기를 도입하여 전쟁이 아닌 화합의 문화를 구현하고 줄다리기 정신을 세계에 알리고자 2008년부터 줄다리기 대회 시 스포츠 줄다리기 전국대회를 유치하고 2009년에는 제8회 아시아 줄다리기 선수권대회를 개최하였다.

지역의 학생들에게 줄다리기 문화를 전수하고자 매년 행사 시 스포츠 줄다리기 유치부 대회를 추진하여 줄다리기를 보급하고 줄다리기 유전자를 길러 주고 있다.

2010년부터 유네스코 등재 계획을 수립하여 추진하였는데 단독등재로 추진하다 보니 여러 가지 어려움이 많았다. 특히, 한 나라에서 1년에 한 종목만 유네스코에 등재되다 보니 우리에게는 먼 미래의 일로 여겨졌다. 그런데 2012년에 문화재청으로부터 중요한 정보를 입수하게 되었다. 국가 간 공동등재 제도가 생기게 된 것이다. 한 국가에서 1년 1개 종목 등재가 원칙이지만, 국가 간 공동등재는 한 국가 1년 1등재 원칙이 적용되지 않아 추가되어도 상관없는 제도였다. 우선 파트너를 선택하는 것이 관건이라 판단하고 문화재청을 방문하였더니 아태무형문화유산센터를 추천해 주어 센터 담당자와 접촉하였다. 2013년 협약을 맺고 학술조사사업을 통해 아시아 4개국(한국·베트남·캄보디아·필리핀), 국내 6개 시 군(당진 기지시줄다리기·창녕 영산줄다리기·삼척 기줄다리기·밀양 감내게줄당기기·의령 큰줄땡기기·남해 선줄끗기)을 동행자로 선정하게 되었다. 그해 문화재청의 한국 공동등재 종목 심사에서 안동탈춤과 경합하여 기지시줄다리기가 공동등재 신청종목으로 선정되었다. 2014년 각 국가 간 협력과 학술사업을 통해 줄다리기 등재서류를 준비하여 2015년 인류무형문화유산 등재를 신청하였고 11월 아프리카 나미비아에서 최종 선정되었다.

그리고 2016년 이후 세계줄다리기협회(TWIF)에서는 세계줄다리기 원조국을 한국으로 홍보하고 있다.

④ 의여차! 민족이 하나 되는 통일 줄다리기 추진

기지시줄다리기는 당진 지역의 공동체 문화로 화합의 브랜드, 〈의여차! 줄로 하나 되는 세상〉을 꿈꾸고 있다. 급격한 도시화 속에서 기지시리 마을의 화합, 당진 시민의 화합, 대한민국의 화합, 그리고 민족의 화합을 지향한다.

당진시에서는 그동안 임진각 평화누리공원 줄다리기를 지속적으로 시행하고 있으며, 단둥 줄다리기 추진, 개성공단 줄다리기 추진 등 남북 화합을 위해 줄다리기 메시지를 전달하고 있다. 여러 가지 여건이 성숙되지 않아 지금 당장 시행되지 않더라도 이 사업은 반드시 추진할 것을 목표로 하고 있다. 남북 화합을 위해 가장 한국적인 문화로 민족이 동질감을 형성하는 것은 중요하기 때문이다. 그리고 언젠가 남북이 하나의 국가로 되는 날, 3·8선의 철책을 독일처럼 해머로 부수는 대신 통일 줄다리기를 시연할 수 있다. 첫째 날 남한 주민 5천 명과 북한 주민 5천 명이 각각 수상 줄과 수하 줄을 상대편까지 끌고 가 철책을 넘어뜨리고, 다음 날은 줄을 이동해 가운데서 만나 거대한 줄다리기의 화합 행사를 보여준다면 한민족의 화합된 모습을 세계만방에 알려 이러한 모습이 인류 화합에 긍정적인 영향을 줄 것이다. 이것이 당진의 기지시줄다리기가 지향하는 민족 대화합의 통일 줄다리기이다.

2) 당진시의 문화적 개방성 천주교 문화유산 특화사업

(1) 당진을 담은 천주교 문화의 특성과 대표적 성지들

한국의 천주교는 양난 이후 유교 정치 이념의 한계로 인하여 실학자들 사회에 학문으로 도입되었다. 내포 지역에서는 내포의 사도 이존창의 적극적인 포교로 서민 사회에서 급격하게 번져 나갔다. 충청도 관찰사 박종악이 정조의 명을 받아 올린 1791년 보고서를 보면 1784년에 전래된 천주교가 삽교천 물줄기를 통해 7년 만에 만연되어 있는 것[4]을 볼 수 있다. 그렇다면, 조선 시대 당진 사람들은 어찌하여 천주교에 개방적이었을까 하는 의문이 든

---

4 장유승, 「1791년 내포-박종악과 천주교 박해-」, 『교회사 연구』, 한국교회사연구소, 2014, 86~90쪽.

다. 천주교를 믿는 사람들을 감시하기 위해 오가작통법이 시행되고, 믿다가
붙잡히면 패가망신하여 죽음이 기다리고 있는데 말이다. 그것은 여러 가지
측면에서 검토해야 할 문제이지만, 우선, 바다를 통해 밖으로 열려 있는 지
리적 입지성으로 인해 늘상 새로운 문물에 대해 수용적이었다는 점을 첫 번
째 요소로 들 수 있다. 당진이란 명칭에서 보듯, 당진은 백제와 통일신라기
중국으로 가는 포구였다. 이곳을 통해 불교문화가 전파되었을 정도로 전통
적으로 문화 수용의 허브였던 것이다.

아무튼 당진에는 한국을 대표하는 성지가 많다. 김대건 신부 탄생지인 솔
뫼성지, 신리성지, 합덕성당, 원머리성지, 원시장·원시보생가터, 무명 순교
자의 묘 등이 있다.

① 한국의 첫 사제 탄생지 솔뫼성지

솔뫼성지는 한국의 첫 사제 김대건 신부의 탄생지이다. 김대건은 1821년
8월 21일 솔뫼에서 태어났고 어릴 때의 이름은 재복이었다. 16세 때 신학생
으로 선발되어 중국 마카오로 유학을 떠나 신학 공부를 한 후 1845년 24세
의 나이로 사제품을 받았다. 1784년 천주교가 한국에 수용된 이후 61년 만
에 첫 사제가 탄생한 것이다. 솔뫼성지 성역화사업은 합덕성당에서 1906
년부터 생가지 고증작업을 시작하여 1927년 토지 매입, 1946년 김대건 신
부 순교 100주년 기념비 건립, 1977년 김대건 신부 동상 건립, 2004년 생가
건립을 추진하였다. 김대건 신부의 가계는 증조부 때부터 천주교에 입문하
였다. 그의 증조할아버지 김진후는 50세에 이곳에서 신앙을 받아들여 살다
가 1814년 해미에서 순교하였고, 작은할아버지 김종한은 1816년 대구에서,
아버지 김제준은 1839년 서울 서소문 밖에서, 김대건은 1846년 서울의 한
강 새남터에서 각각 순교함으로써 4대에 걸쳐 순교자가 나오게 되었다. 이

들 중 김진후와 김종한은 2014년 8월 프란치스코 교황에 의해 복자품에 올랐다. 소나무가 우거진 산이라는 뜻인 솔뫼는 1836년 김대건 신부의 신학생 추천서에도 나올 정도로 오래된 이름이다. 현재 이곳의 소나무들은 당진 구경 중 하나로 지정되어 있다. 솔뫼 중심에 자리한 배 모양의 성당은 김대건 신부가 서해 바다를 건너 중국을 오가던 라파엘 호를 상징하며, 그 앞 둥근 모양의 광장은 모래사장을 뜻하는 아레나로 불린다. 2014년 8월 아시아의 청년들이 이곳 솔뫼에 모여 아시아청년대회가 개최되었고 이를 계기로 프란치스코 교황이 방문하였다.

②조선 5대 주교관이 있던 신리성지

신리성지는 조선 천주교의 요람이다. 충청도 내포 지방의 중심부에 자리한 신리는 한국 천주교회 초기부터 끊임없이 예비자·신자·순교자가 배출

〈사진 2〉 김대건 신부 순교 백주년 기념비 건립(1946)
솔뫼성지 내순교 기념비 건립 후 기념사진, 기념비 왼쪽 첫 번째 사람은 합덕성당 페랭 신부

된 곳으로서 지리사적으로나 교회사적으로 중요한 곳이다. 성지 내 초가집은 손자선(1866 공주황새바위 순교)의 생가이자, 조선교구 제5대 교구장 다블뤼 주교(1866 오천 갈매못 순교)의 주교관이었다. 다블뤼 주교는 이곳에서 성사를 집전하고 신앙을 가르치며 각지에 흩어져 있는 선교사들의 구심점 역할을 하였다. 또한 선교사들과 신자들의 증언을 통해 당시 교회의 상황과 순교사적들을 정리하여 파리외방전교회로 보내는 일도 이곳에서 이루어졌다. 이 자료들이 훗날 한국 천주교 순교사의 토대가 된 『다블뤼 비망기』이며 1984년 103위 탄생의 기초 자료로 활용되었다. 1815년 지어진 다블뤼 주교관은 박해 시대에 여러 차례 소유주가 바뀌었고 가옥의 구조 또한 개조를 거듭하였다. 1964년부터는 강당 형태로 신축되어 한동안 공소로 사용되었다. 이후 본당 중심의 사목이 강화되면서 방치와 노후화로 한때 성지의 흔적조차 사라질 위기에 처하기도 했다. 2004년 한국교회사연구소의 사진을 바탕으로 복원되었으며 기둥과 뼈대는 그대로이다.

신리성지에는 다블뤼 주교를 비롯한 5명의 성인을 추모하는 경당이 있고 인근에는 46기의 무명순교자의 묘가 있다.

③ 박해 이후 천주교 대전교구의 뿌리, 합덕성당

합덕성당은 천주교 박해가 끝난 후인 1890년 아산의 공세리성당과 더불어 충청도에 첫 번째로 세워진 성당이다. 박해가 끝나고 당진을 중심으로 하는 내포 지방에 모여든 신자들을 위해 합덕과 공세리에 성당이 건립되었던 것이다. 합덕성당은 불란서 신부 퀴를리에가 천주교 공인 이후 박해를 피해 외지로 피한 신자를 모으기 위해 파리외방전교회의 자금을 끌어들여 막대한 농토를 소유하게 되었고[5] 여기서 나온 수익으로 서울에 있는 신학교를 운영하고 대전교구 각 성당을 확장하였다. 또한 성당 자체에서 학교와 고아원도 운영하여 지역사회 발전에 공헌하였다. 합덕성당에서 특별히 기리는 인물은 프랑스 선교사였던 페랑 신부이다. 30년 간 주임신부로 활동하면서 주민들의 의료는 물론, 매괴학교 등 교육사업을 펼치다 한국전쟁 당시에 북한군에 의하여 피살되었다. 현재 성당 구내에는 페랑 신부와 북한군으로부터 그를 보호하려다가 함께 피살된 이들의 묘소가 마련되어 있다. 합덕성당은 충청남도 기념물 제145호로 지정되어 있는 고풍스러운 건물이다. 본래 1890년 초대 퀴를리에 신부가 예산군 고덕면 양촌리에 건립한 성당이 있었다. 이후 1899년 현재의 위치로 이전하면서 합덕성당으로 이름이 바뀌었고, 1929년 현재의 성당을 새롭게 건립하였다. 성당 내부는 옛 모습 그대로를 유지하여 마루로 되어 있으며, 김대건 신부를 비롯한 여러 순교 성인들의 유해도 모셔져 있다.

(2) 내포 천주교의 특성을 드러낸 정비사업

당진 지역의 지정학적 성격과 문화적 개방성을 가장 잘 드러내는 것이 천주교 문화유산이다. 특정 종교를 떠나 문화 및 관광자원으로 육성하여 활용하고자 2007년부터 내포 문화권 특정지역 개발사업으로 당진 천주교 유적 정비기본계획 용역을 수립하였다. 천주교 도입 200주년이 지난 상황에서 한국 천주교, 내포 천주교, 개별 성지들의 특성이 고스란히 담겨 있는 상징적 건축물과 공간 배치를 고민해야 했기에 전문가들의 다양한 자문을 받아 계획에 반영하였다.

---

5   충남대학교 마을연구단, 『당진합덕마을』, 대원사, 2008, 12쪽.

한국 불교 초기 수용 과정에서부터 불교가 정착될 때까지 불교 건축양식은 인도와 중국의 불교 건축양식이 아닌 한국 건축양식으로 발전하여 왔듯이, 한국 천주교 건축양식도 탄압기로부터 종교자유화를 거쳐 현재까지 200여 년의 세월을 거쳐 종교적 신심과 한국인의 정서에 맞게 발전되어 왔다. 유럽 천주교 건축문화가 중세를 거치면서 화려하고 웅장한 것이 특징이라면 한국 천주교 건축문화는 한국의 천주교 역사와 궤를 같이하며 독특한 문화를 형성하여 왔다. 유교적 가치가 반영된 공간 구조 배치, 한식의 구조가 반영된 성당과 주변의 조경, 성지 전체의 공간적 상징성을 중심으로 주 건축물과 부속 건축물들의 위계 정립을 통하여 각 성지의 특성들을 드러낸 정비사업을 추진하였다. 당진시에서도 이러한 큰 틀을 벗어나지 않는 선에서 기본계획 용역을 수립하여 사업을 추진하였다.

솔뫼성지는 김대건 신부 생가와 솔뫼 숲을 정비하여 솔뫼성지의 역사성을 상징화하고, 아레나 광장을 신축하여 종교 및 집회 공간화하고, 김대건 신부 기념관을 통하여 내포 천주교와 김대건을 교육하고 홍보하는 공간을 구성하였다. 2020년에는 김대건 신부 탄생 200주년 행사 개최와 다양한 문화예술의 공연을 위한 천주교 복합문화예술공간 건립사업을 추진하였다.

합덕성당은 1929년 건립된 합덕성당의 상징적 건축물을 중심으로 옛 한옥사제관을 정비하고 주변에 난립한 건축물들을 정리하여 합덕성당의 원형적 경관성을 회복시켰다.

신리성지는 다블뤼 주교관을 본래 모습으로 정비하여 역사성을 회복하고 신리성지 출신의 다섯 성인을 기념하기 위해 순교미술관을 건립하였다. 순교미술관 앞에는 너른 잔디 공간을 조성하고 다섯 성인의 경당을 배치하여 관람객들에게 명상의 공간을 제공하고 있다. 신리성지는 예당평야의 너른 들녘의 느낌을 낮은 구릉의 잔디 공간으로 살려 주고 저 멀리에 순교미술관을 배치하여 시각적 경쾌함과 조형물의 상징성을 극단적 대조로 부각하였다. 신리성지는 SNS에 젊은이들에게 인생사진 찍기 좋은 핫 플레이스로 소문나 많은 사람들이 내방하는 장소이기도 하다.

(3) 치유의 종교관광 미래문화자원으로 육성

① 천주교 아시아청년대회 개최와 교황 방문

당진시와 천주교 대전교구는 2014년 천주교 아시아청년대회를 유치하고 프란치스코 교황을 초청하는 행사를 솔뫼성지에서 가졌다. 행사 기간 동안 김대건 신부의 다양한 활동을 홍보하고 내포 천주교의 역사성을 대내외에 홍보할 수 있었으며, 후속 사업으로 교황거리·교황밥상 등을 개발하여 지역 경제 활성화의 계기를 만들었다. 이 행사 이후 솔뫼성지를 방문하는 방문객은 연간 10만 명에서 연간 30만 명으로 증가하였으며 외국인 방문객도 연간 1,500여 명이 다녀가고 있다.

② 한국의 산티아고 길을 지향하는 버그내 순례길

버그내는 삽교천의 옛 지명으로 조선 후기 버그내가 삽교천으로 대체되면서 현재는 합덕·우강 지역을 버그내로 부른다. 당진시에서는 2010년 성지들에 대한 기본 인프라 구축을 마치고 탄압기에 당진의 천주교인들이 순교를 위해 걸어갔던 구간을 거점별로 연결하여 버그내 순례길 조성사업 기본계획 용역[6]을 수립하였다. 순례길 구간은 솔뫼성지 → 버그내 장터 → 합덕제 → 합덕성당 → 합덕제 중수비 → 원시장·원시보 생가터 → 무명 순교

---

6   태하엔지니어링 건축사무소, 〈당진 버그내순례길 조성 타당성 조사 및 기본계획〉, 당
     진군, 2010.

자의 묘 → 신리성지까지 13.3km의 거리이다. 2016년까지 이정표 설치·편의시설 확충·거점 공간 조성·경관 상징물 설치·홈페이지 구축과 홍보사업을 추진하였고, 그해에는 아시아 경관 대상을 수상하기도 하였다. 2020년에는 버그내 순례길 스탬프 투어 프로그램을 운영하였고, 2021년에는 로마 교황청 지정 순례길로 등재될 예정이다. 2021년 김대건 신부 탄생 200주년 행사를 통해 솔뫼성지·합덕성당·신리성지의 점적인 방문 동선이 버그내 순례길의 선적인 도보 관광으로 변화될 전망이다.

③ 토착화된 천주교 문화 구현의 장, 김대건 신부 탄생 200주년 행사

당진시와 천주교 대전교구는 한국 최초의 사제인 김대건 신부 탄생 200주년을 맞아 2019년 공동협약을 맺고 김대건 신부 탄생 200주년 행사 준비에 돌입했다. 또한 김대건 신부의 박애정신과 한국 천주교의 상징성 등을 고려해 유네스코 한국위원회의 협조를 얻어 6월 프랑스·베트남·필리핀 3개국의 지지선언을 확보하고 유네스코 본부에 신청서를 제출하였으며, 11월 유네스코 세계기념인물로 확정됐다.

유네스코 세계기념인물로 선정되었기 때문에 2021년 김대건 신부 탄생 200주년 기념행사는 유네스코가 인증한 행사로서 유네스코 로고의 공식 사용, 유네스코 인사 초청, 유네스코 본부에서 관련 전시 등을 계획하고 있다. 또한, 한국 천주교와 로마 교황청에서는 2021년을 김대건 신부 탄생 희년으로 선포하고 김 신부를 전대사로 지정하였다.

200주년 행사는 3월부터 12월까지 매월 행사를 추진하며, 본 행사는 8월 14일부터 22일까지 솔뫼성지에서 이루어진다. 당진시에서는 행사 준비를 위해 솔뫼성지의 내포교회사연구소와 함께 김대건 신부 관련 학술서 번역, 김대건 신부의 조선 전도 학술 용역사업 등 연구 사업을 진행하고 있으며,

김대건 신부 캐릭터 및 상품 개발, 김대건 신부 관련 밥상 개발, 조폐공사 기념주화사업, 김대건 신부 폰트 개발, 다큐멘터리 제작, 김대건 신부 관련 문화예술 창작공연물 제작, 버그내 순례길 활성화 사업 등을 추진하고 있다. 또한 연간 100만 명의 방문객이 예상돼 다양한 연계 관광사업을 추진하여 지역경제 활성화에 기여할 것으로 보인다.

3) 당진의 옛 고도 면천읍성의 역사성 회복, 지속 가능한 도시로의 전환

(1) 면천읍성의 역사성과 당면한 과제

면천읍성은 여말 선초 왜구의 잦은 침략에 대비하고 조선의 이상적인 유교 정치 이념을 실현하기 위해 쌓은 해양 관방읍성으로 조선 세종 21년 (1439)에 축성된 읍성이다. 면천은 소들평야의 넓은 미작지대를 끼고 있고, 한양까지의 안전한 뱃길이 보장되어 조선 왕실의 곳간 역할을 한 곳으로 조선 전기 맹사성, 조선 후기 박지원 등이 면천 군수를 역임하며 선정을 베풀었다.

면천 군수 박지원은 군수 재직 시 『면양잡록』·『칠사고』·『한민명전의』·『과농소초』 등 각종 개혁에 관련된 책을 저술하였으며, 이를 실천하기 위해 골정지를 준설하고 건곤일초정을 지어 향교의 유림들과 함께 유도 보급과 이용후생을 위해 노력하였다. 1894년에는 내포의 동학군이 면천읍성을 점령한 바 있으며, 1906년에는 최구현 의병장이 면천성을 공격하였으나 실패하였다. 조선 후기에 사설 시장이 발달하면서 면천은 12장[7]이 설 정도로 내포에서 으뜸가는 시장 중 하나였다. 1911년 일제는 망궐례를 올리는

---

7   서유구, 『임원경제지』, 「홍주관내 장시표」, 면천 읍내장 12장 표기.

상징적 건물인 객사 건물을 개조하여 면천초등학교를 세워[8] 식민지 교육의 장소로 바꾸었다. 1914년 면천군은 당진군에 편입되면서 쇠락하여 갔고, 조선후기 남문 안에 시장이 서면서 민가들이 입주하였다. 1958면 면천저수지 축조 시 면천읍성 성돌을 가져다가 축조하면서 면천읍성의 원형이 훼손되었다. 1970년대까지 개조된 면천 객사가 남아 있었으나 현대식 건물로 축조하면서 객사의 흔적도 사라졌다. 1993년 면천읍성은 도지정 기념물 제91호로 지정되어 관리하고 있다. 한편, 면천읍성 내에는 면천두견주(개국공신 복지겸) 전설이 담겨 있는 안샘과 면천은행나무(천연기념물), 군자정, 3·10만세운동 기념탑(면천보통학교 기미년 만세운동 기념)이 있고, 읍성 밖에는 골정지, 면천향교, 승전목(동학 전적지), 몽산성, 영탑사, 무공사(복지겸 장군 사당), 의두암(운양 김윤식 유배유적), 성상리산성이 남아 있다.

면천읍성 지역은 1970년대 도시계획안을 마련, 도시의 기본 발전 방향을 수립하였다. 이 계획은 면천읍성의 문화유산을 배제한 도시계획으로 1993년 면천읍성이 문화재로 지정되면서 문화재보호법상 수정이 불가피한 계획이 되었다.

문화재로 지정되면서 문화재보호법으로 인하여 도시계획이 불투명해지고 문화재 주변의 경관 보호에 관한 사항은 주민들의 집단적인 불만을 자아내기에 충분했다.

따라서 쇠락해 가는 도시, 면천 지역을 읍성 정비 및 활용 사업을 통하여 주민들에 희망을 주고 미래자원으로 개발해 주는 것은 시대적 요청과도 같았다.

---

8   면천면지 편찬위원회, 『유서 깊은 면천』, 면천면, 2013, 835쪽.

(2) 다양한 학술사업으로 튼튼한 기반 형성

당진시의 입장에서는 면천 주민들의 읍성 복원에 대한 열망과 당진의 균형적인 도시 발전을 위해서 면천의 고도성을 회복하는 것이 반드시 필요한 사업이었다.

당진시에서는 면천읍성을 체계적으로 정비하기 위하여 1999년 면천읍성 정밀실측 용역[9]을 하고 2007년 면천읍성 정비기본계획[10]을 수립하였다. 또한 다양한 학술적 자료를 확보하기 위하여 면천읍성 역사문화도시 조성 용역,[11] 면천읍성 연구,[12] 박지원 군수의 『면양잡록』 번역,[13] 박시순 면천 군수의 『면불일기』 번역,[14] 복지겸 장군 학술 용역,[15] 연암 박지원 역사인물 콘텐츠 발굴 및 활용방안 학술 연구[16] 등을 추진하였고 이러한 기초 작업을 사업계획에 반영하여 정비사업의 진정성 확보와 활용성에 중점을 두었다.

면천읍성 현상변경 기준안 용역[17]을 실시, 정비계획에 포함되지 않은 민간 부분의 건물에 대해 전통성과 경관성에 대한 표준안을 마련했다.

---

9   충청남도 역사문화연구원, 〈당진 면천읍성 정비 기본계획〉, 당진군, 2007.
10 대전산업대학교 향토문화연구소, 〈면천읍성 정밀 지표조사 보고서〉, 당진군, 1999.
11 충남발전연구원, 〈당진 면천 역사문화도시 경관형성 기본계획〉, 당진군, 2011.
12 충청남도 역사문화연구원, 『면천읍성 연구』, 당진군, 2011.
13 박지원, 단국대학교 역, 『면양잡록』, 당진문화원, 2016.
14 박시순, 충남대학교 역, 〈박시순 면불일기 국역화 사업 용역 최종 보고서〉, 당진시, 2020.
15 충청남도 역사문화연구원, 〈복지겸장군 학술용역 보고서〉, 당진군, 2007.
16 큐엠에스 컨설팅, 〈연암 박지원 역사인물 컨텐츠 발굴 및 활용방안 연구〉, 당진시, 2018.
17 충청남도 역사문화연구원, 〈당진 면천읍성 현상변경 허용기준〉, 당진군, 2007.

(3) 과거·근대·현재가 공존하는 삶의 공간 면천읍성

당진 시민들은 면천읍성이 정비되면 인근의 해미읍성과 순천의 낙안읍성, 전북의 고창읍성같이 유명해질 수 있는지 묻는다. 그런 질문에 늘 긍정적으로 답변한다. 읍성은 지역마다의 특성, 용도, 그리고 현재의 모습이 다르기 때문에 면천읍성만의 차별화된 전략을 가진다면 성공의 요소가 될 것이다.

면천읍성의 주요 사업은 성곽과 관아를 원형적으로 정비하고, 부가적인 사업으로 영랑효공원·골정지·성안마을·옛길을 정비하여 면천읍성의 경관성을 살려 주는 형태이다. 또한 조선후기 성안으로 들어온 민가를 위 사업과 중복되지 않는 선에서 그대로 살려 조선 시대부터 현재까지 이어져 온 성안마을의 역사를 한눈에 볼 수 있게 만들고, 식당·방앗간·서점·전파사·다방·세탁소·이발소·파출소·양조장 등의 건물이 삶의 영역이 될 수 있게 정비하는 방식이다. 다만, 민간 건축물은 현상변경 기준안을 만들어 면천읍성의 고도성에서 벗어나지 않는 선에서 증개축을 할 수 있게 하는 개념이다. 한마디로 과거와 근대, 현재가 공존하는 읍성 정비 형태로 관광객은 면천읍성의 성곽과 관아를 관광하며 읍성의 역사와 전통성을 느끼고 근현대건물에서 소비와 문화 활동을 할 수 있는 활용 형태이다. 이러한 과정에서 주민들은 처음에 해미읍성처럼 성안마을을 드러낸 방식, 낙안읍성처럼 옛날 모습으로 정비한 방식을 줄기차게 고집하였으나 지속적으로 설득하여 당진시의 계획에 동조하게 되었다.

또한, 면천읍성의 성곽 축성과 관아 정비는 발굴 조사, 문헌 조사, 전문가의 자문을 거쳐 설계하였다. 또한 사업 과정에서도 남아 있는 유적을 근거로 전문가들과 끊임없는 현장 자문을 통해 역사성과 예술성, 진정성 있는 문화유산 정비사업을 추진하였다. 현재, 서치성 구간 100m, 남문 구간 135m(옹성 및 문루), 서남치성(160m)이 복원되었고, 2021년 객사와 동남치성이 정비될 예정이다. 경관정비 사업은 영랑효공원 일부, 성안마을 3동이 정비되었다. 면천읍성이 일부 정비되면서 성곽을 가진 지자체에서 벤치마킹을 오고 관광객이 증가하자, 근현대 건물이 들어서서 미술관·책방·잡화점·찻집·청년 창업센터 등이 입점하고 주민들의 건물은 예쁘게 단장되어 맛집으로 사용되고 있다. 주민들은 과거의 부정적 시각에서 차츰 긍정적인 에너지를 발산하며 길 주변에 꽃을 심고 집 주변의 환경 정비를 위해 나서고 있다.

당진시에서는 여민동락하던 박지원 면천 군수의 애민정신을 스토리텔링화해서 국가 공모사업으로 예산을 확보하여 각종 프로그램을 운영하고 있다.

〈사진 3〉 2014년 준공된 면천읍성 남문(옹성) 모습

4) 먹고살기 위해 매립된 합덕제, 지역의 랜드마크로 부활

(1) 합덕제의 역사적 성격과 변천 과정

합덕제는 후백제의 견훤이 성동산성에 주둔하면서 군마에게 먹일 물과 군량미를 확보하기 위해 수축되었다는 전설[18]이 있다.

합덕은 너른 평야 지대로 아산만을 통해 외해로 열려 있어 외적의 침략과 삼국과 후삼국의 경쟁기에 보급기지 역할을 하던 곳이다. 전설에서와 같이 합덕 지역은 후삼국 경쟁기에 견훤과 왕건이 이 지역을 번갈아 차지하면서 점유[19]했던 곳으로 견훤과 적대적인 복지겸이 동시대에 면천에서 활동했던 것만으로도 이 지역의 중요성을 알 수 있다. 조선 시대에는 연안 남대지·김제 벽골제와 함께 3대 방죽으로 왕실의 곳간 역할을 하였으며, 임진왜란기에는 피점령지로서 7년 전쟁의 보급기지역할을 하여 이몽학의 난이 일어난 계기[20]가 되었다. 임란 이후 이 지역에 대한 핍박이 이어져 평등사상인 천주교와 동학이 성행하게 되었다. 합덕제는 『조선왕조실록』 기록에 자주 등장하며 연산군 때 장숙용(장녹수)에게 합덕제 주변 토지를 하사한 기록[21]과 다수의 중수 기록이 보인다. 1894년 전 관료이며 합덕제 수리계장이었던 이정규가 합덕제 이용권을 독점적으로 점유하자 이에 맞서 합덕 농민운동이 일어난 역사가 있다. 1960년대 예당저수지 축조와 함께 방죽은 농경지화되고

---

18 합덕읍지 편찬위원회, 『합덕읍지』, 합덕읍, 1997, 374쪽.
19 남광현, 「당진의 해양문화적 성격과 발전 방향」, 『당진문화』56호, 당진문화원, 2020, 42쪽.
20 김일환, 「임진왜란기 내포지역과 민의 동향」, 『역사와 실학』52호, 역사와실학회, 2013, 46~59쪽.
21 조선왕조실록, 『연산군 일기 61권』, 연산12년 1월 21일, 신축.

〈사진 4〉 1952년 합덕성당 성체거동 행사 시 합덕제(연호방죽) 모습

합덕제방과 중수비만 남게 되었다. 1989년 충남도지정 기념물 제70호로 지정되어 관리되고 있다.

(2) 지역의 문화 랜드마크로 활용

합덕제는 제방 길이 1,771m 담수 면적 30만 평의 대규모 저수지로 6개 마을의 평야 지대에 농업용수를 관개하던 시설이다. 당진시에서는 2001년 충남대와 함께 합덕제 일부 수문과 제방에 대해 발굴 조사를 실시한바, 합덕제는 지엽부설공법·판축공법·무리말뚝공법으로 쌓은 것으로 확인[22]되었다. 또한 6개 마을에 각각의 수문을 만들어 물싸움을 사전에 예방했고, 물넘이를 두어 제방의 최대 수위를 조절하였다. 포곡식으로 껴안는 유선의 제방(1,771m)을 두어 수압을 분산시키는 공법을 사용하였다.

22 충남대학교 박물관 총서 제24호, 『당진 합덕제』, 충남대학교, 2002, 42~44쪽.

당진시에서는 학술 발굴과 주변 문화의 자료 조사를 토대로 합덕수리민속박물관과 체험장을 2005년에 개관하였고, 2007년에 합덕제 정비기본계획을 수립,[23] 2008년부터 2021년까지 정비사업을 추진하고 있다. 정비사업의 기본 골격은 6만 평의 연호방죽 정비, 1만 평의 합덕농촌테마파크 조성, 생태문화센터 조성이다.

박물관은 합덕제의 수리농경문화를 전시하고 관광객들에게 합덕제의 역사와 문화를 체험하고 학습할 수 있는 공간으로 이용되고, 연호방죽은 저수지 복원, 호안로와 연꽃원 조성을 통하여 사계절 친수공간으로서 관광객에게 휴식과 산책, 생태 관찰의 기능을 제공하고 있다.

합덕농촌테마파크는 수리기구 체험, 전통 과학기구 학습, 물놀이 공간으로 생태문화센터는 합덕제의 동식물들을 체험하고 학습할 수 있는 공간으로 활용되고 있다.

2017년 국제관개배수위원회(ICID, International Commission on Irrigation and Drainage)에서 합덕제를 역사적, 예술적, 사회적 가치가 높은 세계관개시설물유산으로 지정하였다. 당진시에서는 합덕제를 농업역사자원의 관광상품화와 3농 혁신의 역사성 확보라는 측면에서 시의 농업 브랜드 가치를 높이는 데 활용하고 있다.

주민들은 합덕제 연호문화축제를 개최하여 이러한 합덕제의 다양한 기능을 축제에 함축하고 있으며, 민간 부분에서는 먹거리 개발, 관광객 이용시설, 창업 등을 통하여 소득을 창출하고 있다.

---

23 충남발전연구원, 〈합덕제 정비 기본계획〉, 당진군, 2007.

5) 면천두견주, 제도 개선을 통한 전승

(1) 두견주는 천년의 전설과 함께 주민들이 만들던 술

면천두견주에는 고려의 개국공신 복지겸에 얽힌 전설이 있다. 그가 병이 들었는데 온갖 좋다는 약을 다 써도 병이 낫지 않자, 그의 어린 딸이 아미산에 올라 100일 기도를 드렸다. 그러자 신선이 나타나 이르기를, 아미산에 활짝 핀 진달래꽃으로 술을 빚되 반드시 안샘(당진시 면천면 성상리, 면천읍성 내)의 물로 빚어 100일 후에 마시고 뜰에 두 그루의 은행나무를 심어 정성을 드려야만 효과가 있다고 하였다. 딸이 그대로 하였더니 복지겸의 병이 씻은 듯이 나았다[24]고 전한다.

1986년 11월 1일 중요무형문화재(현 국가무형문화재) 제86-2호로 지정되었다. 지정 당시 증조모 때부터 두견주를 빚어 온 박승규(1937-2001)를 기능 보유자로 인정하였다.

진달래 꽃잎과 찹쌀로 담그는 향기 나는 민속주 두견주는 예로부터 '백약지장'이라 일컬어 오고 있다. 이 술의 주조 과정은 정월 첫 해일(亥日)인 상해일에서 3월 진달래꽃이 만개할 때까지 술밑이 만들어지고 두 차례 담금 한 다음 90일간의 발효·숙성 기간을 거치는 고급 약주이다.

색깔은 연한 황갈색이며 단맛이 나고 점성이 있는데 신맛과 누룩 냄새가 거의 없는 대신 진달래 향이 일품인 고급술이다. 알코올 도수는 18도이다. 혈액순환·피로회복에 효능이 있으며, 콜레스테롤을 낮추어 주어 성인병 예방에도 효과가 있다.

두견주 전설과 관련된 면천은행나무는 천연기념물 제551호로 지정되어 관리되고 있고, 영랑효공원에 안샘이 보존되어 있다. 주민들은 매년 2월 면

---

24 면천면지 편찬위원회, 『유서깊은 면천』, 면천면, 1284쪽.

〈사진 5〉 면천읍성 내 안샘(면천두견주 전설)

천은행나무와 관련된 목신제를 지내고, 4월에는 진달래 두견주 민속축제를 개최한다.

(2) 기능 보유자의 사망, 제도 개선을 통한 보존정책

1982년 국가무형문화재로 지정된 면천두견주는 기능 보유자 박승규 씨의 면천양조장에서 제조되어 술이 없어 못 팔 정도로 불티나게 팔렸다. 박승규 씨는 은행에서 대출을 받아 사업 확장을 시도하여 북문 밖에 면천두견주 공장을 지어 두견주를 제조하였다. 처음에는 사업이 탄탄대로였으나 생술인 두견주가 유통 과정에서 변질(당시에는 냉장고가 일반화되지 않음)되면서 소비자들이 외면하게 되었고, 박승규 씨는 부채와 스트레스로 사망하기에 이르렀다.

당진시에서는 2002년부터 두견주를 전승하기 위해 부인 등에 대해 전승

여부 실태조사를 하였으나 한계를 느끼고, 2004년 면천두견주 전승체계 실패의 원인을 분석하고 계승 방안을 마련하였다. 면천두견주는 지역의 주민들이 대부분 만들던 술이었는데 1982년 국가무형문화재 지정 당시, 면천양조장을 하던 박승규 씨 1인이 기능 보유자로 인정되면서 개인의 술로 변질되었던 것이다. 이에 문화재청을 방문하여 기 예능 종목을 개인에서 단체로 지정하는 제도를 신설하여 줄 것을 건의하여 받아들여졌다.

그리고 2005년에 면천두견주 제조 실태조사를 통해 8가정 16인을 선발하였다. 그러나 문제는 8가정의 술맛이 전부 달라서 이것을 표준화하는 작업이 필요했다. 2006년 계명대 정용진 교수와 한국전통술연구소 박녹담 소장과 연계하여 면천두견주 표준화 용역을 실시[25]하였고, 2007년 면천두견주보존회가 제조 기능을 전수하는 단체로 지정되었다. 현재는 일부 사망한 가족이 생기면 신규 진입할 수 있는 규정 등을 통해 전승에 문제점이 없으며 오히려 신규 진입 시 제조 기술이 전혀 없어도 인성을 고려하여 영입함으로써 단체가 활성화되고 있다.

2016년 면천두견주 전수회관을 건립하여 생산 시설과 전승 시설을 갖추게 되었고, 이곳에서 두견주 효 체험 프로그램 등을 운영하고 있으며, 2018년에는 제3차 남북정상회담 시 만찬주로 이용되어 유명세를 타고 있다.

6) 소난지도 의병항쟁의 역사적 재조명

(1) 소난지도 의병의 역사와 민간의 보존 노력
소난지도는 충남 당진군 석문면 교로리에서 북서쪽으로 약 9㎞ 떨어져

---

25 계명대학교,『면천 두견주』, 당진군, 2004.

있는 2.6㎢의 섬이다. 1905년 국치의 을사늑약으로 국권이 침탈되자 경기도 수원 지방에서 거병하여 한때 포군을 거느릴 정도로 세력이 막강하였던 홍일초(홍원식) 휘하의 의병들이 일군의 초토화 작전에 밀려 충남 당진으로 건너오면서 병오년 홍주전투에서 패한 홍주의병 일부가 합류하여 호남 등지의 관곡 운송선들의 중간 정박지였던 석문면 소난지도에 의병 본진이 유둔하게 되었다.

소난지도는 육지와 떨어져 신변 안전 유지와 식량 조달이 용이했다. 또한 밤에는 내륙의 수로를 따라 주재소를 습격하여 무기를 탈취하는 등 재기를 도모할 수 있는 근거지였다. 이를 탐지한 한·일 순사 15명이 솔가지로 위장한 배로 기습하여 1908년 3월 15일 9시간 동안 총격전이 벌어졌다. 의병들의 탄약이 먼저 떨어지면서 섬 동쪽 딴섬(돌각)까지 밀려 육탄전으로 대항하다가 100여 명이 전사[26]하였다. 의병항쟁 이후 시신들은 방치되었고, 석문

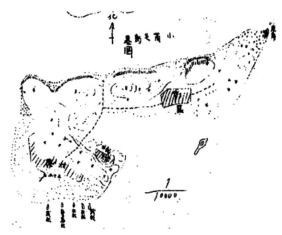

〈사진 6〉 소난지도 전투 상황도(홍주 분서장 보고 문서 중)[27]

26 충남대 충청문화연구소, 『당진 소난지도 의병항쟁』, 당진군, 2004, 30~31쪽.

면 해안가까지 밀려왔다. 이에 소난지도 주민들은 의병의 시신을 수습해 소난지도 동쪽의 둠바벌에 안장하고 개별로 봉분을 조성했다.

소난지도 의병총은 1970년에 들어서 석문중학교를 중심으로 조성되어, 1982년에는 기념비를 세우고, 1987년부터 매년 추모행사를 가졌다. 1997년에는 소난지도 의병항쟁 기념사업회가 발족되었다.

(2) 전국의 대표적 해양 의병항쟁으로 부각

당진시에서는 소난지도 의병항쟁의 역사를 체계화하고 나라사랑의 정신을 함양하는 공간으로 선양하고자 2003년 충남대 김상기 교수에게 소난지도 의병항쟁 학술 연구 용역을 의뢰하였다.

소난지도 의병항쟁은 그동안 석문중학교를 중심으로 구술채록에 의한 것이어서 진정성을 확보하기 위해 정확한 자료를 고증해야 할 필요가 있었다.

연구 용역을 통해 소난지도 의병항쟁에 관한 일본 문서인,「폭도에 관한 편책」홍주분서장 보고 문서를 발견할 수 있었다. 이 문서에는 소난지도 의병항쟁의 진압 과정에서 마무리까지 지도를 포함하여 구체적으로 묘사되어 있어 의병항쟁을 고증하는 데 결정적 역할을 하였다. 용역 과정에서 최구현 의병장의 지석이 발견돼 1906년 소난지도 1차 전투에 관한 자료도 확보하게 되었다. 이러한 자료를 바탕으로 2005년 국가보훈처로부터 예산을 지원받아 소난지도 의병항쟁 기념탑을 조성하여 현충 시설로 지정하고, 2008

---

27 洪警秘 제143-3호(1920년 3월 20일, 폭도에 대한 편책, 홍주분서장 보고 문서), 한·일 순사 15명이 의병 100여 명이 주둔하고 있는 서쪽부두로 진입하여 북쪽 산봉우리로부터 동쪽 끝 둠바벌까지 공격하는 전투상황도. *은 의병들이 순국한 곳을 표시한 기호임.

년에는 광장을 건립하여 당진 시민이 매년 의병항쟁을 추모하는 공간으로 사용하고 있다. 2017년에는 문화재청에서 소난지도 의병항쟁의 역사적 상징성을 고려하여 의병총을 등록문화재 제629호로 지정하여 관리하고 있다. 2019년에는 소난지도 의병총 앞에서 전국 의병의 날 행사를 개최하여 한국의 대표적 의병항쟁장소로 자리매김하였다.

7) 당진 문화유산도시 디자인 사업

당진시에서는 이 밖에도 심훈이 『상록수』를 집필한 필경사를 중심으로 심훈기념관을 건립하여 심훈의 문학 활동을 조명하고 있고, 심훈의 잘 알려지지 않은 활동 중 영화인·문화평론가·기자로서의 다양한 삶을 찾아 그의 나라사랑 정신을 선양하고 있다. 또한, 상록문화제를 개최하여 당진 시민들에게 심훈의 상록수 정신을 함양하고 종합 문화예술 축제로서 당진의 문화예술 진흥에 기여하고 있으며, 심훈문학상을 만들어 전국의 작가 지망생들에게 문학인으로 입지를 열어 주고 있다.

1919년 당진 지역에 일어난 만세운동인 대호지·정미 4·4독립만세운동[28]과 3·10 면천보통학교 학생독립만세운동에 대해 학술 용역[29]을 통하여 역사성을 확보하고 이 사건이 일어난 장소에 대해 성역화 사업을 진행하여 당진의 정체성 제고와 당진인으로서의 자긍심을 고취하고 있다.

또한, 당진의 도시개발사업에서 이루어지는 구제발굴과 학술적 목적으로 진행하는 각종 발굴 사업을 통해 역사서에 밝혀지지 않은 다양한 자료를

---

28 충남대 충청문화연구소, 『당진 대호지 4.4독립만세운동의 전개과정』, 당진군, 2006.
29 충남대 충청문화연구소, 『당진의 독립운동사』, 당진시, 2013.

확보하는 데 주력하였다. 이러한 자료를 근거로 학술 세미나를 개최하여,[30] 선사시대부터 근대기까지의 역사를 연대기적으로 정리하고 당진의 정체성을 밝혀 미래 발전의 원동력으로 제공하고 있다.

5. 맺음말

문화유산 행정업무를 하면서 늘 느꼈던 것은, 국민들이나 시민들의 시각이 문화유산을 중심부 문화와 주변부 문화로 이분화하여 전자는 훌륭한 문화이고 후자는 그렇지 않다는 편견을 가지고 접근한다는 것이었다. 대부분의 공무원 동료들의 생각도 비슷했다.

당진 시민들의 생각도 마찬가지여서 이러한 패배주의 사고의 틀을 벗겨내고 자신감을 회복시켜 주는 것이 당면 과제였다. 그러기 위해서는 당진만의 문화적 특성과 정체성이 담겨 있는 문화유산 개발정책이 반드시 필요했다. 역사 전공자로서 다양한 지역 관련 저술과 논문을 섭렵하며 당진의 역사적 정체성은 해양 문화의 개방성에 그 특성이 있다는 것을 금방 이해할수 있었다.

이러한 기본 인식을 바탕으로 도시화·산업화되고 있는 당진이 균형 있는 문화도시로 발전하려면 당진만의 특성이 담긴 스타문화재 육성에 집중해야한다는 결론이 도출됐다.

스타문화재 육성은 전략적으로 단기간에 효과를 발휘할 수 있기에 어쩔수 없는 선택이었다. 문화유산 업무를 시작한 지 20년이 지난 2021년 현재, 당진을 대표하는 문화유산과 한국을 대표하는 문화유산이 몇 개는 생긴 듯

---

30 충청남도 역사문화연구원, 『당진의 역사 재조명』, 당진시, 2012.

하고 당진이 산업도시만의 이미지에서 약간은 비껴가는 듯해서 절반의 성공은 한 것으로 보인다.

그리고 시장이 읍면을 순방할 때 문화유산에 관한 건의 사항들이 꽤 늘고 있는 것을 보면 주민들의 생각도 많이 변한 듯하다.

이제, 당진시는 그동안 갖추어 놓은 문화적 성과들을 시민들이 생활 속에서 체감하고 느낄 수 있게 다양한 프로그램을 개발하고 문화 전문가들을 양성해야 할 것이다.

이것이 진정 문화도시 당진으로서의 지향점이어야 하고, 그것이굴뚝 냄새 나는 산업도시 이미지를 상쇄시키는 길이 될 것이다.

『증보 동국문헌 비고』
『임원경제지』
『조선왕조실록』
충남대학교 마을연구단,『당진합덕마을』, 대원사, 2008.
면천면지 편찬위원회,『유서 깊은 면천』, 면천면, 2013.
충청남도 역사문화연구원,『면천읍성 연구』, 당진군, 2011.
박지원, 단국대학교 역,『면양잡록』, 당진문화원, 2016.
합덕읍지 편찬위원회,『합덕읍지』, 합덕읍, 1997.
충남대학교 박물관 총서 제24호,『당진 합덕제』충남대학교, 2002.
계명대학교,『면천 두견주』, 당진군, 2004.
충남대 충청문화연구소,『당진 소난지도 의병항쟁』, 당진군, 2004.
충남대 충청문화연구소,『당진 대호지 4.4독립만세운동의 전개과정』, 당진군, 2006.
충남대 충청문화연구소,『당진의 독립운동사』, 당진시, 2013.
충청남도 역사문화연구원,『당진의 역사 재조명』, 당진시, 2012.

남광현,「기지시줄다리기 현황과 발전방안」,『당진문화』 44호, 당진문화원, 2016.
장유승,「1791년 내포-박종악과 천주교 박해-」,『교회사 연구』, 한국 교회사 연구소, 2014.
김일환,「임진왜란기 내포지역과 민의 동향」,『역사와 실학』 52호, 역사와 실학회, 2013.
남광현,「당진의 해양문화적 성격과 발전방향」,『당진문화』 56호, 당진문화원, 2020

대전산업대학교 향토문화연구소, 〈면천읍성 정밀 지표조사 보고서〉, 당진군, 1999.
박시순, 충남대학교 역, 〈박시순 면볼일기 국역화 사업 용역 최종 보고서〉, 당진시, 2020.
충청남도 역사문화연구원, 〈당진 면천읍성 정비 기본계획〉, 당진군, 2007.
충청남도 역사문화연구원, 〈복지겸장군 학술용역 보고서〉, 당진군, 2007.
충청남도 역사문화연구원, 〈당진 면천읍성 현상변경 허용기준〉, 당진군, 2007.
충남발전연구원, 〈당진 면천 역사문화도시 경관형성 기본계획〉, 당진군, 2011.
충남발전연구원, 〈합덕제 정비 기본계획〉, 당신군, 2007.
큐엠에스 컨설팅, 〈연암 박지원 역사인물 컨텐츠 발굴 및 활용방안 연구〉, 당진시, 2018.
태하엔지니어링 건축사무소, 〈당진 버그내순례길 조성 타당성 조사 및 기본계획〉 당진군,
　　　2010.

인문도시 당진의
도시재생

박현옥
—
청운대학교 공간디자인학과 교수

1. 서론

　도시는 시민의 삶을 담는 건축물과 가로 등 물리적 환경 속에서 정치·경제·사회·문화 활동의 중심이 되는 장소이다. 또한 상업·교육·교통·서비스·문화·레저 등이 이루어지는 곳으로 변화의 중심지이자 새로운 기술과 다양한 문명을 담아 내는 곳이다. 또한 시민들의 다양한 생각과 예술 활동이 숨 쉬는 공간이다. 이러한 도시는 역사적 흐름과 시대적 변화에 따라 생성되고 발전되며 쇠퇴하고 소멸하기도 한다. 현대사회는 교통과 정보의 흐름에 따라 세계화되어 이제 그 경계가 더욱 가까워지고 있으며, 최근에는 제4차 산업혁명과 코로나 상황으로 새로운 도시 간 문화의 형성과 새로운 방식의 소통이 필요해졌다. 글로컬이라는 용어와 도시재생과 지역재생이라는 용어에서 느낄 수 있듯이 이제는 지역이 글로벌로 가는 길이고 글로벌은 지역부터 시작해야 한다.

　도시는 어떤 이미지를 갖고 있으며 우리는 어떤 모습의 도시 이미지를 원하는가? 나와 우리는 어떤 모습이기를 원하는가? 전통 사회에서는 동질적이고 연속되는 지역문화와 정체성이 녹아 있었다. 두레가 그러하고 품앗이가 그러하고 마을의 대소사를 해결하는 방식에서 함께 문제를 해결하는 방식이 녹아 있었다. 그 방식은 다르게 발전되어 왔고, 앞으로도 다르게 변화되어야 한다.

도시는 그 지역의 특성을 나타내고, 지역이 내포한 아름다움의 집합체이기도 하며, 주민이나 자치단체의 사고나 가치관이 반영된 공간이다. 그곳에서 이웃과 함께 머무르고 즐기고 싶어 하는 것은 예나 지금이나 같다고 본다. 지역의 자연환경, 역사적 환경, 주거환경, 보행자 및 교통 환경, 문화적 행정을 통해 만들어 가는 정감 있는 도시! 그것이 우리가 추구하는 도시의 모습일 것이다. 따라서 도시재생과 지역재생은, 더욱 높은 수준으로 사회자본을 축적하고 다음 세대에게 살기 좋은 환경을 물려줄 수 있도록 공적 또는 반공적 공간을 풍요롭게 형성하고 안전한 생태환경 및 사회시스템을 구축하는 방향으로 이루어져야 한다고 생각한다. 이를 실행하기 위해 실천적 방식으로 새뜰마을사업, 마을만들기, 지역재생, 문화재생, 도시재생 등의 다양한 사업이 이루어지게 된다. 특히 이러한 사업은 기존의 도시계획과 도시재개발에서 보이는 관 주도의 행태에서 민간 주도 및 거주자 참여형으로 그 내용과 실천 계획이 바뀌고 있다.

　동시에 지역공동체의 재생이라는 측면을 매우 강조하고 있는데, 이러한 공동체의 문화 형성 저변에는 인간에 대한 이해와 나와 이웃에 대한 성찰이 요구되는 인문학적 사고가 있어야 한다. 따라서 더욱 성공적이고 지속 가능한 도시재생과 지역재생을 위해서는 인문학적 사고의 대중화를 위해 진행되는 인문도시사업을 통해서 지역재생과 연계된다면 더욱 포용적이고 품격 있는 결과를 이루어 갈 수 있을 것으로 보인다.

　도시공간과 인문학적 관련성을 어떻게 보아야 할까? 우리가 형성한 건축 공간은 권력의 상징이기도 하고 백성들의 안락한 공간이기도 하였다. 법원 건축물은 사회질서를 정의롭게 만들기 위한 공간이고, 극장과 운동장은 시민들이 몸과 마음에 휴식과 건강을 회복하기 위한 공간으로 당연히 인문학적 배경을 건축과 도시가 담아 왔다. 이 시대에 이런 것을 재고하는 것은 인간이 만든 도시공간이나 건축공간이 진정한 삶의 모습과 인간의 가치를 담아 내지 못하고 있음을 시사하는 것일 것이다. 건축적 벽에 의해 인간이 분리되고 어느 곳에 사느냐가 외연적 인간의 가치를 가늠하는 것은 아닌지… 도시를 만들고 주거공간을 만든다는 이유로 더욱 원천적인 자연의 소중함을 잃어버리고 있지는 않은가? 이것이 지금 이 시대 도시에서 인문학적 가치를 찾는 이유 중 하나일 것이다. 이제 우리의 삶을 이끄는 패러다임이 코로나 이전 시대와 이후 시대로 나뉜다고 할 만큼 이를 담고 있는 도시의 모습과 생활방식도 매우 빠른 속도로 바뀌게 될 것이다〈표 1〉.

〈표 1〉 패러다임의 변화[1]

근대	현대(코로나 이전)	현대(코로나 이후)
NEEDS	WANTS	Needs=Wants
물질적 요구	정신적 욕구	
		Un-tact
기계 tangible	네트워크, 정보 intangible	On-tact
고객만족 분양아파트	고객감동 주문형주택	개인가치=공동가치
		지역화
모더니즘, 기능주의, 국제주의 모두를 위한 하나의 디자인 유니버설디자인 현실공간	표현주의, 자연주의 한 사람을 위한 하나의 디자인 디지털디자인 유비쿼터스 환경 (가상공간+현실공간)	개별화
		방콕…집콕 에코공간 재택공간
기능적, 보편적, 일방적	감응, 인터페이스	

1   이한나, 박현옥, 「물리구축환경의 지능적 부활로서의 실시간 행태공간의 특성분석-onl 과 Nox의 작품을 중심으로-」, 『한국실내디자인학회논문집』14(4), Vol. 51, 2005.8, 21 쪽. 〈표2〉의 확대 재구성.

이에 본 연구에서는 인문도시사업을 진행하고 있는 인문도시 당진과 당진의 마을만들기와 지역재생, 도시재생의 현황을 살펴보고 그 의미와 지향점을 파악해 보고자 한다. 구체적인 연구 목적은 다음과 같다. 첫째, 인문도시 당진의 사업 개요와 내용을 통하여 그 가치를 살펴본다. 둘째, 마을만들기와 도시재생의 국내외 현황을 살펴본다. 셋째, 2010 이후 당진의 마을만들기와 도시재생에 해당하는 국가공모사업을 살펴본다. 넷째, 당진의 인문도시사업과 도시재생사업 간의 상호 보완점을 살펴보고 이를 통하여 당진의 도시재생의 방향성을 정리해 보고자 한다.[2]

2. 인문도시 당진 2018~2020

당진시와 한서대학교는 2018년 교육부와 한국연구재단이 공모한 인문도시 지원사업에 선정되었다.[3] 인문도시 지원사업은 지방자치단체와 지역의 대학이 역사·인물·유적 등 지역의 인문자산을 공동으로 발굴해 강좌·체험·축제를 통해 시민들이 체험할 수 있도록 지원하는 사업으로, 도시 전체를 '인문체험의 장'으로 조성하고 지역의 인문자산 발굴 및 지역 간 네트워크 체계 활성화를 목적으로 교육부와 한국연구재단이 2014년부터 추진해 오고 있다.

한서대학교 인문도시사업단(단장 안외순 교수)은 3년간 청소년, 대학생, 소외계층을 포함한 당진 시민을 대상으로 인문강좌·인문체험·인문축제 등 다

---

2   이 논문은 인문도시당진의 2020 인문주간사업의 일환으로 진행된 것을 수정·보완한 것이며 방향성을 모색하는 부분에서는 강의를 들은 학생들과의 토론결과도 반영된 것임을 밝혀둔다.

3   https://blog.naver.com/dangjin2030/221316763975

양한 인문학 대중화사업을 펼치게 된다. 이러한 인문학 관련 당진시의 노력은 2012년 평생학습도시로 선정되었으며, 이어 2017년에는 2단계 여성친화도시로 지정되고, 이번 2018년에는 아동친화도시 선정과 더불어 인문도시사업까지 아동과 여성 및 당진 시민 모두가 평생학습과 인문학 대중화사업으로 이어지고 있다. 인문도시 당진의 인문주간 행사는 2018 '이용후생의 인문도시 당진' 선포식으로 시작되었다.[4] 인문도시 당진의 1차년도 주요사업은 다음 〈표 2〉과 같다.

〈표 2〉 1차년(2018) 인문도시 당진의 주요 프로그램

메인 인문강좌 강의 주제	당진의 고고학	인문주간 행사
이용후생의 인문도시 당진, 신북학파의 인문나루	선사시대 당진의 고고학과 이용후생	인문도시 선포식 / 현판식 및 개막식
인문도시 당진의 지명과 유래	삼국시대 당진의 고고학과 이용후생	화해와 상생, 이용후생의 전통에서 길을 묻다
이용후생의 당진의 고고학	고려시대 당진의 고고학과 이용후생	합덕수리박물관 및 당진의 수리적 이용후생 체험
관문의 도시 당진, 대외교류사	조선시대 당진의 고고학과 이용후생	면천군수 연암 박지원의 이용후생 정신 체험
당진과 고려의 건국과 치국	당진의 관방 유적 개관	한국 전통 이용후생, 도량형 체험
당진 수리의 역사와 이용후생	당진의 읍성과 이용후생	기지시줄다리기로 배우는 화해와 협력
당진의 조운과 도량형의 발달	당진의 산성과 이용후생	동서양 그림으로 만나는 화해와 상생
송익필과 유학, 정덕/이용/후생	당진의 목장성과 이용후생	심훈 시대의 신여성과 예술, 그리고 사랑
연암박지원과 당진, 〈면양잡록〉	당진의 조창과 이용후생	〈사의찬미〉 강연
동학과 당진 승전곡 전투	당진의 봉수와 이용후생	백년전통주가에서 만나는 화해의 속풀이 토크
전통시대 당진의 이용후생적 전통 이해와 해석	전통시대 당진의 이용후생적 고고학과 건축문화 이해와 해석	전통시대 당진의 이용후생 전통 체험

4   http://www.ccnnews.co.kr/news/articleView.html?idxno=128602

이러한 인문도시 당진 사업의 주요 프로그램은 1차년도의 경우 당진의 전통시대 이용후생의 전통과 문화에 대한 이해와 체험을 시작으로 2차년도는 근대 당진의 저항과 계몽의 이용후생의 역사를, 마지막인 3차년도는 이러한 당진의 이용후생적 인문도시 전통을 계승하여 앞으로도 지속가능한 미래를 위한 실존의 삶의 방식으로 인문강좌, 인문체험, 인문주간 행사 등으로 전개되었다. 이러한 인문도시 당진의 가치를 살펴보면 다음과 같다. 첫째, 지역학 및 지역의 역사문화에 대한 이해 둘째, 다양한 인문체험의 기회 제공 및 확대, 셋째, 대학과 지역의 소통 및 민관학 연계를 이루어가고 있다. 이를 통하여 지역인문문화 네트워크 형성하고 다양한 계층에 대한 소통을 확대하며 나아가 인문학술연구의 대중화 작업을 형성하고 있음을 알 수 있다.

3. 국내외 도시재생사업과 사례

1) 도시재생의 트렌드(1950-1990)

국내외적으로 도시재생의 역사를 연도별로 정리해 보면 다음 〈표 3〉과 같다. 1950년대 우리나라가 한국전쟁을 겪고 있는 동안 유럽에서는 제2차 세계대전 이후 재건의 역사가 시작되었다. 전쟁 이후 파괴된 도시의 재건과 산업혁명 이후 도시화되어 노후화된 지역을 대상으로 건축가와 도시계획가가 마스터플랜을 세우고 이를 토대로 지역을 복원하고 개발했다. 민간 기업이 주도할 수 있는 상황이 아니어서 정부나 지방자치단체가 주도하여 진행하였다. 재건을 거쳐 1960~1970년대에는 도시화가 가속되어 교외 지역이 성장하면서 주거지를 다시 개발하고 20년 이상 노후화된 도시를 재생하는 리뉴얼 사업을 진행하였다. 이후 1980년대에는 우리나라도 전후 경제부

홍의 시대를 거쳐 도시를 대규모로 확장하고 재개발을 하였고, 1990년대와 2000년대가 되면서 유럽 등과 비교하여 시간적 차이는 있지만 지역의 소리를 담아 내는 아래로부터의 재개발과 재생이 진행되고 있다.

〈표 3〉 국내외 도시재생의 역사

구 분	중점전략	공간적 측면	물리적 측면
1950년 Reconstruction	마스터플랜에 의한 도시 노후 지역의 재건축 및 교외 지역의 성장	지방 및 해당 부지 차원	내부 지역의 복원과 주변 지역의 개발
1960년 Revitalization	1950년대 경향 유지하면서 교외 지역과 주변부의 성장 유도 rehabilitation의 초기 전략	지역 차원의 활동이 나타남	기존 지역의 재건과 병행
1970년 Renewal	리뉴얼과 근린 단위 계획에 관심으로 주변부 개발 진행	지역 및 지방 차원, 후에 지방 차원이 강조됨	노후 도시지역의 재개발 확대
1980년 Redevelopment	대규모 개발 및 재개발 계획과 대규모 프로젝트 위주	해당 부지 차원 강조, 후에 지방 차원을 강조	대규모 재개발 및 신규 개발, 대규모 개발프로젝트
1990년 Regeneration	정책과 집행이 더욱 종합적인 형태로 전환되고 통합된 처방 강조	전략적 관점의 재도입, 지역 차원의 활동	1980년대보다 신중한 개발 계획, 문화유산과 자원 유지 보전

이 중 1970년대 리뉴얼을 진행한 이스라엘은 특히 거주자 참여 방식이라는 것을 만들어 냈으며, 이를 토대로 개별 국민의 거주지인 주택을 방문하여 실태를 파악해서 '살 만한 집(decent housing)'을 공급하고자 시도하였고, 단순히 물리적 리뉴얼뿐만 아니라 거주자 및 공동체 특히 개개인의 가치와 삶의 방식을 향상시키기 위해 교육과 직업훈련을 병행하였다. 이러한 예제는 우리에게 매우 좋은 시사점이 될 것으로 보아 이를 소개하고자 한다. 또한 일본은 대학이 학령인구의 감소에 따라 대학의 존폐위기를 맞아 지역산업과 지역문제를 함께 해결하고자 하는 산·관·학 도시재생을 통하여 긍정적 결과를 가져온 사례 역시 현재 우리에게 매우 소중한 예제로 판단되어 소개하고자 한다.

2) 이스라엘의 도시재생 사례(Project Renewal)와 그 시사점

이스라엘은 1948년에 독립하면서 1948~1952년 사이에 유대인 70만 명이 본국으로 이주하여 인구가 140만명이 되었다. 이러한 상황에서 정부의 초기 주택정책은 새 국민을 위해 초보적인 은신처를 즉각적으로 제공하는 것이었다. 장기적인 주택공급정책이 공식화되지 않은 상황에서 이주 인구의 35%가 임시 거처나 이주자 캠프에 정착하였다. 1952년 초에 이르러 긴급한 주택공급 상황이 완화되어 정부는 장기적인 신도시 정책을 수립하였다. 이때 정부의 주택정책 목표는 이주 인구를 국가의 사회 경제적인 구조에 흡수하여 영구적인 주택을 공급하고 지리적으로 적절히 국민을 분산시키는 것이었다. 1950년 중반에서 1960년 사이의 이스라엘의 주택정책은 주택이 필요한 국민에게 주택을 제공하는 것, 즉, 공급문제가 가장 중요했다. 여기에는 기존의 과밀 환경에서 살고 있던 이주 가족들의 새로운 정착지 건설과 새로운 이주 가족들의 임시 거처를 마련하는 것도 포함되었다. 이 기간 동안 공급되는 대부분의 주택은 공공 부문에서 후원하는 것으로, 이는 유대인 재단과 정부가 주거 단지를 건설하는 데 재정적 지원을 하였으며 이에 대한 관리도 담당하였다. 그러나 오늘날과 비교하면 주거 수준이 낮아 부엌이나 욕실도 없이 방이 3칸 또는 그 이하였다. 이러한 주거 단지는 1970년대 말 전국에서 시작된 근린주구(近鄰住區)를 새롭게 하는 도시재생 프로젝트인 프로젝트 리뉴얼(Project Renewal)의 대상이 되었다. 이러한 과정에서 거주자를 주택의 계획과 디자인에 직접 참여시키고, 주택의 물리적 질의 향상과 규모의 확대를 도모하였으며, 근린시설의 확충을 동시에 수행하였다. 이러한 프로젝트 리뉴얼 사업은 주거환경을 개선시키는 동시에 거주자들의 주거만족을 유도할 수 있어 좋은 정책으로 평가되었다(Naomi, 1984).

이러한 프로젝트 리뉴얼의 물리적인 측면에서의 도시재생 내용을 살펴보면 다음과 같다. 물리적인 측면에서의 목표는 공공 기관의 리뉴얼로 국민 집단 간의 사회적·경제적 차이를 줄이고 거주 환경을 개선하고 주변 하부구조를 개량함으로써 근린주구를 재개발하여 생활수준을 향상시키는 것이다. 구체적으로 도서관·커뮤니티 센터·상하수도·도로·가로등·전기시스템·공공정원·주차장·보도·공중전화·스트리트 퍼니처 등에 관심을 두고 리뉴얼을 실시하였다. 또한 노인들이 거주하는 아파트를 개량하여 생활수준과 안전성을 제고하고, 공동주택 면적을 확대하고, 건물 외관을 개조하여 외부 경관과 내부 시설(빨래건조대 설치 등)의 부가적 개량을 추구한다. 구체적으로 건물 외관의 형태·도장·계단·우편함·지붕·방습·코팅·안테나 설치·정원·주택 이미지 등을 고려하여 디자인하고 리뉴얼을 실시하였다. 그리고 수도·하수도·도로·공공정원과 같은 도시의 하부구조 시스템을 향상시키고 임대에서 자가소유로의 전환을 유도하였다.

다음은 사회적인 측면에서의 투자 내용이다. 즉 우리나라 도시재생의 공동체 역량강화 및 일자리 창출 그리고 주민자치 협정을 유도하는 내용들이다. 68개 자치단체와 지역 의회에서 사회성을 강화하기 위한 프로그램을 수행하고, 88개 근린주구와 정착촌의 사회적 리뉴얼 활동에 정부가 적극 참여하여 이를 활성화시키고, 교육과 직업훈련을 통하여 거주자 개인의 사회적 상향 이동을 증가시키는 등 사회적·경제적으로 기반이 없는 계층에 대해 적극 지원한다는 방침이다. 거주자의 확신을 유도하기 위하여 물리적 측면에 중점을 두면서 사회적 측면에서의 투자를 지속하였다. 이는 장기적으로 거주자의 참여를 유도하고 사회적 만족도를 높이는 데 목적을 두었다. 특히 사회적 리뉴얼에서는 국민들 교육에 많은 비용을 투자하였다〈표 4〉.

<표 5> 사회적 리뉴얼의 교육투자 비율

사회교육프로그램	비율(%)
청소년 공식 교육	22.6
청소년 비공식 교육	20.2
유아교육	14.2
노인서비스	11.0
성인지원 교육	7.9
커뮤니티 개발	7.0
직업교육	6.3
장애청소년 교육	5.8
청소년교화 교육	5.0
합	100.0

이러한 이스라엘의 도시재생인 프로젝트 리뉴얼의 특징을 살펴보면 국가적 차원에서 단지 재개발을 주목적으로 시행되었으며, 주택 리뉴얼의 물리적인 측면은 단지의 재개발 및 아파트의 외관 이미지와 세대 규모의 확장을 통하여 이루어졌다. 또한 이스라엘은 공공시설을 리뉴얼하여 전체적 삶의 수준을 올리는 데 중점을 두었으며, 물리적인 측면뿐만 아니라 거주자들의 사회적 교육 수준과 취업 유도 및 삶의 방식을 가르치는 평생교육을 통하여 정신적 가치를 추구한다는 것을 알 수 있다. 마지막으로 이스라엘의 경우 거주자들의 노동력과 디자인 의도를 충분히 반영할 수 있는 거주자 참여 개발을 통하여 주택에 대한 애착과 유지관리 의식의 고취까지도 유도하고 있어서 디자이너-거주자-정책개발자 간의 유기적 거버넌스가 이루어졌다.

3) 일본의 도시재생 사례와 그 시사점

일본에서 지역재생을 주도하고 있는 기관은 중심시가지활성화본부, 지역재생본부이며 이는 도시재생본부와 구조개혁특별구역추진본부와도 관련이 있다. 이 기관들은 2007년(평성 19년) 각 지역의 현황과 사업을 총괄하기 위하여 '지역활성화 통합본부연합'을 구성하였다. 또한 주민자치회와 지역재생에 공감하거나 동종의 일을 하는 단체연합회, 점포들의 연합체와 NPO[5] 및 지역 대학 개발이 함께 지역의 문제를 고민하고 해결하고자 노력하고 있다. 이에 사업자, 기업 또는 기업 커뮤니티 등 다양한 주체들이 함께 지역재생을 통하여 전국적인 도시재생을 이루어 나가고 있다. 즉, 국가적 차원의 도시재생과 지역 차원의 도시재생으로 구분해 볼 수 있다. 지역재생은 각 지역이 당면한 각각의 과제에 대한 해결책을 지역 주민들이 스스로 찾아내고 해결해 내는 것이다. 다음은 일본의 지역재생 중 지역의 대학과 연계하여 프로그램을 기획하고 실천하는 사례들이다〈표 5〉.

〈표 5〉 일본의 지역재생에서 산학협동의 사례[6]

| 지역명 | 지역재생 주요사업 | 유형 | 지역재생 실천방식 | | |
			지역 특화	주민 참여	산학 연계
오이타현 벳부시	· 건강도시(온천) · 관광도시/영화 및 카레이스(영화 및 이벤트)	관광중심형	온천		●
홋카이도 하코다테	· 수상해양도시 · 학술연구도시 · 온천휴양도시	학술중심형	수상 · 해양		●
아라오시 사메가와촌	· 안심도시/특산물가공 및 농촌체험마을 · 산학 연계 주민참여 커뮤니티	체험마을 중심형	농산물 · 농촌	●	●

5   비영리조직(Non Profit Organization)으로 비영리단체, 비영리민간단체, 비영리기관, 비영리집단 등으로 다양하게 불린다. 제3섹터 또는 시민사회조직이라고도 한다. NPO는 국가와 시장 영역에서 분리된 제3영역의 조직과 단체를 통칭하는 포괄적 개념을 가진 말로, 이윤을 추구하지 않는 영역에서 주로 활동하는 준공공(semi-public) 및 민간조직을 가리킨다.
6   박현옥, 「일본의 도시재생과 지역재생의 사례연구」, 『청운대학교 방송미디어연구소 논문집』, 2008, 283-301쪽의 내용을 재구성함.

오사카 야오시	·생활과 산업이 공존하는 도시 ·중소기업의 기술지원 ·기업 간 제휴	직업창출 중심형	지역기업		●
오사카 카라호리지구	·전통거리 복원 ·전통공예상가(마찌) 조성 ·주민협의체 조성	경관 및 예술중심형	예술 경관	●	●
마쓰야마시 도요시마이군	·문화 예술에 의한 창조거리 ·산학연계프로그램 ·거리 및 도시 박물관	예술창조 중심형	예술	●	●
요코하마시 오사카 역배지구	·문화예술 창조 도시 및 지식자본 창조도시 ·산학 연계/ 주민협의체	총합적 재생 중심형	종합	●	●

4. 당진시의 도시재생 관련 사업

1) 당진시의 출범과 경관기본계획

2012년 1월 1일 당진군이 2읍 9면 3동(138개 법정리, 11개 법정동)으로 당진시가 되었다. 당진시는 충청남도 북부 지역으로 경기도 화성과 평택, 충남의 아산시·서산시·예산군에 접해 있다. 당진시는 경관기본계획을 수립[7]하였는데 도시의 미래상을 '인간과 자연, 풍요와 행복이 어우러진 신산업 항만도시'로 정하였다. 당진의 문화유산 9경으로는 왜목마을 일출· 서해대교· 난지섬 해수욕장· 삽교호 방조제· 솔뫼성지· 도비도· 삽교 함상공원· 아미산 아미망루· 기지시줄다리기박물관 등이 있다. 이후 2018년에 당진시의 각종 계획과 사업에 기초가 될 수 있는 다양한 인문역사적 자원과 자연문화적 경관자원조사를 재실시하였다.[8] 이러한 경관자원조사를 토대로 만들어

---

7 2012년 당진시기본계획최종보고서.
8 https://blog.naver.com/dangjin2030/221340643715

진 경관계획은 도시계획과 지구단위계획에 반영되어 당진이라는 도시의 외부 경관을 유지하고 도시재생을 실행하는 데 기초적 자료가 된다. 다음은 당진의 인문역사경관자원들이다〈표 6〉.

〈표 6〉 당진시의 다양한 인문역사경관자원

  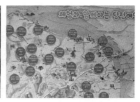

기지시줄다리기박물관   당진에서의 체험여행

한국도량형박물관   신평양조장리모델링

심훈기념관   당진문학관

2) 당진시의 도시재생 관련 국가공모사업(2010-2020)

　우리나라의 도시재생과 관련하여 지역재생과 문화재생을 지원하는 국가 공모사업이 여러 부처에서 다양하게 진행되고 있다. 특히 국토교통부에서는 도시지역을 대상으로, 농림축산식품부에서는 농산어촌 지역을 중심으로, 그리고 문화체육부에서는 문화도시와 관련 사업을 중심으로 사업을 진행하고, 그 외에는 살기 좋은 마을만들기를 주도하였던 행정안전부가 현재는 국민안전처가 되어 안심마을·안전마을·안전한 보행 환경과 어린이 보호구역을 정지하고 개선하는 사업을 진행하고 있다. 국토교통부에서는 주거환경개선사업 및 도시활력증진사업과 경관개선 및 스마트시티 관련 사업뿐만 아니라 제로에너지뉴딜사업을 주관하고 있다. 농림축산식품부에서는 귀농·귀촌 활성화지원사업과 농촌빈집정비사업 등 농촌주택의 개량을 지원하는 사업과 농촌마을 리모델링과 청년 농촌보금자리 조성사업 및 농촌중심지활성화사업을 주관하고 있다. 문화체육관광부에서는 지역의 문화재생 관련 사업으로 올해의 관광도시 선정과 작은 도서관·생활공간의 문화적 개선사업·문화디자인·폐산업시설 문화재생·공공디자인관련사업을 주관하고 있다. 그 외에도 환경부에서는 국가생태로 확보를 위한 사업과 사회취약계층을 위한 실내환경 진단개선사업 및 슬레이트 지붕 철거와 기후변화 및 물순환 선도도시를 조성하는 사업 등 다양한 생태 및 기후 관련 사업을 진행하고 있다. 중소벤처기업부에서는 전통시장이나 상점가의 노후화된 시설의 현대화사업을 지원하거나, 전통시장과 상점가 주변의 주차환경을 개선하고 스마트공장 구축 지원과 스마트공장 전문 인력을 양성하는 사업 등을 주관하고 있다. 산업통상자원부에서는 신재생에너지를 보급하기 위하여 건축물에 지원하는 사업 및 저소득층 에너지를 효율적으로 활용하기 위한 사업 등 에너지신산업 사업화를 지원하는 사업을 하고 있다. 소방청에서는 방재마을 시범사업을, 법무부에서는 범죄예방 환경개선사업(셉테드, CPTED: crime prevention through environmental design)을 도시와 지역의 문화적 개선을 위한 사업으로 진행하고 있다.

그 외 부처에서도 지역재생·문화재생과 관련하여 과학기술정보통신부의 IoT 융복합 시범단지 조성사업 등이 있고, 문화재청에서는 문화유산 관광자원을 개발하기 위한 사업과 고도의 이미지를 찾기 위한 사업, 문화재 안내판을 개선하거나 문화재 돌봄 및 근대역사문화공간 재생 활성화 시범사업 등 다양한 지역 문화재 활용사업 등이 진행되고 있다. 여성가족부에서는 청소년시설 확충사업이, 해양수산부에서는 어촌뉴딜300 사업과 스마트양식 클러스터 조성사업 등이 있다. 그 외 부처 간 협동사업으로는 자전거사고를 방지하기 위한 자전거도로 정비사업이나 지역행복생활권 선도사업과, 도시재생 선도사업과 일반지역사업, 집주인 매입 임대주택 시범사업, 취약지역 생활여건을 개선하기 위한 새뜰마을사업 및 친환경 에너지타운 시범사업 등도 지역도시의 재생과 문화적 재생을 위하여 진행되고 있다.

당진시에서 유치하여 종료된 여러 부처의 사업들을 2010년 이후 2019년까지 정리해 보면 다음 〈표 7〉과 같다. 2010년도 중소기업청(현재는 중소벤처기업부)의 전통시장의 상점가 현대화사업과 국토교통부의 해안경관조성사업을 시작으로 2019년도 중소벤처기업부 시장주차장개선사업까지 총 31건을 수주하였다.[9] 전체적으로 해가 거듭되면서 수주 건수가 상승하는 것으

---

9   이 자료는 건축도시정책정보센터(http://www.aurum.re.kr/Policy/PolicyMain.aspx) 홈페이지에서 종료서비스 건축 · 도시분야 시범 · 공모사업에 선정된 결과 자료를 토대로 분석한 것임.

로 보이며, 2017년에는 9건(29.0%)으로 가장 많은 사업을 수주하였다. 그 사업의 내용을 부처별로 살펴보면 농림축산식품부가 12개 사업 38.7%로 가장 높고, 그다음이 문화체육관광부로 10개 사업 32.3%이며, 그다음이 중소벤처사업부 5개 사업 16.1%로 나타났다. 그 외에는 국토교통부 2건, 국민안전처와 환경부 1건으로 나타나, 당진시가 2012년 당진군에서 당진시로 된 만큼 농산어촌 관련 사업이 많이 수주되었으며, 최근 2019년과 2020년에는 도시재생뉴딜사업과 도시재생인정사업등 도시화 관련 사업이 수주되고 있는 것은 당진시의 규모와 특성을 반영해 주고 있는 것으로 판단된다.

〈표 7〉 당진시가 수주하여 종료된 국가공모사업 현황(2010-2019)

연도f(%)	주관부서	공모사업 내용	지역
2019 1건(3.2%)	중소벤처기업부	전통시장 및 상점가 주차환경개선사업 공영주차장 건립지원	당진군 당진원도심상점가
2017 9건(29.0%)	문화체육관광부	광역권관광지개발	당진시 당진우강
	문화체육관광부	역사문화옛길조성	당진시
	문화체육관광부	캠핑장조성	당진시 국민여가캠핑장
	문화체육관광부	안내표지판설치	당진시
	국토교통부	도시활력증진지역사업	당진시 당진1동
	문화체육관광부	문화특화지역(문화도시/문화마을)조성 시범사업 문화마을	당진시
	환경부	슬레이트 지붕 철거, 처리 지원	당진시
	중소벤처기업부	전통시장 및 상점가 주차환경개선사업 공영주차장 건립지원	당진시 원도심상점가
	중소벤처기업부	전통시장 및 상점가 주차환경개선사업 공영주차장 건립지원	당진시 당진시장
2016 4건(12.9%)	문화체육관광부	문화특화지역(문화도시/문화마을)조성 시범사업 문화마을	당진시
	국민안전처 (행정안정부)	보행환경개선사업	당진시
	문화체육관광부	생활문화센터 조성 지원사업 거점형	당진시
	농림축산식품부	일반농산어촌개발사업 농촌중심지활성화사업	당진시 고대면

2015 4건(12.9%)	문화체육관광부	문화특화지역(문화도시/문화마을)조성 시범사업마을형	당진시
	농림축산식품부	일반농산어촌개발사업 농업농촌생활용수개발	당진리 송산면 송석리
	농림축산식품부	일반농산어촌개발사업 농업농촌생활용수개발	당진시 송산면 도문리
	농림축산식품부	일반농산어촌개발사업 농업농촌생활용수개발	당진시 대호지면 도이리
2014 5건(16.1%)	문화체육관광부	산업관광육성사업	당진시
	농림축산식품부	일반농산어촌개발사업 농업농촌생활용수개발	당진시 송산면 도문리
	농림축산식품부	일반농산어촌개발사업 시군지역역량강화사업	당진시 순성면 광천리
	농림축산식품부	일반농산어촌개발사업 농업농촌생활용수개발	당진시 대호지면 도이리
	농림축산식품부	일반농산어촌개발사업 농업농촌생활용수개발	당진시 송산면 송석리
2013 3건(9.7%)	농림축산식품부	일반농산어촌개발사업 읍면소재지종합정비사업	당진시 합덕읍 운산리
	문화체육관광부	작은도서관 조성 지원사업	당진시 신청청소년 작은도서관
	중소기업청	전통시장 및 상점가 시설현대화사업	당진시 당진시장
2012 1건(3.2%)	농림축산식품부	농업, 농촌 테마공원조성사업	당진시 합덕지구
2011 2건(6.5%)	농림축산식품부	일반농산어촌개발사업 권역단위종합정비	당진시 신평면
	농림축산식품부	일반농산어촌개발사업 권역단위종합정비	당진시 고대면 당진포리
2010 2건(6.5%)	중소기업청	전통시장 및 상점가 시설현대화사업	당진군 당진시장
	국토교통부	해안권발전 시범·선도사업 해안경관 조망벨트	충청남도 당진시

다음은 당진시가 중앙 부처의 사업을 수주하고 현재 거의 종료되었거나 진행되고 있는 도시재생 관련 사업을 정리한 것으로 농림축산식품부의 농촌중심화활성화사업 및 국토교통부의 도시재생뉴딜 관련 사업과 문화관광 관련 사업 및 공공디자인사업(충청남도 공모사업)을 정리한 것이다〈표 8〉.

<표 8> 당진시가 진행하고 있는 국가공모사업 현황(2010-2019)

	사업명	사업목표	실행내용
농림축산식품부	농촌중심지활성화사업(2015) 고대면 용두리마을거점 농촌다움을 유지하면서 환경정비를 통해 지역민에게 쾌적한 정주여건을 제공	다목적회관 건립(대지면적 1,651㎡, 건축면적 409.44㎡(연면적 752.72㎡)의 지상 2층 규모에 29억), 지역경관개선사업(5.2억), 지역역량강화사업(10억) 등 총 51억 7,700만 원	- 추진위원회 구성 - 지역 주민과 전문가, 행정이 함께 기본계획 수립과 시행계획 수립을 위한 회의와 주민교육 - 마을대학
	농촌중심지활성화사업(2016) 면천면	면천읍성의 복원	
	일반농산어촌개발사업: 지역 주민의 소득과 기초생활수준을 높이고 농촌마을의 단계적 개발을 통해 농산어촌의 인구 유지와 지역 특화발전을 모색	대호지면을 비롯한 3개 면 지역이 기초생활거점 육성 공모사업에도 선정됐다.	- 일반 농산어촌개발사업 발굴을 위한 읍·면 순회교육
국토교통부	도시활력증진공모사업(2017-2020) 충청남도 당진시 당진1동	도시의 활력을 부여하기 위한 주민참여형 사업	- 학부모역량강화사업 등 병행 진행
	도시재생 뉴딜사업(2018) 당진1동 원도심 일원 '주민과 청년의 꿈이 자라나는 플러그-인 당진'	주민조직 커뮤니티 거점 조성, 시민문화 예술촌 조성, 도심광장 및 거점주차장 조성, 전기자동차 창업지원센터 건립, 청년주택 및 70~80 특화거리 조성	- 도시재생대학
	도시재생 뉴딜사업(2019) (주거지 지원형)당진2동, 채운동 239번지 일원(141,100㎡) '행복 채운 삶터'	당진2동 행정복지센터 건립, 도시재생어울림센터, 학생활동 커뮤니티 거점 조성, 학교 앞 안심광장 조성, 노후주거지 정비, 마을환경 개선, 충남형 더 행복한 주택 등 426억 원	- 충남개발공사연계 - 마을대학
	도시재생인정사업(2020) 당진시 읍내 6통 일원(1350㎡)	'다함께 어울림센터 조성 (연면적 2711㎡ 지하 1층, 지상 4층/ 84억 9000만 원): 지역소통방(1층), 공동육아나눔터(2층), 건강생활지원센터(3층), 실버코워킹스페이스(4층)	- 생활 SOC시설을 복합하는 사업 - 주거복지향상, 일자리창출, 원도심활성화를 기대하는 사업
충청남도	마을창고 활용 청년창업공간 조성(2019) 5억 원	면천농협창고 (1970년 330㎡ 규모로 지어진 이후 양곡창고) 지역의 역사와 문화 스토리가 내재된 공간으로 만들 계획 두견주와 꽈리고추 등 면천 지역의 농산자원을 감안한 먹거리 제조 창업공간과 동네책방, 미술관 등 주변 문화공간과도 연계되는 관광 아이템도 발굴, 적용	- 청년과 지역이 상생하는 사업모델
	충청남도 공공디자인 공모사업(2016) '만남과 머뭄이 있는 버그내 장터 만들기' 4억 7500만 원	지역경제 활성화를 위해 낙후된 농어촌 지역의 공공 시설물의 디자인을 개선하는 사업 버그내 장터 보행환경 개선사업 및 버그내 다방 만들기, 순례길 테마 벽화 디자인, 노후간판 정비 등	- '합심덕적(合心德積)'정신을 계승

	충청남도 공공디자인 공모사업(2020)	2016 선정된 버그내장터사업과 연계하여 인접가로조성과 간판개선사업	- 맛으로 멋으로 활력 있는 골목길 조성사업(합덕전통시장)
관광관련사업	해양수산부(2019) 난지섬 어촌뉴딜300사업	해수욕장과 둘레길, 캠핑장	
	솔뫼성지(2만154㎡) 130억 원	김대건 신부 탄생 200주년	
	당진합덕제복원 (2007-2022/200억) 세계관개시설물유산	후백제 견훤이 축조했다고 전해지는 조선 시대 3대 방죽 박물관과 수리체험 시설과 휴식공간, 친수공간을 조성해 버그내순례길 연계	

　이 내용은 당진시 도시재생 블로그 및 인터넷에서 당진·도시재생·도시재생뉴딜·마을만들기·문화재생 등 키워드를 입력하고 2020년 11월 10부터~15일까지 6일간 검색한 내용에서 중복된 내용을 제외하고 정리한 것이다. 검색한 사이트는 참고 문헌에 기재하였다.

　〈표 8〉의 내용을 분석해 보면 다음과 같다. 농림식품축산부 공모사업에 선정된 농촌중심지활성화사업은 농촌다움을 유지하면서 환경 정비를 통해 지역민에게 쾌적한 정주 여건을 제공하는 것이다. 고대면과 면천읍 지역에 지정된 것으로 그 내용은 물리적 복원과 경관개선사업 및 공동체역량강화 등의 내용으로 사업이 진행된다. 고대면 예산의 경우 공동체역량강화는 약 50억 원 중 10억 원으로 20%에 달하고 있다. 그 다음 일반농산어촌개발사업 역시 지역 주민의 소득과 기초생활 수준을 높이고 농촌마을의 단계적 개발을 통해 농산어촌의 인구 유지와 지역 특화발전을 모색하고자 하는 것으로 주민역량강화 및 이를 지원하기 위한 당진시의 순회교육이 병행되고 있다. 국토교통부에서 선정된 도시활력증진사업과 도시재생뉴딜사업과 도시재생인정사업에서는 주민역량강화 및 공동체의 일자리 창출을 위한 비용뿐만 아니라 지역 주민을 위한 커뮤니티센터 등에 많은 예산이 투입되고 있다.

2019 선정된 도시재생뉴딜사업에서는 당진2동 행정복지센터 건립, 도시재생 어울림센터, 학생활동 커뮤니티 거점 조성, 학교 앞 안심광장 조성, 노후 주거지 정비, 마을환경 개선, 충남형 더 행복한 주택 등 426억 원이 투입되어 상당한 비용이 물리적 환경을 업그레이드하는 데 소요되는 것을 알 수 있다. 물론 이 과정은 주민참여에 의한 디자인과 계획이 이루어지는 모델로 진행되도록 되어 있다. 그 외 공공디자인 사업과 관광 관련 사업에서도 대부분의 사업비가 물리적 환경 조성 및 경관 개선에 할당되어 있는 것을 알 수 있다.

3) 당진시의 면천읍성 복원(2007-2024)

당진시는 2007년부터 내포 문화권 개발사업의 일환으로 면천읍성 복원을 추진하고 있는데, 면천읍성은 조선 세종 21년(1439) 서해안 지역에 침략하는 왜구를 방어하기 위해 평지에 조성한 읍성이다. 면천읍성을 복원하기 위하여 면천읍성 남벽 일부와 남문을 정비한 뒤 서남치성과 영랑공원, 성안마을을 조성하였다. 이후 관아를 정비하기 위해 면천초등학교와 면사무소를 이전하고 82칸 규모의 면천읍성 객사 복원사업을 추진 중이다.

이 내용은 당진시 도시재생 블로그 및 인터넷에서 당진, 문화재생, 관광, 농촌중심지활성화사업 등 키워드를 입력하고 2020년 11월 10일부터 15일까지 6일간 검색한 내용에서 중복된 내용을 제외하고 정리한 것이다. 검색한 사이트는 참고 문헌에 기재하였다. 면천읍성은 물리적 복원과 더불어 그 읍성에 담긴 역사와 현재 주민들이 이를 활용하고 기억하면서 지역문화자산으로서 가치를 이어 나갈 것으로 기대된다.

면천읍성의 복원의 물리적, 역사적 정신적 가치는 다음과 같다〈표 9〉.

<表 9> 면천읍성 복원의 가치

물리적 측면	면천읍성지도 (1872, 서울대 규장각 소장)	- 남벽(135m)와 남문(45.45㎡) - 서벽 및 서남치성 60m - 동남치성 및 동벽 복원
		- 객사 복원(면천초등학교 터)
		- 성안마을 초가 2동과 기와 1동, 장청 1동을 복원, 칠사고교육관(그 미술관, 진달래상회, 서점 오래된 미래)
		- 영랑효공원(7500㎡)
역사 정신적 측면	일제강점기	3 · 10만세운동터(일제강점기)
	맹사성	조선 청백리로 이름을 떨친 맹사성이 근무하기도 함
	박지원	여민동락 역사누리 사업 연암 박지원과 관련한 콘텐츠를 활용해 조선 후기 실학정신과 박지원의 애민사상
공동체 측면	각종 사업의 진행 농서 〈과농소초〉와 목민서 〈칠사고〉 등 가치인식	오래된 그림책 야외전시관
		생생문화재사업 면천읍성 360도 투어 심용환과 함께하는 풍류 콘서트 연암 박지원, 면천을 사랑하다

5. 결론 및 제언

본 연구는 인문도시 당진의 사업 개요와 당진시의 도시재생사업을 통하여 당진시가 추구하는 비전과 가치관이 어떻게 반영되는지를 볼 수 있는 연구이다. 즉 인문학과 도시재생 간의 연결 고리를 찾아내고 또 도시재생사업을 성공적으로 이루기 위해서는 물리적 환경복원과 환경개선뿐만 아니라 그 속에서 살아가며 도시의 활력을 만드는 거주자 즉, 시민을 위한 가치관 교육이나 지역의 역사문화에 대한 이해 등 인문학적 고양이 필요함을 피력하기 위한 것이기도 하다.

본 연구의 결과는 다음과 같다. 첫째, 서론에서도 언급했지만 당진시에서는 당진 시민의 평생학습과 아동친화적·여성친화적 도시를 만들기 위해 노력하고 실행하고 있으며 여기에 인문도시 당진사업을 통하여 다양한 계층과 다양한 기관을 아우르는 포괄적이고 인문학적인 가치를 찾아내서 당진의 이용후생의 정신을 계승하고 확대하고자 하는 비전을 실천하고 있다는 것을 알 수 있다. 둘째, 2012년 당진군이 당진시가 되어 농산어촌에서 도시화되어 가는 과정에서, 당진시는 국가 및 충청남도가 공모하는 주택·도시·상업공간·관광·문화·안전 등 다양한 측면에서 국가적 사업을 수주하고 있다. 2017년 이전에는 농림축산식품부에서 공모하는 사업의 수주가 가장 높았으며, 2017년 도시활력증진사업을 시작으로 2018년과 2019년 도시재생뉴딜사업 및 2020년 도시재생인정사업에 이르기까지 도시화되는 당진시를 중심으로 3년 연속 도시재생사업을 수주하고 있다. 셋째, 최근 3년간 수주하는 도시재생 관련 사업들은 물리적 환경의 복원과 경관개선을 위해 수주 금액의 80~90%가 투입되고 있음을 알 수 있다. 이러한 도시재생사업을 진행하기 위해서 주민교육과 추진위원회 등이 만들어지고 사업의 내용과 방식을 결정하는 데 주민참여 등이 활성화되고, 또 이를 위한 역량강화교육 및 공동체 경제활성화 및 일자리 창출을 목표로 진행되고 있다. 넷째, 도시재생 관련 사업들은 그 기간이 4~5년이 걸리는 사업으로 아직 진행 중에 있으며 이 과정에서 주민역량강화교육이 진행되기는 하나 커뮤니티공간 및 개개인의 주거환경개선 및 지속적 관리에 대하여 아직 그 방법론과 해결책이 찾지 못한 상태이다. 물론 국가적 차원에도 주민들이 주도하고 관리하는 경관협정과 주민협정 등을 모델로 사업을 공모하고 진행하고 있다. 다섯째, 본 연구에서 선진사례로 정리한 이스라엘의 사회적 교육 모델은 청소년 공식 교육, 청소년 비공식 교육, 유아교육 등에 사업비의 50% 이상이 투자되었다는 것을 알 수 있다. 우리나라에서는 청소년과 유아 교육에 대해서는 다른 부처에서 지원하는 사업이 있기는 하나, 도시재생 관련에서는 주로 성인 주민을 대상으로 하는 교육에 지원이 이루어졌는데 청년과 아동을 위한 교육도 좀 더 중요성을 높여야 할 것으로 보인다. 마지막으로, 일본의 지역 재생 사례에서 지역 대학과 지역재생이 연결되어 진행되는 사례를 살펴보았는데, 당진시의 인문도시사업은 지역 대학과 당진시가 함께 사업을 구상하고 지원하는 좋은 사례로 보인다. 특히 한서대학교 인문도시사업단에서 당진의 도시재생과 인문학이라는 개념을 연결하여 강좌를 개설하고 지역 학생들이 이러한 생각을 공유하는 시간을 통하여 앞으로 지역·지역 대학·지자체가 연계하여 지역재생을 이루어 나가면 더욱 좋은 성과를 낼 수 있을 것으로 보인다. 앞으로 이러한 산학관이 함께하여 당진시의 도시재생사업을 물리적 환경뿐만이 아니라 지역 주민 개개인이 행복하고 지속 가능한 주거환경 및 도시환경과 자연환경을 유지할 수 있는 구체적 방안들이 검토되기를 바란다는 제언으로 본고를 마무리하고자 한다. 도시재생은 인간과 인간의 공동체성의 복원이며, 과거와 미래의 연결성의 복원이어야 하고, 가치와 조형의 조화성의 복원이며 인간과 자연의 공동체성의 복원이어야 한다고 본다.

박현옥, 「이스라엘의 공동주택의 관리실태에 관한 연구-예루살렘과 하이파의 거주자 관리
　　인을 중심으로-」, 『한국주거학회지』 10(1), 1999.
이한나, 박현옥, 「물리구축환경의 지능적 부활로서의 실시간 행태공간의 특성분석-onl과
　　Nox의 작품을 중심으로-」, 『한국실내디자인학회논문집』 14(4), Vol, 2005.8.
박현옥, 「일본의 도시재생과 지역재생의 사례연구」, 『청운대학교 방송미디어연구소 논문
　　집』, Vol. 3, 2008.

일본도시정비공단홈페이지 일본도시재생기구 https://www.ur-net.go.jp/
http://www.aurum.re.kr/Policy/PolicyMain.aspx
https://blog.naver.com/dangjin2030/221673442008
https://blog.naver.com/sinmunman/222092717360
https://blog.naver.com/kiyku/221672119836
http://www.dynews.co.kr/news/articleView.html?idxno=602352
http://www.newstown.co.kr/news/articleView.html?idxno=344923
http://www.chungnamilbo.co.kr/news/articleView.html?idxno=561709
http://www.ccnnews.co.kr/news/articleView.html?idxno=182313
http://m.daejeontoday.com/news/articleView.html?idxno=527514
https://n.news.naver.com/article/014/0004186474
http://www.chungnamilbo.com/news/articleView.html?idxno=329128
http://jmagazine.joins.com/monthly/view/327335
http://www.newstown.co.kr/news/articleView.html?idxno=247181
https://n.news.naver.com/article/003/0009188722
http://m.tjb.co.kr/news-detail.php?idxno=41682
http://www.dtnews24.com/news/articleView.html?idxno=524208
http://www.dtnews24.com/news/articleView.html?idxno=583586
http://www.dtnews24.com/news/articleView.html?idxno=585840
https://blog.naver.com/khj_dangjin/222018724356
https://blog.naver.com/khj_dangjin/222093209805
http://www.newstown.co.kr/news/articleView.html?idxno=472476
https://n.news.naver.com/article/421/0004601019
http://m.joongdo.co.kr/view.php?key=20200522010007536
https://www.yna.co.kr/view/AKR20190520037300063
https://blog.naver.com/dangjin2030/221944509964

https://blog.naver.com/loveis2668/222122936958
https://blog.naver.com/gisphn/221985883559
https://blog.naver.com/kcs9222/221480893546
https://blog.naver.com/sinmunman/221772382775

[ㄱ]

『가례주설』 98, 105, 108
강선필 212, 213
건곤일초정 134
건국 20, 63, 88
경복궁 불법 점령 187
경세론 21, 113
계몽 25, 252
계몽 의식 247, 249
계몽주의 259
고려 88
고려 건국 20, 65, 76
고토양층 36
공공시설 312
공동체성 325
공주지방법원 225
『과농소초』 16, 190, 123, 140, 141
교화 113, 130, 131
교황 방문 281
교황청 161
구봉문화학술원 118
구봉 선생 104
구봉송익필선생기념사업회 118
구석기시대 36
구석기시대 유적 38
구영검 95
구예 95
국가의 안정 25
궁예 64, 69, 70, 88
근대 18, 249

근대 학교의 설립 211
기독교 234
기지시줄다리기 270, 271, 272, 274
기지시줄다리기박물관 314
기호학파 98, 105, 118
김대건 23, 153, 158, 162, 163, 172, 173, 174, 176, 276, 277
김대건 가문 158
김대건 신부 탄생 200주년 행사 282
김장생 94, 108
김제준 163
김현제 185
김홍장 당진시장 6, 14
〈그날이 오면〉 251

[ㄴ]

나말여초 63, 87
나주 진공 79
낙향 253
난지섬 해수욕장 314
남계창 217
남상락 217
남상직 217
남주원 217
내포 207
내포 지역 157
내포평야 64
농민 184
농보성 195, 196, 197
농촌계몽 260
농촌계몽운동 25, 244, 245, 252, 257
농촌소설 241
농촌중심지활성화사업 321

[ㄷ]

『다블뤼 비망기』 278
당성학교 211
당진 4, 5, 7, 13, 14, 20, 93, 153, 205, 207,
　　208, 235, 267, 306
당진 문화유산도시(인문자산) 14, 296
당진 문화재 26
당진시 5, 13, 35, 282, 285, 287, 290, 306,
　　314, 323
당진 유학 110, 116
당진의 고고학 20
당진 지역 36, 38, 95
당진향교 102
대전리 유적 52
대호지면사무소 221
대호지면사무소 직원 234
도비도 314
도성리 유적 55, 56
도시 303, 304
도시공간 304
도시재생 26, 308, 310, 311, 313, 314,
　　316, 325
도시재생사업 27, 308, 323, 324
도호의숙 210
독립만세 206, 222
독립만세시위 214
독립만세운동 206
독립운동추진위원회 218
독립의 노래 214
동학 24, 185, 186, 201
동학농민군 188, 189, 190, 191
동학농민전쟁 23, 181, 200
두견주 292
디아스포라 260

[ㄹ]

로마 교황청 153

[ㅁ]

마제석기 38
만세운동 232, 233
〈먼동이 틀 때〉 250
매괴학교 211, 229
메스트르 신부 172
『면양잡록』 17, 22, 137, 255
면양학교 211
면천공립보통학교 206, 215, 233, 236
면천공립보통학교 학생시위운동 212
면천 군수 17, 22, 116, 123
면천두견주 291, 292, 293
면천두견주 전수회관 293
면천은행나무 291
면천읍성 283, 284, 285, 286, 322
면천읍성 복원 322
면천읍성 정비기본계획 285
면천향교 102
명신학교 211
모방 신부 163, 164
목민관 113
목포 192
무명 순교자의 묘 276
문학 250
문화유산 270
문화유산 진흥정책 268
문화유산 현황 26
민무늬토기 45

[ㅂ]

박덕칠 186
박도일 186
박성은 214
박술회 20, 63, 65, 69, 74, 76, 87, 88
박승규 292
박시제중 177
박인호 187
박지원 16, 22, 93, 101, 116, 123, 124,
　　　 125, 128, 133, 255, 283
박창신 213, 215
박쾌인 212
반왕건 쿠데타 69
방사성탄소연대 40
배일사상 210
백남덕 217
백제 95
버그내 순례길 281
병오창의도소 230
보국안민 187
복규 95
복기 95
복지겸 20, 63, 65, 66, 69, 72, 87, 88, 291
봉수대 231
봉화 206, 219
봉화산 231
봉화시위 233
브나로드운동 244
빗살무늬토기 44

[ㅅ]

사목 175
4·4독립만세운동 24, 216

사제품 173
사화기 98
산천포 187, 192
삼국시대 95
삼대의 정치 112
3·1운동 24, 206, 209, 212, 232, 236, 237
3·10학생만세운동 212
삽교 함상공원 314
삽교호 방조제 314
상록문화제 296
〈상록수〉 26, 241, 257, 258, 259
상록학원 258
『서경』 242
서해대교 314
서해안식 주거지 20, 57
서해 해상 66
석관묘 53
선사문화 20
선사시대인 58
성씨의 입향 210
세계줄다리기협회 274
소난지도 293, 294
소난지도 의병총 295
소난지도 의병항쟁 295
소난지도 의병항쟁 기념사업회 295
소소리 유적 55, 56
솔뫼 156, 159, 160
솔뫼마을 160
솔뫼성지 161, 276, 280, 282, 314
솔뫼피정의집 161
송국리 문화 57
송국리식 주거지 48
송봉운 219, 225
송산리 유적 37
송익필 21, 93, 98, 102, 104, 105, 106,

109, 116, 117
송재만 219, 220
송전리 217
수리(水利) 13, 64, 139
수차 139
수혈유구 39
수혈주거지 39
순교 159, 175, 276
스타문화재 육성 297
승전곡 209
승전곡전투 23, 187, 189, 190, 191, 201
시조 256
신리 160
신리성지 276, 277, 278, 280
신석기시대 38, 42
신유박해 132
신품성사 173
실학파 16
십고 188
심대섭 250
심재영 258
심훈 25, 241, 245, 246, 250, 258, 259,
    260, 296
심훈기념관 296
심훈문학상 296

[ㅇ]

아미산 아미망루 314
안민학 98, 107, 108
애국가 220, 222, 234
여미벌 187, 188
역삼동식 문화 57
『열하일기』 134
영화 250

영화비평 256
영화소설 250
영화 제작자 256
『예문답』 105
오가작통법 276
왕건 68, 69, 71, 81
왕무 80
왜목마을 일출 314
원머리성지 276
원시장·원시보생가터 276
원용은 213, 214
월경지 207
유기적 거버넌스 312
유림 234
유이민 집단 55
유인물 213
유진하 210, 234
유학 21, 101
유학 생활 165, 168
유학자 93
유학 전통 21, 95
윤치상 199
은이 공소 174, 175
을사사화 97
을사의병 210
이달 100
이덕명 95
이방익 126, 127
이방익 표류기 124
이봉회 199
이스라엘 27, 310, 312
이식 99
이안눌 99
이안인 99
이영원 107

이용 17, 28, 110, 243
이용후생 14, 15, 18, 19, 21, 28, 93, 95,
 102, 110, 117, 154, 155, 157, 177,
 243, 255, 259, 260
〈이용후생의 인문도시 당진〉 5, 6, 7, 11,
 13, 18
이용후생학파 22
이정규 184
이존창 157, 158
이종원 213, 214
이창구 23, 186, 192, 193, 196, 197, 201
이첨 96
이항로 210
인문 27
인문도시 5, 6, 14, 19, 28, 306, 308
인문도시사업 5, 13, 325
일본 312
일본 정규군 190
입한재 116

[ㅈ]

자개리 유적 48
저항 25, 252
저항 의식 245, 247, 260
적간사 137
전국 의병의 날 296
절의 정신 97
정덕 17, 28, 110, 243
정리곡 136
정원환 231
정조 129, 136
정종 86
제례 115
제폭구민 187

조선전도 173
주거지 39
주민참여 324
줄다리기 273
지석묘 53
지역대학 27
지역재생 27, 313
지역적 환경 236
집성촌 210

[ㅊ]

차천로 100
창리 183
채집 43
천도교 209, 217, 234
천주교 23, 101, 128, 155, 176, 275, 276
천주교 대전교구 278, 282
천주교 문화유산 279
천주교 아시아청년대회 281
천주교인 130
『천주실의』 156
청동기시대 45
청일전쟁 187
초기철기시대 54
최구현 230
최시형 187
최제우 24
충신 87
충절인 99
치국 20, 63, 88
「칠사고」 123, 137, 138, 139

[ㅌ]

타제석기 36
태극기 214, 234
『택리지』 207
토기 45
통명학교 211
통일 줄다리기 274, 275

[ㅍ]

패총 39, 43
패총 유적 42
페랭 신부 279
페레올 주교 171
평생교육 312
프란치스코 교황 281
『피란록』 181, 192, 201

[ㅎ]

하풍죽로당 134
학생만세운동 233
한국 천주교회 157, 161
「한민명전의」 140, 141, 142
한서대학교 인문도시사업단 5, 13, 14,
       306
한운석 218
한전론 144
한진 13
한진리 유적 40
합덕농촌테마파크 290
합덕민란 182, 183, 185, 200
합덕성당 160, 276, 278, 279, 280
합덕전투 209

합덕제 64, 288, 289, 290
합덕제 연호문화축제 290
항일운동 237
해양 의병항쟁 295
혜종 82, 84, 85, 88
호칭 155
홍종식 186
환경 정비 133
횃불시위 232
횡당신학교 174
후삼국 통일 전쟁 88
후삼국 통일 전쟁기 74
후생 17, 28, 110, 243
후생의 마음 176
훈시문 187
〈훈요십조〉 76, 88
『홍양기사』 197
희년(禧年) 15

이용후생의 인문도시 당진학

등록 1994.7.1 제1-1071
1쇄 발행 2021년 6월 30일

지은이   안외순 안덕임 김영수 박학래 김문식 장수덕 김남석
            유진월 남광현 박현옥
펴낸이   박길수
편집장   소경희
편 집   조영준
관 리   위현정
디자인   이주향
펴낸곳   도서출판 모시는사람들
            03147 서울시 종로구 삼일대로 457(경운동 수운회관) 1207호
전 화   02-735-7173, 02-737-7173 / 팩스 02-730-7173
홈페이지 http://www.mosinsaram.com/

인 쇄   (주)성광인쇄(031-942-4814)
배 본   문화유통북스(031-937-6100)

값은 뒤표지에 있습니다.
ISBN   979-11-6629-044-2   93910

* 이 책은 당진시 및 '2018년 대한민국 교육부와 한국연구재단 인문도시
지원사업의 지원(NRF-2018S1A6A6062488)'을 받아 진행되었습니다.